공부의 — 본질

공부의 본질

초판 1쇄 발행 2021년 10월 15일
개정증보판 1쇄 인쇄 2024년 6월 24일   **개정증보판 1쇄 발행** 2024년 7월 3일

지은이 이윤규
펴낸이 이경희

펴낸곳 빅피시
출판등록 2021년 4월 6일 제2021-000115호
주소 서울시 마포구 월드컵북로 402, KGIT 1906호

ⓒ 이윤규, 2024
ISBN 979-11-93128-40-4 03190

공부의 — 본질

절대 공부를 포기하고 싶지 않은
사람들을 위한 9가지 기술

이윤규 지음 + 개정증보판

빅피시
BIG FISH

contents

중요한 것을 절대 놓치지 않는
공부의 본질 9가지

chapter
01　　추진력은 '목표'에 달려 있다

chapter
02　　공부의 본질을 꿰뚫는 발상의 전환

우리가 번번이
공부에 실패하는 이유

. . .

방법을 모르면 노력이 헛돌게 된다

"정말로 열심히 했는데 성적이 오르지 않네요. 저는 공부에 재능이 없는 것
같습니다. 의지박약 같기도 하고요."

그동안 수험생들에게 공부법을 지도하며 가장 많이 들은 말이다. 어
떤 결과를 내는 데 흔히 네 가지 요소가 필요하다고 한다. 첫째가 재능,
둘째가 노력, 셋째가 방법, 넷째가 운이다. 이중에 재능과 운은 내가 통
제할 수 없는 요소이기 때문에 이에 대해 몰두하고 고민하는 것은 스

트레스만을 불러일으킬 뿐이다.

특히 공부에 있어 재능은 다른 영역에 비해 영향력이 적다. 공부에서는 타고난 재능을 가진 사람이 다른 영역에 비해 적은 반면, 좋은 결과는 다른 영역과 달리 굉장히 많은 사람에게 돌아가기 때문이다. 예를 들어, 축구에서 전국 3,000등을 하면 그것을 직업으로 삼아 먹고 살기는 힘들겠지만, 공부에서 전국 3,000등을 한다면 서울대에 입학하거나 고시 패스가 쉬워진다. 그리고 공부에 있어서 재능은 문제 해결력을 의미한다. 내가 꼭 에디슨처럼 새로운 문제해결법을 발명할 필요는 없고, 단지 양산된 전구를 마트에 가서 구입해오면 같은 결과를 얻을 수 있듯, 재능이 없어도 공부법을 배우면 재능을 가진 사람과 같은 결과를 얻을 수 있다.

그리고 수험생들은 자신을 정확히 진단하기 어렵고 공부법의 효용에 대해 잘 모르기 때문에 결과가 잘 나오지 않으면 자신의 노력이나 의지가 부족한 것으로 착각하는 경우가 많다. 그러나 공부는 '의지'의 문제가 아니라 '방법'의 문제이다. 게다가 의지 또한 제대로 된 방법을 바탕으로 할 때에만 가치가 생긴다. 공부라는 것은 '나'라는 기차를 어느 방향으로 끌고 갈 것인지의 문제와 같다. 의지는 연료이고, 방법은 레일인 것이다. 레일을 제대로 깔고 연료만 보충하면 늦더라도 목적지에 도달하지만, 애초에 레일을 제대로 깔지 않았다면 연료가 넘쳐나도 결국 엉뚱한 곳으로 가게 된다. 즉, 공부법을 제대로 알고 시작하는 것은 합격을 넘어 이루고 싶은 꿈까지 도달하는 레일을 정확히 까는 작업인 것이다.

　이와 같은 사실을 모르거나 오해하는 경우, 안타깝게도 인생에서 가장 중요한 시기에 잘못된 선택이나 결정을 하게 되고, 그 결과 많은 시간을 낭비하게 된다. 그리고 높은 확률로 앞서 예를 든 학생처럼 패배감 내지 무기력감을 학습하게 된다. 물론 자신의 길이 아니라고 판단될 때 즉각적으로 방향 전향을 하는 것은 어떤 의미로는 큰 용기이고 또한 반드시 필요한 일이지만, 자신에게 주어진 마지막 가능성까지 확인해보지 않고 포기를 고민하는 것은 핑계이고 도망이다. 물론 그런 핑계와 도망은 내가 대체 무엇을 해야 원하는 결과를 만들 수 있는 것인지 모를 때, 생존을 위해 본능적으로 하게 되는 행동이긴 하다. 그러나 그런 불가항력을 탓하기만 할 것인가, 아니면 지금 내게 필요한 방법이 무엇인지를 빨리 알아내고 내 소중한 노력을 헛수고로 만들지 않을 것인가. 이것은 모두 나 자신에게 달려 있다.

　흔히 '공부법'이라고 뭉뚱그려 생각하지만, 공부법을 몰라 성과가 나오지 않을 때에는 크게 두 가지 원인이 있다. 첫째는 어떻게 하면 지식을 빠르게 습득하고 유지하는지 방법을 잘 모를 때이고, 둘째는 어떻게 하면 확실한 동기부여를 가지고 집중력을 끌어올리는지 방법을 몰라 절대적으로 필요한 공부량을 쌓지 못하는 경우이다. 그리고 후자는 다시 평소 준비과정에서의 문제점과 시험장에서의 문제점으로 나누어진다. 평소에 집중을 못하거나 동기부여를 받지 못해 충분히 공부하지 못한 경우와 평소에는 아무 문제없이 공부를 잘 했으나 시험장에서 불안, 긴장 등으로 인해 실력 발휘를 못한 경우는 서로 다르다.

이렇듯 공부 결과가 잘 나오지 않는 원인을 세부적으로 나누면 세 가지 범주로 나누어지는데, 각각에 맞는 적절한 해결책이 필요하다. 예를 들어, 시험장에서 유독 더 긴장하고 불안을 느끼는 사람에게 "공부를 열심히 하지 않아서 그렇다"라고 평가하고 지식을 더 효율적으로 많이 습득하는 방법을 알려주는 것은 무익하고 때로 유해하기까지 하다. 오히려 그런 경우에는 올바른 방법으로 불안감을 다스릴 수 있도록 도와줘야 한다. 그런데 지금까지 우리의 기존 시스템에는 이러한 진단을 하거나 개별화되고 구체적인 해결책을 주는 경우가 거의 없었다.

• • •
우리에겐 새로운 공부법이 필요하다

그렇다면 대체 어떻게 공부해야 하는 것일까? 우선 공부법의 정식용어는 '학습기술(Study Skills)'이다. 학습기술에는 다양한 분류방식이 있지만, 댄서로우(D. F. Dansereau)의 방식에 따라 읽고 사고하는 습득하는 기술 그 자체를 뜻하는 '1차적 기술(Primary Strategies)'과 이를 보조하기 위한 시간 관리와 계획법, 집중력 등을 포괄하는 '2차적 기술(Support Strategies)'을 구별하도록 하자. 이러한 분류를 먼저 알아야 하는 이유는 세부적인 공부법의 원리들이 각 기술, 분야마다 다르게 적용되기 때문이다.

예를 들어, 사자, 호랑이, 말, 낙타와 같은 개념을 아는 사람과 그렇지 못하고 포유류라는 개념만을 아는 사람이 각각 동물원에 다녀온다고 가정해보자. 전자의 경우에는 각각의 동물의 특성을 나누어 세세하게 기억할 수 있지만, 후자의 경우에는 개념 자체도 머릿속에서 뒤죽박죽이 될 뿐 아니라, 결국에는 뭉뚱그려 "포유류는 어떻다"라는 식으로 부정확하게 기억할 것이다. "공부법은 다 거기서 거기로 큰 의미가 없다. 공부는 그냥 열심히 하면 되는 것"이라고 말하는 사람이 가진 생각이 아마도 후자와 같은 상황에서 비롯되었을 가능성이 높다.

이러한 견지에서 기존에 각종 시험에서 뛰어난 성과를 거둔 사람들의 공부법을 분석하고 재분류하고 정리해보면 각 분야 공부 기술에 있어 굉장히 큰 공통점들을 발견할 수 있다. 그리고 그 공통점들은 단 9개월만에 사법시험에 합격한 내가 공부할 때 쓴 방법과도 거의 동일했다. 오로지 공부의 종류나 공부하는 사람의 성향만이 달랐을 뿐이다. 나는 이와 같이 재정리한 공부법을, 공부하는 실제 순서에 따라 재배치했다.

첫 번째 범주는 '마음'의 영역이다. 여기에서는 공부나 일을 시작할 때 어떤 마음을 가져야 추진력을 확보할 수 있는지, 즉 동기 부여를 효율적으로 할 수 있는지에 대해 다룬다. 이는 2차적 기술 중에 동기 부여에 관한 것이다. 다음으로는 멘탈 관리법에 대해 다룬다. 일단 공부를 시작해 궤도에 오른 이후엔 어떻게 멘탈을 관리해야 더욱 효율을 낼 수 있는지에 대해 이야기한다. 이중에 사실 더 중요한 것은 멘탈 관리이다. 이를 통해 그간 확보한 공부나 일의 효율을 유지할 수 있기 때문이다.

두 번째 범주는 '실행'의 영역이다. 이 부분이 배움에 있어서 핵심적인 영역이라고 할 수 있다. 여기서는 통념을 깨는 발상의 전환 방법, 효율적으로 공부 프로세스를 설정하는 방법, 정리와 인출의 방법, 점검의 기술, 마무리의 기술을 다룬다. 1차적 기술들을 다루는 것이다.

마지막 범주는 공부의 효율을 좌우하는 핵심적인 두 가지 '변수', 즉 시간과 집중력에 관한 영역이다. 2차적 기술 중 중요한 나머지는 여기로 배치했다.

세 범주는 이처럼 공부력을 높여줄 핵심 기술 아홉 가지로 나뉜다. 이렇게 총 아홉 가지 기술을 내 것으로 만들기만 하면 그동안 손에 잡힐 듯 잡히지 않았던 목표를 마침내 달성하는 '완전한 성취감'을 계획보다 빨리 맛보게 될 것이다.

이와 같은 공부법은 기존의 전형적인 배움의 방법을 넘어서는 새롭고 근본적인 접근법이다. 꼭 대입이나 취업을 위한 시험이 아니더라도 살아가는 동안 우리는 수시로 목표를 달성해야 한다는 내적 또는 외적인 압박감에 시달릴 수밖에 없다. 이 책이 그런 어려움을 뚫고 원하는 목표와 결과, 그리고 나아가 각자가 추구하는 행복에 도달하는 데 크나큰 도움이 되길 바란다. 공부를 하면서 번번이 포기하는 게 디폴트 값이었던 수많은 이들이 앞으로는 실패보다 성취라는 빛나는 경험을

해 나가길 응원하고 싶다. '평범한 사람'도 공부의 본질을 알면 특별한
결과를 내고 '특별한 사람'이 될 수 있다는 용기를 가질 수 있도록 돕고
싶다.

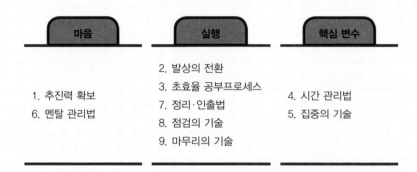

마음	실행	핵심 변수
1. 추진력 확보 6. 멘탈 관리법	2. 발상의 전환 3. 초효율 공부프로세스 7. 정리·인출법 8. 점검의 기술 9. 마무리의 기술	4. 시간 관리법 5. 집중의 기술

• • •

공부법은 실은 삶을 더 풍성하게 만드는 방법

'공부'라는 단어를 들으면 보통 떠올리는 것은 책상 앞에 앉아 늦게까
지 시험 공부를 열심히 하는 모습일 것이다. 하지만 본래는 이와 같이
시험 공부에 한정되는 용어는 아니고, 무언가에 몰두하고 시간을 쓰는
것과 동의어이다. 정사 《삼국지》의 〈동탁전〉에서 처음 쓰인 용어인데
(다만 그 한자어는 현재 우리가 쓰는 것과는 달리 '功'자를 쓴다), 책상 앞에서
의 노력과 시간 씀이 중요했던 성리학의 조선시대를 거치며 그 의미가
축소되었을 것으로 추측하고 있다. 일본에서는 공부(工夫)라고 하면 어

떠한 방법을 궁리하는 것으로 넓게 이해하고, '벤쿄(勉强)'라고 써야 우리가 생각하는 공부의 의미가 된다. 한편 우리나 일본과 같이 공부법을 잘게 나누고 세부적으로 생각하는 경향이 강한 나라와는 달리, 미국을 비롯한 서구에서는 공부법을 시험 공부에 한정하여 설명하지는 않는다. 피아노를 잘 치는 방법과 학교에서 성적을 잘 받는 방법이 동일하다고 보는 것이다. 무언가를 잘하기 위해서는 그것에 대한 지식이 있어야 하고, 그 지식을 바탕으로 실행하는 법을 익혀야 한다. 이러한 구조는 시험 공부뿐만 아니라, 운전이나 악기 연주, 축구 등 모든 영역에 적용이 된다.

이렇게 보면 공부를 시험 공부로, 공부법을 시험 공부법으로만 좁게 생각할 필요는 없을 것이다. 이 책은 그러한 견지에서 구성되었다. 물론 주된 독자층은 시험 공부를 하는 분들일 것이나, 시험 공부 외의 예를 들거나 그밖의 일들에 대해 특히 기억해 두어야 할 점들을 추가로 설명한 것은 그런 이유에서 비롯된 것이다.

기존의 편협한 생각에서 벗어나 시야를 넓혀 보면, 이 책에서 말하고자 하는 공부법이라는 것은 실은 '내 인생을 좀 더 풍성하게 만드는 방법'이라는 사실을 알 수 있다. 사람이 살아가는 동안은 항상 크든 작든 무언가 꿈이나 행복을 추구하고 목표를 설정하여 살아가는데, 그것을 위해서는 반드시 방법을 배워야 하기 때문이다. 꼭 시험 공부법이 아니어도 아침에 일찍 일어나기 위한 방법이나 직장생활을 잘 하기 위한 방법 같은 것들을 유튜브나 책을 통해 찾아보는 경우가 한 번씩은 있을 텐데, 그 모든 것이 여기서 말하는 방법론, 즉 공부법의 범주에 포함되는 것이다. 무언가를 익힐 때에는 구체적인 개념을 아는 것이 중요하다. 그래야만 머릿속에 구획이 나뉘어져 정리가 되고 필요한 때에 그 지식을 바로 찾아 쓸 수 있기 때문이다. 하지만 지식이 머리에 쌓인 이후부터는 그 지식들을 어디까지 적용할 수 있는지 계속 고민하고 시도해보며 지식을 확장시켜야 한다.

이 책에서 말하는 방법들을 내 삶의 다른 영역, 다른 일에 적용하는 연습을 게을리하지 말자. 그리고 그런 노력들이 계속되다 보면, 어느 순간 내가 내 삶을 더 빛나는 방향으로, 더 보람된 방향으로 이끌어가기 위해 치열하게 고민하고 있다는 사실을 발견하게 될 것이다. 나는 그것이 바로 의미 있는 삶과 다름없고, 공부법을 배우는 진짜 목적을 달성하는 것이라고 믿는다. 이렇게 보면 공부에 있어 적성이나 조건, 상황 같은 것들은 크게 의미가 없다는 사실도 알 수 있다. 내가 내 인생을 열심히 살고 더 발전하고자 하는 고민에 이런 부수적인 것들이 중요하겠는가?

누구든 꿈을 이루고 행복해질 권리가 있다. 다만 그 결과가 어떻게 될지는 내가 결정할 수 없다. 내가 할 수 있고 바꿀 수 있는 일에 집중하는 게 최선이다. 이 책에서 소개하는 아홉 가지 기술들을 익히고 실행하는 과정에서 스스로의 가능성을 만들어가는 것이 비록 고되고 힘들겠지만, 미래를 위한 저축으로 생각하며 하루하루의 삶에서 충분한 만족감을 느끼게 되길 바란다. 그리하여 결과와 관계없이, 내가 이와 같이 하루하루 내 삶을 위해 치열하게 살아왔다는 사실을 뒤돌아보며 '원없이 제대로 공부해서 너무 만족스럽다' '충분히 즐겁고 보람스러웠다'라고 생각할 수 있게 되길 바란다. 자, 이제 '내 인생을 더 풍성하게 만드는 방법'인 공부법에 대해 구체적으로 알아보기로 하자.

중요한 것을
절대 놓치지 않는
공부의 본질
9가지

chapter
01

✕

추진력은
'목표'에
달려 있다

무엇이 나를
움직이게 하는가

우리는 어떤 일을 새로 시작할 때 목표부터 설정한다. 목표를 설정하고 계획을 세우는 일은 어쩌면 우리가 초등학교를 다니던 시절, 특히 몇 번의 방학을 거치면서 거의 완벽하게 할 수 있게 된 일이다. 그러나 돌이켜 생각해보면, 그 계획을 달성한 적은 몇 번이나 있었을까?

시야를 조금 더 넓혀 중·고등학생 때나, 성인이 된 이후에도 사정은 크게 변하지 않았다. 처음에는 가슴 벅찬 목표들을 세웠을 것이다. 나름대로 그것을 달성하기 위해 필요한 수단을 나열하고 배치하는 것에 열을 올렸을 것이다. 그러나 여기서 다시, 그 목표와 계획 중 뿌듯함을 느낄 정도로 성공한 것은 얼마나 되는가?

보통은 계획대로 되지 않는 원인이 목표를 잘못 세운 데 있는 것이 아니라, 그것을 제대로 실행하지 못한 나의 의지나 노력에 있다고 잘못 진단을 하게 된다. 그런데 '첫 단추가 중요하다'는 말이 있다. 첫 단추를 잘못 끼우면 나머지 단추를 끼우는 노력이 아무리 정성스럽다 해도 잘못된 결과만 나올 수밖에 없다는 의미이다. 우리는 대부분 이미 정해진 계획이나 목표를 수정할 생각은 잘 하지 못한다. 목표는 완벽해 보이고 나는 그에 비해 부족해 보인다. 그러나 이때 중요한 것은 애초부터 잘못 세운 목표를 재빨리 수정하는 것이다.

· · ·
그럴 듯한 목표는 필요 없다

우리가 어떤 일을 새로이 시작할 때의 마음가짐부터 되짚어보자. 평소 공부를 잘 해오던 사람은 별문제가 없지만, 새로운 마음가짐으로 중간고사를 잘 치고자 하는 학생, 오늘부터는 새롭게 마음먹고 영어공부를 해보고자 하는 직장인, 어제의 나와는 결별하고 이제 모든 것을 올인해 시험에 합격하고자 하는 수험생. 누구든 그 '새로운 일'을 대할 때는 경건한 마음가짐으로 첫발을 뗀다. 그런데 이것이 문제다. 이 경건함은 자세나 태도에 대한 것이어야지 방법에 대해서까지 침투하면 큰 문제를 가져온다. 바로 너무도 크고 이상적인 목표를 만드는 것이다. '이 정도는 해야 하지 않을까?'라는 생각이 잘못된 첫 단추임을 사람들은 잘 모른다. 이후에 남은 것은 실행 과정에서의 좌절과 스스로에 대한 매서운 자기 질책뿐이다.

우리는 학창 시절부터 너무도 '이상적인' 가치들에 집착하는 분위기 속에서 살아왔다. 현실적인 가치들과 '나'를 포함한 개개인의 특성은 외면하고, 사회가 요구하는 일반적이고 평균적인, 우수한 사람이 되고자 노력해야 했다. 그 속에서 우리는 상처받고 또 좌절할 수밖에 없었다. 그런데 그런 획일화된 시스템에서 벗어난 때에도 사정은 별반 달라지지 않는다. 마치 관성처럼 여전히 '내'가 아닌 '남'을 기준으로 목표를 설정한다. '부모님이 보기에' '친구들이 생각할 때' '아니 그래도 이 정도는'. 이런 생각들은 모두 내가 아닌 남을 기준으로, 그 눈높이에 맞추려는 욕심이다. 그러나 이런 거짓 욕망들은 나를 진실로 움직이게 할 수 없다.

・・・

끌리지 않는 일은 하기도 싫은 법

목표를 설정함에 있어서 가장 중요한 것은 이 일의 결과를 아는 것, 좀 더 정확히는 이 일이 내게 어떤 만족과 성취를 줄지, '성취의 개인적 의미를 아는 것'이라고 할 수 있다. 극단적으로 자신이 하고 싶은 일만을 해서 개인적 만족만을 추구하든, 주어진 일이나 반드시 해야 하는 일을 우선적으로 처리하든, 그 과정에서 주변 환경이 얼마만큼 개입하느냐는 다양한 스펙트럼이 있을 수 있지만, 어느 경우나 내 개인적인 만족 내지 성취를 위함이 첫 번째이다. 결국 나를 움직이는 것은 지극히 주관적이고 개인적인 동기인 것이다. 그 동기에 제대로 귀를 기울여 보는 것이 가장 중요하다. 정말로 좋아하는 일은 밤이 새도록 지칠 줄 모르고 할 수 있다는 것을 알지 않는가? 그 점을 동기 부여에 이용하여야 한다. 이보다 효과적인 공부법이 없다.

· · ·

사소한 재미나 관심을 공부와 연결하라

나의 경우는 어릴 적부터 뭔가를 수집하고 정리하는 것을 좋아했다. 물론 어릴 적부터 이것을 알게 된 것은 아니고 성인이 되어 그간 어떤 일을 할 때 무엇이 나를 움직이게 해주었는지 공통점들을 뽑아보니, 내 본질적인 욕구는 '수집욕'과 '정리욕'이라는 것을 알 수 있었다. 나는 중학생 때는 PC방에서 살았고, 고등학생 때는 집에서 게임을 너무 많이 해서 디스크가 튀어나와 학교를 갈 수 없을 정도였다. 학교를 빠지는 일이 부지기수였고, 대학생이 되어서는 공부 대신 게임만을 해서 제적을 당하기도 했다. 나는 이렇게도 게임을 좋아했는데, 단순히 '게임을 클리어하는 것'을 좋아했던 게 아니다. 나의 목표는 모든 아이템을 수집하는 것이었다. 게임을 좋아하는 사람들이 으레 그렇듯, 프라모델과 같은 장난감을 사는 것도 취미 중 하나였는데, 하나를 사면 시리즈 전체를 다 모아야 직성이 풀렸다. 게임 외에 음악도 좋아해서 여러 음악 동호회에 가입했었는데, 주로 올렸던 글들은 나만의 독창적인 감상이나 시각을 쓴 게 아니라, 다른 사람들의 게시물을 모으고 정리하는 내용이 거의 전부였다.

이런 내가 사법시험에 단기간에 합격할 수 있었던 동력은, 공부 자체를 무작정 하는 게 아니라, 내가 가진 욕망을 달성하다 보니 공부가 저절로 되어 있는 경험을 하고 나면서부터 생겼다. 반면 중·고등학교 때 내가 원하는 만큼 성적이 나오지 않았던 이유는, 여러 가지가 있겠지만, 무엇보다도 내가 공부 속에서 원하는 것을 찾지 못했던 점에도 있었다. 그런 상황에서 간 대학의 법학과 공부에 흥미를 느낄 리 없었다. 책이 너무 두껍고 추상적이어서 전혀 재미가 없었기 때문이다.

그런데 제적을 당하고 만회할 기간이 얼마 남지 않자 정말 내 꿈 중 하나인 변호사가 될 방법이 영영 사라질 듯한 위기감이 찾아왔다. 어쩔 수 없이 공부를 해야만 했다. 그때 생각을 달리했다. 공부를 하는 게 아니라 내 본질적 욕구인 수집과 정리의 대상을 법 지식으로 삼자고.

여기서 모두 자세히 적을 수는 없지만, 현재 나와 있는 책들을 모두 모아 분석(수험가에서는 '단권화'라고 하는 작업)한 것은 아니고, 좀 더 넓은 시각에서 모든 과목을 통틀어 바라보고 어떤 문제가 나와도 같은 사고 틀 안에서 문제를 해결할 수 있도록 만드는 게 내 최대 목표였다. 내게 사법시험 2차의 일곱 과목은 모두 한 과목인데 단원만 다른 정도의 느낌이었다. 물론 시험에 임박해서도 본격적인 교과서나 수험서가 아니라 대가들의 논문집을 읽고 사고 체계를 분석하는 과정이 결코 마음 편한 일은 아니었다. 일반적으로 그 시기에는 학원 문제를 풀고 단권화 작업을 하기에, 내가 하는 짓(!)을 알게 된 주변 사람들은 '그렇게 하다가는 시험에 떨어진다'며 간곡히 만류하기도 했다. 하지만 나는 본인 스스로 흥미를 느끼지 못하는 방법으로 공부를 하다가 시험에 떨어져서 수년째 계속 공부를 하는 사람들을 너무도 많이 봐왔고, 내게 남은 기회는 단 한 번뿐이라는 생각에 후회를 남기고 싶지 않아서 내가 더 하고 싶고 더 잘할 수 있는 공부법에만 집중하기로 했다.

그 결과, 나는 불과 반년이 조금 넘는 기간의 준비로 대한민국에서 가장 어렵다는 사법시험 2차에 합격할 수 있다. 다시 그 시험을 준비하던 시절로 돌아간다고 해도 그런 방법을 쓰겠느냐고 묻는다면 나는 그렇다고 대답을 하겠다. 다만 모든 사람에게 이 방법을 추천하지는 않는다. 그 이유는 각자 자신의 욕구가 다를 것이고, 나는 개인적으로 그중 수집욕과 정리욕이 커서 공부법에 활용한 것이기 때문이다.

나는 시험에 합격한 이후 변호사로, 또 유튜버로, 작가로 다양한 삶을 살고 있는 지금도 새로운 분야의 지식을 '모으고 정리하는 것'에 가장 큰 관심이 있다. 요즘의 가장 큰 취미는 서양 음악사를 통시적으로 정리하는 것과 게임 공략을 쓰고 분석하는 것, 장기 기보를 정리하는 것이다. 나는 어떻게 보면 일반적인 시각에서는 부단히 쓸데없는 짓만을 해왔다. 그런데 운 좋게도 그중 하나가 법 지식의 수집과 정리였고, 그것이 사람들에게 좋은 평가를 받았을 뿐이다. 이상적이고 표준적인, 획일화된 생각에서 벗어나면 진정한 성취와 기쁨이 기다리고 있다. 나는 이런 '내면에서의 재탄생'이 무엇보다도 중요하다고 생각한다. 우리는 너무도 주변의 시선을 의식한다. 물론 그것에서 너무 동떨어진 삶을 사는 것도 바람직한 것은 아니겠지만, 내가 좋아하는 일에 골몰하기보다 보편적인 방식과 어긋나는 건 아닌지를 너무 무겁게 고려하는 것은 나라는 사람의 주체성과 개별성을 잃게 하고, 결국은 일의 흥미를 떨어지게 할 뿐이다.

• • •

나의 공부 성향을 파악하는 방법

그렇다면 나의 성향을 파악하는 방법은 무엇일까? 바로 내가 좋아하는 일들을 모두 적어보는 것이다. 머릿속으로만 생각하지 말고 반드시 적어보아야 한다. 머릿속으로 생각만 해서는 파악하기가 어렵다. 그리고 '잘한 일'이나 '성과가 좋았던 일'을 적을 때에도 그 성과가 거창하고 큰 것일 필요는 없다. 동물을 잘 키웠다든지, 청소를 잘 했다든지, 친구와 약속을 잘 지키는 편이라든지, 드라마나 영화 시리즈 정주행을 잘 한다든지, 무언가를 잘해서 부모님의 기쁜 얼굴을 보는 것이 좋다든지 무엇이든 좋다. 일단 최대한 많이 적는 것이 중요하다. 그리고 그중에서 비슷한 성향을 가진 것들을 묶어보자. 형광펜이나 볼펜을 이용해서 같은 욕구로부터 출발했다고 생각되는 것들을 같은 색으로 표시해보자. 그리고 나서 내 개인적인 욕구가 무엇인지를 생각한다. 그것이

내가 좋아하는 일들	공통점 확인	추출
• 게임 CD를 모두 갖고 싶다.	• 지식이나 정보 등을 빠짐없이 수집하고 확인하는 것에 즐거움을 느낀다.	수집욕
• 〈스타워즈〉 영화를 보는 나만의 순서를 만들고 싶다.	• 지식이나 정보 등을 빠짐없이 수집하고 확인하는 것에 즐거움을 느낀다. • 어떤 일을 할 때 나만의 관점이나 개성을 부여하고 싶다.	수집욕 개성
• 나는 친구와 약속을 잘 지키는 편이고 그렇게 할 때 기분이 좋다.	• 어려운 일이어도 내가 좋아하는 사람의 기대를 충족시키기 위한 것이라면 해낼 수 있다.	기대 충족
• 이소룡 피규어를 종류별로 갖고 싶다.	• 지식이나 정보 등을 빠짐없이 수집하고 확인하는 것에 즐거움을 느낀다.	수집욕
• 다른 사람들이 하지 않는 캐릭터로 게임을 하고 싶다.	• 어떤 일을 할 때 나만의 관점이나 개성을 부여하고 싶다.	개성
• '퀸' 라이브 공연을 연도별로 재정리하고 싶다.	• 지식이나 정보 등을 빠짐없이 수집하고 확인하는 것에 즐거움을 느낀다. • 지식이나 정보 등을 체계적으로 정리하는 것에 즐거움을 느낀다.	수집욕 정리욕
• 나는 다른 사람보다 동물을 잘 키운다.	• 애정을 쏟을 수 있는 대상이 있다면 시간과 에너지를 투자할 수 있다.	대상에의 애정
• 물건을 정확한 자리에 분류해서 놔두고 싶다.	• 지식이나 정보 등을 체계적으로 정리하는 것에 즐거움을 느낀다.	정리욕

• 아버지나 어머니의 기대를 충족할 때 안도감을 느낀다.	• 어려운 일이어도 내가 좋아하는 사람의 기대를 충족시키기 위한 것이라면 해낼 수 있다.	기대 충족
• 마이클 조던 포스터를 모두 수집하고 싶다.	• 지식이나 정보 등을 빠짐없이 수집하고 확인하는 것에 즐거움을 느낀다.	수집욕
• 나는 드라마류는 끈기 있게 정주행할 수 있다.	• 지겨운 일이 섞여 있어도 한번 시작한 일은 끝을 보는 것이 좋다.	긍정적인 강박 성취를 위한 인내
• 다른 사람들이 쓴 글을 정리해서 올리고 싶다.	• 지식이나 정보 등을 체계적으로 정리하는 것에 즐거움을 느낀다.	정리욕

한 단어로 표현될 수 있는 것, 단순화할 수 있는 것이면 더욱 좋다. 나는 이렇게 '수집욕'과 '정리욕'을 추출해냈다.

하나만 더 예를 들어본다면, 드라마를 정주행하는 것에 자신이 있고, 친구들과의 약속을 잘 지키는 편이며, 부모님이 기뻐하는 일을 하고 싶은 경우라면, 다른 사람들이 자신에 거는 기대를 충족시키는 것에 욕심이 있고 그 과정에서 조금 지루한 일들이 끼어 있더라도 견딜 수 있는 인내심이 있다고 생각한다. 이런 경우는 자신에게 잘 맞고 효율적인 인강을 쭉 듣거나 교과서를 독파하는 식의 공부가 잘 맞을 것이고, 힘든 순간에는 부모님이나 다른 소중한 사람들의 사진을 보면서 힘을 내는 등으로 어려움을 이겨낼 수 있을 것이다.

결과는 누구보다도
'나에게' 의미가 있어야 한다

내가 어떤 성향의 사람인지, 어떤 것에 가장 크게 의욕을 느끼는지 분석이 되었다면 이제 목표를 설정하면 된다. 다시 한번 강조하지만 추상적이고 이상적인 목표가 아니라, 내가 이 일을 했을 때 나의 개인적인 욕구가 충족될 수 있는 것을 목표로 삼아야 한다. 앞서 얘기한 개인적인 동기 내지 욕구를 찾는 것이 나라는 자동차를 움직이게 해줄 연료를 찾는 일이었다면, 여기서 말하고자 하는 것은 목적지에 관한 것이다. 결론적으로 다소 과격한 조언으로 들릴 수 있지만, 적어도 이 책을 읽는 독자들에게는 이 단계에서 목표 달성이 오로지 '나에게' 주는 의미만을 고려하라고 말해주고 싶다.

・・・
'훌륭한 수험생'이 되려는 생각부터 버려라

공부를 아주 잘하는 소수의 사람들을 제외하면 대부분의 사람들에게
는 어떤 이상이 있다. '공부를 잘하는 사람처럼' 공부를 해야겠다는 것
이다. 하지만 공부를 잘하는 그 소수의 사람들은 단지 자신에게 잘 맞
는 방법을 찾아서 그것을 행하고 있을 뿐이다. 그런데 그 뒤를 쫓아가
는 사람들은 자기도 모르게 잘하는 사람들의 모습이 뇌리에 각인되어
행동에까지 영향을 미친다. 스스로 그러한 '각인'이 생겼을 수도 있고,
주변의 조언, 강요, 질책으로 인해 그렇게 되었을 수도 있다.

　하지만 공부를 '못하는' 사람은 있을 수 없다. 공부란 내 인생의 행
복을 위한 수단이기 때문에, 공부를 '잘하는 것'은 내 인생을 행복하게
'잘 사는 것'과 동의어이기 때문이다. 따라서 공부를 '조금 늦게 시작하
는' 사람이 있을 뿐이고, 공부에 있어서 '훌륭한' 방법이란 없으며, 단

제대로 된 공부법 확립의 단계			
❶ 관찰	❷ 분석	❸ 적용	❹ 피드백

잘못된 공부법 확립의 단계			
❶ 관찰	–	❷ 무비판적 모방	–

지 '내게 맞는' 방법이 따로 있을 뿐이다.

내게 정말로 맞는, 내 행복을 위한 공부의 방법을 찾고자 하는 노력 없이 단지 다른 사람들 또는 나의 무의식이 만든 '훌륭한 수험생'을 따라가는 것은 수험 생활이 불필요하게 길어지거나 때로 원하는 목적지까지 가지 못하게 만드는 원인이 된다. 물론 공부를 잘하는 사람들의 공부법을 참고하고 그것을 분석의 대상으로 삼는 것은 중요하다. 쓸데없는 시행착오를 줄여주기 때문이다. 하지만 반드시 그것을 분석해서 스스로의 공부에 적용해보고 내게 맞는 방식으로 다듬어가는 노력이 필요하다.

· · ·

'내가 정말 원하던 것'은 맞는가?

점검의 방식은 단순하다. 내가 얻을 자격이나 직업이 내게 무엇을 가져다줄 것인지를 면밀하게 조사하고, 그 결과를 위해 나의 모든 것을 쏟을 수 있는지만 확인하면 된다.

이미 시험에 합격하였거나 자격증을 취득한 사람, 직업을 얻은 사람과 직접 대화를 해보는 것도 좋고, 그 사람들이 쓴 직업 실태나 현황에 관한 글들을 읽어보는 것도 좋다. 다름 아닌 내 인생의 행복을 위해 공부를 하고 있는 것이므로 당연히 이런 수고로움을 마다하지 않아야 한다. 예상되는 성취가 미덥지 않음에도 어영부영 '하면 좋다고 하니까'

시작하는 경우는 결코 추진력을 내지 못한다.

수험 공부 외에도 마찬가지이다. 몇 해 전부터 크게 유행하기 시작한 것으로 어묵 가게가 있다. 내가 어릴 적에는 어묵이라고 하면 학원이나 학교가 끝난 후에 잠시 구멍가게에 들러 꼬치에 꿰어진 것을 한둘씩 빼 먹던, 매우 흔한 먹거리에 불과했다. 그런데 지금은 전문 점포가 등장해 하나의 상품으로 판매를 하고 있고, 그 중심에는 망해가던 기업을 일으켜 천 억의 매출을 올린 경영자가 있다.

이런 경영 전략은 어디서 비롯된 것일까? 어떤 동기 또는 생각이 이 지극히 평범한 먹거리를 고급 매출 상품으로 바꾸게 해주었을까? 우연히 한 인터뷰 프로그램을 통해 이 궁금증에 대한 해답을 얻을 기회가 있었다.

이 경영자는 일단 이 어묵에 대한 애착이 남달랐고 자신의 방향성에 대해 확신이 있었다. 그리고 자신의 모든 것을 쏟아부을 정도로 이 일에 매진했다. 어느 정도였냐면 경영 초기에 어묵, 떡볶이와 관련된 소셜 네트워크에 가입을 하면서 '어묵프린스'라는 별명을 썼다고 한다. 그리고 그 소셜 네트워크 관리자와 대화를 하며 '나는 어묵왕이 될 테니 너는 떡볶이왕이 되어라'는 취지의 얘기를 했다고 한다.

결국 현재 두 인물 모두 각 업계에서 최고가 되었다. 해당 프로그램에서는 그 경영자를 띄워주기 위해 "어묵 계의 스티브 잡스"라는 표현을 썼겠지만, 나는 정말 그 경영자에게서 스티브 잡스의 모습을 겹쳐 볼 수 있었다. 스티브 잡스의 첫 번째 원칙이 바로 '좋아하는 일을 하라'였기 때문이다.

• • •

내게 의미가 없다면, 아무 의미도 없는 것

이 목표 설정 단계에서 잊지 말아야 할 것은, 무엇보다 누구도 내 삶을 재단할 수 없다는 점이다. 바깥으로부터의 요구 내지 조언과 어느 정도의 거리 두기, 그것이 목표 설정의 단계에서부터 고려되지 않으면 나는 다시 '평범한 삶'을 살 수밖에 없다.

다만 오해하지 않기를 바라는 것이, 오만하고 배려심 없이 주변인들을 무시하고 살아야 한다는 의미가 아니다. 내 삶의 궁극적인 방향성에 대해서는 나 스스로 결정할 수 있어야 한다는 것일 뿐이다. 외부로부터의 충고나 정보 제공을 일절 차단하라는 의미도 아니다. 뒤에서 얘기하겠지만 내 삶에 대한 책임감 내지 결단은 앞으로의 환경 변화에 대한 정확한 인식과 예측을 바탕으로 하여야 한다. 그것이 결여되면 용기 있는 결단이 아니라 만용이 될 뿐이고, 책임감이 아닌 구태의연함이 될 뿐이다.

결단에는
단 1초만이 필요하다

대부분 사람이 바뀌는 데에는 많은 시간이 필요하다고 생각한다. 그러나 실제 사람이 바뀌는 데에는 단 1초의 시간도 필요하지 않다. 행동이 바뀌려면 마음부터 바뀌어야 하는데, '마음을 고쳐먹는' 것은 정말 순식간에 일어나기 때문이다. 그런데 왜 마음을 고쳐먹는 일은 어렵다고 인식할까? 왜 '작심삼일'이라는 말이 있는 것일까?

나는 사람들이 결심과 그 이후의 행동에 대한 책임감을 구별하지 못하기 때문이라고 생각한다. 무슨 말이냐면, 결심을 한 후에 결심대로 행동을 하지 못한 것을 '아, 나는 결심을 잘 못 하는구나'라고 인식한다는 것이다. 사실 결심은 제대로 했지만 결과에 대해 책임을 지지 못하는 것인데 말이다. 실제 결심을 하는 것은 굉장히 짧은 순간에 이루어지는 것이고, 더욱 중요한 것은 자신의 결심과 행동, 또 그 결과에 대해서 책임을 지는 것이다.

$$\cdots$$

말이야 쉽다고? 그럼 말처럼만 하면?

방황하던 법대 4학년 시절, 공부에는 전혀 관심이 없어 학교에서 제적을 당하게 된 내가 재입학이 결정되고 보니 군 입대 전 마지막으로 남은 사법시험 1차가 한 달 반 앞으로 다가와 있었다. 그전까지 내가 해둔 것은 1차 시험 과목 중 한두 개 과목의 학교 수업을 들은 것 말고는 없었다.

대개는 이 상황에서 포기를 했겠지만, 나는 3개월의 준비로 1차 시험에 합격한 분의 수기를 읽게 되었고, 그분의 두 배로 공부를 한다면 남은 1개월 반에도 충분히 승산이 있을 것이라 생각을 하게 되었다. 구체적으로는 하루 3시간 정도 잠을 자고 최소 16시간 공부를 하는 것이었는데, 말로는 참 쉬운 것이었다. 물론 젊은 나이였기에 체력적인 뒷받침도 없지 않았지만, 나는 이 계획을 실행에 옮겼고 사법시험 1차에 합격할 수 있었다. 그런데 과연 나는 이것을 어떻게 실행에 옮길 수 있었을까? 여기서 함께 곱씹어보고 싶은 말이 있다.

'말처럼만 되면 쉽지.'

일반적인 생각	실행에 옮길 수 있는 생각
말처럼만 되면 쉽다 = 실행은 어렵다 → 꿈을 이루기는 말과 달리 어렵다	• 말처럼만 하면 쉽다 = 실행도 쉽다 • 꿈을 이루기 위해 할 것? 실행 • 실행의 방법? 말처럼 하기 • 말처럼 하려면? 결단과 책임 필요

당시 내 머릿속에 떠올랐던 말이다. '말처럼만 하면 쉽다. → 정말로 실행에 옮기기는 어렵다.' 대부분은 이런 식으로 사고를 할 것이다. 하지만 나는 '말처럼 하기만 하면, 내가 계획한 것은 쉬운 일이 되는구나!'라는 깨달음을 얻었다. 즉, '말처럼만 하면 → 쉽다' '내 꿈을 이루는 것은 내 말의 실행으로 충분하구나'라고 말이다. 여기서 나는 결단과 그 결단에 대한 책임이 서로 다른 말이라는 것을 알게 되었다. 앞으로의 내 일은 내 생각이나 결단에 달린 것이 아니라, 그에 대한 책임 즉, 이후의 내 행동에 달렸음을 알게 된 것이다.

• • •

예측이 없는 책임은 의미가 없다

그렇다면 우리는 왜 자신의 결심에 책임을 지지 못할까? 그것은 내가 세운 계획이 실행 과정과 결과에서 어떤 어려움을 만날지 예측하고 계산해보지 않았기 때문이다. 우리가 어떤 일을 하려고 마음을 먹을 때에는 정말 '쇠도 씹어 먹을 수 있을 것 같은' 강인한 의지가 마음속에 자리 잡고 있다. 그런데 그 의지가 눈 녹듯 사라지는 이유는 그 의지를 없애는 요소에 대해서 정작 '인식'하려 노력한 적은 없기 때문이다. 이처럼 책임이라는 것은 '무슨 일이 일어나도 버텨야지'라는 의지가 아니라, '무슨 일이 일어날지를 정확하게 아는 것', 즉 예측의 영역에 해당하는 것이다.

나는 어떤 어려움도 예측하면 그 고통의 크기가 줄어든다고 또는 그 고통에 미리 대응할 수 있다고 생각한다. '이거 별거 아니야'라고 얘기할 수 있는 것은 '이것'이 무엇인지, 그것이 어떤 고통을 줄지를 이미 알고 있다는 의미이기 때문이다. 책임이라는 것은 이렇듯 '정확하게 아는 것'을 전제 조건으로 한다. 정확하게 모르는 상태에서의 책임은 남에게나 나 스스로에게나 그 결과를 과하게 짊어지우는 것이다.

. . .

가까운 사람조차 설득이 안 된다면 빨리 포기하라

나는 고등학생 시절 스타크래프트 프로게임단 연습생으로 지낸 적이 있다. 한두 달 후에 데뷔할 계획으로 연습을 하고 있었는데, 당시에는 교장선생님으로부터 취직 인허증을 발급받는 것이 불가능한 일이었기에 자퇴를 하고 프로게이머가 될지, 학업을 계속할지 고민을 해야 하는 상황이었다.

당시 나의 '의지'는 당연히 프로게이머였다. 내가 좋아하고 잘할 자신이 있는 일을 직업으로 삼는다니 굉장히 매력적인 일이고 좋은 기회라고 생각했다. 하지만 최종적으로 나는 프로게이머가 되는 것을 포기했다. 나나 내 주변 사람들이 프로게이머의 삶에 대한 정보가 너무도 부족했기 때문이다. 그때 자칫 내 의지만을 믿고 프로게이머가 되기로 결정했다면 아마 분명히 후회했을 것이다.

프로게이머로서 성공하는 것은 올림픽에서 메달을 따는 것만큼 어렵다고 생각한다. 페이커 이상혁이나 우지, 임요환 같은 선수가 몇 명이나 되는가? 아름답고 화려한 인생이라는 것은 마치 백조가 호수에 떠 있는 것처럼 엄청난 고통과 노력, 경쟁을 동반한다. 그런데 내가 호수 속에 어떤 물고기가 있는지, 어떤 방해물이 있는지, 경쟁하는 백조가 몇 마리인지, 언제까지 물 위에 떠 있어야 하는지 전혀 정보가 없는 상태에서, 즉 의지는 있지만 미래에 대한 인식이 부족한 상태에서 다만 내 다리 근력만을 믿고 뛰어드는 것은, 객관적인 시각에서는 익사를 자처하는 행위나 다름없다.

중·고등학생의 경우에는 사실 공부가 디폴트값이다 보니 이 같은 진로에 대한 고민이 예가 되지만, 성인 수험생의 경우에는 반대의 상황인 경우가 많다. 즉, 공부를 할 수 없는 환경에 있는 경우가 많은 것이다. 경제적으로 어려움이 있어 밥벌이에 더 신경 써야 한다거나 결혼 후 육아 중에 공부를 하려는 경우들이 이에 해당한다.

최근에 직장 휴직 중에 육아를 하며 1년 만에 아무런 지식이 없던 상태에서 노무사 시험에 최종 합격한 분을 유튜브 채널에 모셔 인터뷰를 한 적 있다. 그분이 단기간에 소기의 성과를 거둔 데에는 많은 이유가 있었겠지만, 나는 무엇보다도 배우자에게 자신의 꿈과 미래에 대한 비전, 그리고 그것을 둘러싼 상황과 현실들을 굉장히 구체적으로 설득력 있게 전달했기에 그분이 공부를 시작하고 전념할 수 있지 않았을까, 그것이 합격에의 출발점이 되지 않았을까 생각을 한다. '내가 정말 이루고 싶은 꿈이 있어. 그러기 위해 당신이 1년만 나를 믿고 지원해주면 좋겠어'라는 말 속에 결연한 각오와 용기, 그리고 정확한 현실 인식과 판단이 포함되어 있었기에 가능한 일이지 않았을까 싶다.

그렇기에 목표를 설정함에 있어 나보다 정보 또는 경험이 많은 사람들의 조언을 잘 활용할 필요가 있다. '내가 하고픈 대로만 할래'라는 것은 어리광이나 어리석음이 될 가능성이 높다. 반드시 결정에는 근거가 있어야 하고, 그 결정에 책임을 다할 수 있는 정보가 있어야 한다. 나와 가장 가까운 사람인 가족과 지인조차 설득할 수 없다면, 그외의 다른 사람들은 더욱 설득하기 어려울 것이다. 가족은 내가 고슴도치여도 안아줄 수 있지만, 사회는 절대 그런 시각으로 나를 바라봐주지 않기 때문이다.

시작부터 이미
이루었다고 상상하라

계획 단계일수록 중요한 것이 있다. 바로 목표를 달성한 후까지 계획하는 것이다. 여기에는 세 가지 이유가 있다.

• • •

거쳐가는 과정이라고 생각하면 부담이 줄어든다

첫째는 부담감을 줄여줄 수 있다. 사람은 어떤 일에 몰두하고 에너지와 시간을 쏟다 보면 그 일이 어그러지는 않을지 걱정을 하게 된다. 아이러니하게도 내가 애정을 쏟은 만큼 그 일에 대한 불안함도 점차 커질 수밖에 없다. 여기서 많은 대응책들이 나온다. '마음을 편하게 먹어'라든지, '결과는 중요하지 않아'라는 말들이 대표적이다. 그러나 정말 그럴까? 마음이 이 순간에 편하게 먹어질까? 결과가 정말 중요하지 않을까? 이런 말들은 그다지 위로가 되지 않는다는 데 수험생이든 직장인이든 누구나 공감할 것이다.

그런데 애초에 계획을 세울 때 ① 어떤 공부나 일의 목표, ② 그것까지 이르는 수단과 방법, ③ 그 이후의 다른 목표 등을 함께 고려하면, 사실 내가 현재 세운 목표는 중간 지점 즉, 체크 포인트의 의미만을 가지게 된다. 예를 들어 시험에서 합격을 하고 싶은 사람이라면 시험 합격만을 목표로 삼는 것이 아니라, 시험에 합격하는 것을 전제로 그 이후의 과정까지도 계획을 해두어야 한다.

조금 이상하게 생각할지도 모르겠다. 나는 이제야 일을 시작하는 단계이고 그것도 계획을 세우고 있을 뿐인데 벌써 그 이후를 생각해두라고? 이제 자격증 공부를 시작하는데 자격증을 딴 이후에 뭘 할지를 생각해보라고? 김칫국 마시는 소리로 들릴 수도 있으나, 그때가 되면 김칫국 마시는 상상을 해본 사람은 그렇지 않은 사람에 비해 훨씬 덜 부담스럽다. 더 큰 목표나 계획을 위해 그냥 중간 과정은 지나간다고 전략적으로 생각하는 사람이 심적인 부담도 적게 만들 수 있다.

고통을 잊게 해주는 상상

둘째는 괴로움이 줄어든다. 공부나 일은 대부분 괴롭다. 시간 제한이 없이 내적인 성취를 바라는 경우에는 그냥 계속 혼자서 책을 보고 일을 하면 된다. 하지만 여기서 다루는 것들은 제한된 시간 내에 목표를 달성하는 효율적인 방법들에 대한 것이다. 즉, 뭔가 가치가 있는 것들은 반드시 괴로움을 동반한다. 그 괴로움을 이기게 해주는 게 바로 목표 달성 후에 내게 주어지는 것들이다.

영화 〈콜래트럴〉을 보면 굉장히 인상적인 장면이 나온다. 지금은 택시 기사지만 고급 리무진 회사를 꿈꾸는 주인공이 일이 힘들 때마다 하는 행동이 있는데, 바로 휴양지 사진을 꺼내 보며 내적인 안정을 얻는 것이다. 그는 단순히 현실 도피를 꿈꾼 게 아니라, 정말로 자신의 미래를 그려보며 그 그림을 구체적으로 상상했다.

공부나 일을 시작하는 단계에서 미리 성취했을 때의 모습을 구체적으로 그려보는 게 쉽지는 않다. 하지만 이 부분을 얼마만큼 생각하는지가 그 과정에서 발생하는 어려움을 극복하는 열쇠가 된다. 나는 새로운 공부에 착수하면 이것을 모두 마무리했을 때 내가 얻을 수 있는 것 중에 가장 소소하지만 기분 좋은 것을 반복해서 생각한다. 예를 들어 인문학 공부를 한다고 하면 언젠가 청중 앞에서 인문학 강의를 하고 박수를 받는 모습을 상상한다. 어떤 사람은 내게 '어떻게 저렇게 잘 알 수가 있지?' 하는 눈빛으로 바라보는 상상을 한다. 이런 상상이 공부의 어려움을 극복하게 해주는 하나의 포인트였다.

• • •

개인마다 동력이 다르다

셋째는 목표 설정이 개인적인 만큼 목표 달성 이후도 개인적일 수밖에 없기 때문이다. 목표 달성이 내게 어떤 가치를 가져다줄지를 정확히 모른 채 공부나 일에 돌입했다가 표류하는 경우가 많다. 물론 사람의 유형이 딱 두 가지로 명확하게 나누어지는 것은 아니지만, 좌뇌형 인간과 우뇌형 인간은 이 지점에서 다르게 사고를 해야 한다.

먼저 좌뇌형 인간의 경우에는 그 일을 통해서 얻을 수 있는 구체적인 반대급부 내지 대가가 무엇인지를 파악해야 한다. 이 시험을 잘 치렀을 때 합격 선물로 무엇을 받게 될지, 이 업무를 성공시켰을 때 어떤 인사 평가를 받을지 등이 그 예이다. 좌뇌형에 속하는 사람들은 실제 일의 진행이나 예상되는 결과가 의미가 크지 않다고 느낄 경우 크게 동력을 상실할 수 있다. 따라서 어떤 직업이나 자격증 등을 얻고 싶은 것이라면 해당 직업을 가진 사람과 대화를 해보거나 인터뷰 기사 등을 읽으면서 '구체적으로' 어떤 성과와 이득을 얻게 되는지 가늠해보고 일을 시작해야 한다. 그래야 계획이 좀 더 탄탄해질 수 있다.

반면에 우뇌형 인간의 경우 그 목표가 나의 흥미나 욕구 등 내적인 가치에 어떤 영향을 미치는지를 따져보아야 한다. 그러고 나서 내 개인적 흥미와 호기심이 일어날 수 있는 환경을 만드는 것이 더욱 중요하다. 이런 사람들은 어떤 구체적 대가보다 스스로 무언가를 하고 싶다는 생각, 그것을 얻었을 때의 성취감이 더 중요하기 때문이다. 따라서 우뇌형 인간은 하고 싶은 일 중 더 우선순위에 있는 것을 먼저 해치우거나 강력한 투지와 경쟁심을 느낄 만한 상황을 만드는 것이 더욱 중요하다.

요새는 이런 고민을 많이 접한다. 주변에서 모두 공무원 시험을 준비하니까, 또는 부모님의 권유로 뛰어들었는데 실제 공무원의 워라벨이 그렇게 좋은 편이 아닌 것 같다든지, 생각보다 월급이 적은 것 같다든지 하는 것을 공부 도중에 알게 되어서 공부가 잘 안 된다는 고민들이다. 이런 토로에 괜한 말로 사기를 꺾고 싶지 않아 직접적으로 표현하진 않았지만, 내가 하는 일이 구체적으로 어떤 결과와 만족감을 주는지 미리 알아보지 않은 채로 뛰어드는 것은, 실상 내 삶이 어떻게 되어도 괜찮다고 생각하는 것과 다르지 않다고 생각한다. 그 결과에 대해서 책임지는 길은 빠르게 판단해서 공부를 관두거나 정말 피나게 노력해서 반드시 합격하는 것 말고는 없다.

보폭이 크지 않아야
시작할 수 있다

앞서 성취 후까지 가늠해봐야 한다고 했지만, 그렇다고 실행 목표를 크게 정해놔야 한다는 뜻은 아니다. 지나치게 원대하고 간단한 목표를 정해놓고 무작정 실행에 옮기는 것은 너무 추상적이고 이상에 치우친 것에 불과하다고 생각한다. 처음부터 넓은 보폭으로 계획하는 것이 주관적인 만족감은 클지 모르지만, 실행력에 있어 굉장히 차이가 있기 때문이다. 욕심을 부리는 것은 내 실행력의 범위 내에 있을 때에만 성과로 연결된다. 그게 아닌 경우는 '과욕'이라고 하여 상상 또는 허언이 될 뿐이다.

그보다는 하나하나의 세부적인 목표가 개인적인 동기와 어떻게 연결되는지를 확인하는 것이 중요하다고 생각한다. 예를 한번 들어보자.

한국인들의 영원한 숙제, 자기 계발을 하는 대부분의 직장인들이 가진 숙명이라고까지 할 수 있는 것으로 영어 공부가 있다. 그러나 성공하는 사람은 매우 드물다. 왜 그럴까? 그것은 목표를 너무 크게 잡았기 때문이다. '영어를 잘하고 싶어' '회화를 잘하고 싶어'와 같이 추상적인 목표는 자연스레 실행하는 보폭을 넓게 만들고, 결국 한 걸음 한 걸음 내딛기 어려워 공부 의욕을 떨어뜨린다. 공부나 일에 있어 가장 큰 동력은 무엇보다도 '성취감'이기 때문이다.

사람은 작은 감정에도 통제될 수 있기 때문에 성취감은 그 크기보다 빈도가 중요하다. 성취를 하나씩 쌓아가는 사람은 새로운 일에서도 성취감을 맛보고 싶게 되고 좀 더 쉽게 또 새로운 일에 착수할 수 있다. 그러나 성취감이 부족한 사람은 '내가 해봐야 잘 될까' 하는 생각에 지배당한다.

• • •

성취감을 만드는 원리

성취감을 쉽게 느끼는 방법은 목표를 촘촘하게 설정하는 것이다. 그렇게 단계적으로 설정한 목표들을 하나씩 이룸으로써 성취감을 자주 느낄 수 있다. 목표를 너무 크게 잡을 경우에는 그 실행 과정에서 내가 얻는 달성률 또는 성취도가 언제나 0%인 반면, 목표를 작게 나눌 경우에는 작은 부분에서의 성취도가 항상 100%가 된다.

큰 목표	작은 목표		
성취도 20%	성취 100% → 만족, 용기	성취 100%	
여전히 실행 중 →미약한 성취 →부끄러움 →자신감 하락			

이처럼 성취감을 자주 느끼는 게 좋은 이유는 이보다 추진력이 생기는 확실한 방법이 없기 때문이다. 아무리 '결심했어!'의 의지로 새로 일을 시작했어도 얼마 안 가 동력이 상실되고 추진력이 줄어드는 것은 '내가 잘하고 있는 건가' 하는 의심이 들어서, 바로 성취가 가시적이지 않아서이다. 그렇다면 추진력을 계속해서 가져가려면 솔루션은 간단하지 않을까? 목표가 눈에 보이면 된다. 크게 무리가 없어 보이게, 숫자와 단계를 사용해 셀 수 있는 것으로 만들어두는 것이다.

• • •

단순하지만 구체적인 계획의 힘

예를 들어, 영어 공부라고 했을 때, '하루 3문장만 공부하자'와 같은 목표가 훨씬 현실적이고 나아가 바람직하다. 3문장씩 20일이면 60문장, 반년이면 대략 360문장이다. 그 정도만 공부해도 영어 실력은 확실히 늘고, 3일 만에 포기한 사람보다 훨씬 큰 성취를 얻을 수 있음은 굳이 말하지 않아도 쉽게 알 수 있을 것이다. 수험서를 볼 때도 '이 단원을 열심히 공부해서 실력을 쌓자'가 아니라, '20분간은 단락을 요약해봐야지' '20분간은 요약한 것과 같은 문장을 찾아서 밑줄 쳐봐야지' '5분간은 줄 친 것들만 외워야지' 이런 식이 좋다. 다만 여기서도 내 개인적인 욕망 내지 동기를 고려하여 내가 끌리는 방법을 찾아야 한다.

가령 봐야 할 분량이 500페이지라고 했을 때, 많은 분들이 시험까지 50일이 남았으니 하루에 10페이지씩 보자고 생각하는데, 이처럼 단순한 산수를 통해 하루에 볼 페이지를 계획하는 것은 너무도 평범하고 구체적이지 않다. 이는 일을 할 때에도 마찬가지이다. 그냥 단순하게 '보고서를 빨리 쓰자' 또는 '잘 쓰자'가 아니라, '비슷한 사례 10개만 리서치하자' '보고서 전체 목차 3개만 떠올리자' '2시간 동안 세부 내용 초안을 쓰자' 이런 방식이 바람직하다.

· · ·

완벽은 접어두고, 일단 해두기

여기까지 이야기하면 '그렇게 해서 과연 목표가 달성될 수 있을까요? 좀 더 구체적으로 '그렇게 해서 시험에 합격 될까요?'라는 질문을 많이 받게 된다. 시험을 예로 들어서 얘기해보면, 그런 식으로 해서는 목표량을 정해진 기간 내에 다 볼 수 없다거나, 다른 사람들은 빠르게 여러 번 책을 보고 시험을 치는데 나는 한두 번밖에 못 봐서 불안하다는 것이다. 그런데 어차피 내 능력은 고정되어 있다. 내가 책을 읽고 소화할 수 있는 머릿속의 CPU나 RAM은 갈수록 성능이 떨어지면 떨어지지 좋아지지는 않는다. 다시 말해 내 일의 효율은 어느 정도 고정되어 있다는 것이다.

대부분 공부에 실패하고 장수생이 되는 이유는 내 머리의 효율을 전혀 계산하지 않고 그저 다른 사람들이 하는 방법만을 무비판적으로 따라하는 데 있다. 나는 도무지 책을 빨리 읽을 수가 없고 궁금한 것은 잘 넘어가지를 못 하는 성격이라 다른 사람들이 3번 읽을 때 1번 읽는 것으로 목표를 잡았다. 그 구체적인 결과는 모의고사를 풀어서 몇 점이 나오는지, 아웃풋 테스트를 해보면 쉽게 알 수 있기 때문이다. 여기서도 반복해 말하지만, 평균적이고 표준적인 방법을 따라가려 애쓰지 말아야 한다. 나의 보폭은 나만이 알 수 있다.

이런 시각은 특히 '신중파'인 사람들에게 큰 의미가 있다. '조건이 완벽하지 않아 시작하지 않았다'는 것이 대부분 신중파 사람들의 핑계로 동원되는 논리이기 때문이다. 그런데 어떤 일이 어떤 과정을 통해 해결되고 목표가 성취될지를 완벽하게 알 수는 없다. 우리가 우리 인식과 예측의 불완전성을 받아들일 때, 즉 '불완전함'을 계획과 동기 부여의 한 요소로 고려할 때 역설적으로 좀 더 완벽한 계획이 세워진다.

계획 수립 단계에서 수정을 많이 하느라 에너지를 다 써버리고 나면, 결국 실행에 옮기는 것은 언제나 '0'이 될 수밖에 없다. 앞서 그림으로 예를 든 것과는 다르다. 그 경우엔 '성취도'가 0%였지만, 여기서는 애초에 실행 자체가 0%인 경우이다. 따라서 계획을 어느 정도 세웠다면, 내 기준에는 만족스럽지 않지만 이후에 수정하면서 계획을 유지할 수 있는 정도라면, 일단 실행에 옮기고 그 실행 과정에서 나타나는 문제점을 고쳐나가는 방식으로 일을 해야 한다.

미국 최초 전차부대 지휘관이었던 조지 S. 패튼도 다음과 같이 말했음을 기억하자.

"지금 적극적으로 실행되는 괜찮은 계획이 다음 주의 완벽한 계획보다 낫다."

열등감을
삶의 일부로 받아들여라

공부나 일을 시작할 때 주변을 둘러보면 이미 나보다 앞서 나간, 빛나보이는, (그리고 조금은 짜증나는) 그런 사람이 있다. 그가 나의 경쟁 상대라는 것 자체가 굉장히 버겁게 느껴지는 그런 사람 말이다. 내가 과연이 경쟁에서 살아남을 수 있을까? 우리의 본능은 위험을 피하는 방향으로 설계되었기 때문에 상대방이 내게 위협을 가할 것으로 느껴지면스스로 경쟁으로부터 도망치게 된다. 하지만 삶은 잔인하게도 등을 돌리면 또 다른 경쟁이 나를 기다리고 있을 뿐이다.

이처럼 살아 있는 한 계속되는 게 경쟁인데도, 우리는 타인의 우월함으로부터 느껴지는 상대적인 나, 작은 모습의 나를 보고 열등감 때문에 힘들어한다. 그리고 '자격지심'이라는 부정적 함의를 가진 말에 굉장히 익숙해서인지, 열등감을 내 삶의 일부로 받아들이지 못한다.

• • •
열등감에 대한 대처가 '나의 가치'를 결정한다

그러나 열등감을 느끼는 것 자체가 나쁜 것은 아니다. 내가 열등감을 느끼는 것이 문제라고 여겨버리면, 내 삶은 이미 결정된 상태로 아무 것도 바꿀 수 없는 게 아닐까? 내가 열등감을 가지게 된 가장 큰 이유가 지금까지 내가 타인에 비해 성취를 잘 거두지 못했기 때문이라면, 즉 과거의 부정적인 경험이 현재의 내게 열등감을 느끼게 만든 것이라면, 그것은 과거가 현재를 결정하는 것이 되어버린다. 오히려 더욱 중요한 것은 지금부터의 나, 현재의 내가 앞으로 내 삶의 방향을 어떻게 결정할 것인지이다.

그리고 실은 열등감을 느끼고 있으면서 열등감을 느끼지 않는다고 자기 암시 또는 최면을 거는 사람들도 있다. 하지만 이는 그냥 현실을 피하는 것일 뿐이다. 이럴 경우 내가 피한 그 현실이 시험장에서든 중요한 일을 앞두고서든 불쑥불쑥 찾아올 때 잘 대처하지 못한다. 과거 어느 순간도 다 나 자신이었다. 그 흔적도 모두 내가 안고 사랑해주어야 한다. 내 과거를 내가 피한다고 해서 극복이 될까? 그것이 아니라는 점은 자명하기 때문이다.

나는 열등감을 어떻게 극복할 것인지에 따라 사람의 인생이 두 가지 방향으로 나뉜다고 생각한다. 긍정적인 사람과 부정적인 사람이다. 긍정적인 사람은 그 열등감을 삶의 일부로 받아들이고, 그것을 전제로 어떻게 하면 다른 사람과의 차이를 좁힐 수 있을지, 목표를 달성할 수 있을지를 고민한다. 만약 그 목표를 정해진 환경과 시간 내에 달성하기 힘들다면 과감하게 방향 전환을 해야 할 경우도 있을 것이다. 이런 시각에서 열등감은 곧 지난 흔적에 대한 아쉬움일 뿐, 앞으로 내 인생을 더욱 열심히 살아야 할 이유가 된다.

반면 부정적인 사람은 바꿀 수 없는 과거에 연연한다. '그때 이랬어야 했는데'라고 생각하며 친구들을 만나고 술에 취하는 것에, 그저 과거를 회상하는 데 시간과 에너지를 쏟는다. 이런 사람들에게는 과거가 더 빛나는 내일을 위해 거친 시간일 뿐이라는 시각 전환이 필요하다.

· · ·
차이를 아는 것도 실력이다

따라서 새로운 공부를 함에 있어서 나보다 잘할 것 같은(실은 아직 해보지 않았기에 정말 나보다 잘할지 그렇지 않을지도 모른다) 사람이 있다면 인정을 하라. 그 사람의 우월함을 인정하라는 의미이다. 마음이 편해질 것이다. 다만 여기서 내가 그 사람을 따라잡으려면 어느 정도 노력을 해야 하는지 정확하게 계측하라. 그 사람보다 몇 배로 열심히 하면 되는지, 어떤 방법을 쓰면 효율이 좋은지 정확하게 분석하라.

나아가 그 목표를 내가 노력하면 정말 이룰 수 있는지 명확하게 파악하라. 대부분의 사람이 느끼는 '열등감'은 성취에 필요한 노력을 정확하게 계측해보지 않고 그것을 자꾸 피하는 데서 발생하는 부정적인 감정일 뿐인 경우가 많다. 실제는 나와 그 사람 사이에 별다른 실력 차가 없는데도 지레 겁을 먹고 피하는 것이다. 이는 아까도 말했듯이 본능이니까 당연하다. 그러나 본능을 얼마만큼 이성적인 사고로 컨트롤하는가에 따라 실력과 결과가 좌우된다. 상대방과 나의 차이를 잘 아는 것, 이것 또한 실력이다.

· · ·

그러나 내 한계를 설정하지는 말 것

그리고 내 한계를 내가 일부러 낮게 긋지는 않았으면 좋겠다. 나도 친구들이 아무도 없는 외딴곳의 고등학교에 진학했을 때, 공부 고수들이 득실거리는 법대에 진학했을 때, 사법시험에 합격한 쟁쟁한 사람들이 모인 사법연수원에 갔을 때 등 한 번도 내가 남들보다 우월하다거나 우위에 선다고 생각을 해본 적이 없다. 오히려 속된 말로 매번 굉장히 '쫄아' 있었다. 그러나 지금 나는 어떤 일을 해도 자신감을 가지고 일단 부딪쳐본다. 어떤 생각의 전환이 있었을까?

바로 몇 번의 시행착오를 통해 내가 할 수 있는 것에만 집중하는 게 마음을 아끼고 에너지를 아끼는 길이라는 생각이 들었기 때문이며, 그렇게 하니까 의외로 목표 달성이 그리 어렵지 않다는 것을 깨달았기 때문이다. 어떻게 보면 우리 삶에는 사실 현재만 존재할 뿐, 과거나 미래는 존재하지 않는다. 과거는 내가 그것을 떠올렸을 때 잠시 이미지로서 떠오르는, 말하자면 '사고의 점' 같은 것이다. 미래도 마찬가지이다. 아직 오지 않았기에 그것은 어디까지나 상상의 대상일 뿐이다. 미래를 직접 접하는 것은 현재가 쭉 연결되어 미래까지 갔을 때이다. 즉 언제나 우리 삶에는 현재만이 있을 뿐이다.

어릴 적 읽었던 책 중에 《선물》이라는 책이 있는데, 아무래도 현재 나의 사고나 인식은 그 책에 크게 영향을 받았다는 점을 이야기하지 않을 수 없다. 그 책의 요지는 사람은 과거로부터 배우고 현재를 살고 미래를 계획한다는 것이다. 따라서 현재, 즉 PRESENT란 선물이라는 의미도 가지고 있다고 봐야 한다. 저자 스펜서 존슨은 이렇게 말했다. "과거에 무슨 일이 일어났는지 보라. 과거로부터 배워라. 그리고 현재를 다르게 살라."

이렇게 본다면 진정으로 내가 하고 싶고 좋아하는 일을 하는 데 있어서 어떤 제약이나 한계는 있을 수 없다고 생각한다. 한계가 있다고 한다면, 그것은 아직 감정적으로 극복하지 못한 나 자신 때문이다. 물론 목표를 성취하는 과정에서 어려움이나 방해가 있을 수는 있지만, 그런 것들은 제거하거나 조정해야 할 대상일 뿐이다. 목표 설정의 단계에서부터 내 꿈을 '낮추는 것'에 동원할 것들은 아니다. 지금까지처럼 살 것인지, 아니면 이제부터 다르게 살 것인지는 나에게 달려 있다.

공부나 일은 절대
아름답게 진행되지 않는다

그렇다면 일의 진행 과정에서 발생할 위험 또는 일이 어그러질 가능성에 대해서는 얼마만큼 미리 생각을 해두어야 할까?

수험 공부를 처음 시작하는 사람은 이상적인 목표에 따라 계획을 세운다. 며칠이면 어느 과목을 한 번 보고, 언제까지 문제를 풀고, 언제까지 마무리를 한다는 식이다. 일의 경우도 마찬가지이다. 리서치를 하고 보고서를 쓰고 다른 부서 사람들과 미팅을 해서 수정안을 만들고 실행에 옮기는 과정들이 어느 정도의 타임테이블 위에서 구체화가 되어 있다. 그런데 실제 수행 과정으로 들어가면 내 생각처럼 공부나 일이 되지 않는 경우가 비일비재하다. 그 과정에서 우리는 짜증을, 때로는 분노를 느끼게 되고, 자책하거나 다른 사람을 탓하게 되며, 드물게는 공부나 일 자체를 포기하게 되는 경우도 있다.

　이런 순간이 만들어진 것은 실은 내 마음가짐 문제만은 아니고 굉장히 많은 요인들이 작용했겠지만, 여기 목표의 시작 단계에 있어서는 이 한 가지를 꼭 기억해두었으면 한다. 애초에 일이 아름답게 진행될 것이라는 기대를 버리라는 점이다. 내가 지금 하고 있는 이 공부 또는 일은 모두 나의 선택에 의한 것으로 나의 행복을 위해 하고 있는 것이다. 그 과정에서 기막힌 우연의 일치로 어떤 어려움이나 큰 장애 없이 아름다운 결과가 나올 수도 있겠지만, 통상은 그렇지 않다. 대부분의 사람은 그 과정에서 실수를 하고 원래 세웠던 계획보다 훨씬 늦게 결과를 얻기도 한다.

· · ·

시야가 좁으면 안 보이는 것들

시야가 좁을 때는 볼 수 있는 것이 제한된다. 그 결과 크게 보면 당연히 거쳐야 할 어려움에 대해 잘못된 평가를 내린다. 잠시의 좌절과 고통이 마치 전부인 듯 쉽게 포기하고 도망을 치게 되는 것이다. 수능을 못 쳤다거나 시험에 한두 번 떨어졌다고 좌절해서 도망치고 싶은 경우는 오히려 애교이고, 모의고사를 못 쳤다는 이유로 '나는 재능이 없나 봐'라고 생각하며 포기하는 경우도 많이 보았다. 보고서가 몇 번 반려되었다고 입사한 지 얼마 되지도 않아 담배를 물고 퇴사를 고민하는 친구도 보았다. 그러나 공부나 일의 결과라는 것은 말하자면 어떤 과정에서 나온 결과물들의 '총합'이라고 할 수 있다. 중간에 어떤 마이너스 요소가 있다고 하더라도 얼마든지 그것을 플러스로 만회할 기회가 있고, 그와 같은 '총합'은 일을 끝까지 완수했을 때에만 가능할 수 있는 것이다.

결과를 이루고 난 시점, 즉 전체적인 관점에서 보면 좁은 시야로 인해 중도에 포기하는 것은 참으로 안타까운 일이 아닐 수 없다. 어떤 과정을 거쳐 왔든 목표를 달성했다면 같은 성취를 맛볼 수 있었을 것이기 때문이다. 예를 들어, 등산을 하면 알 수 있듯이 정상, 즉 목표에 오르면 누구나 같다. 조금 빨리 오고 늦게 오고의 차이는 이미 존재하지 않는다. 누구나 그 아름다운 산 아래의 경치를 느끼고 험한 산세를 정복했다는 성취감을 느낄 자격을 갖는다.

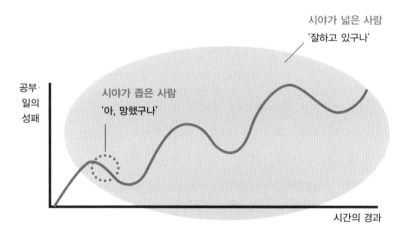

특히 중·고등학생의 경우, 자신의 선택과 의지에 따라 수험과정을 정할 수 있는 성인 수험생과는 달리, 굉장히 빈번하게 치는 내신시험과 벗어날 수 없는 강제적인 경쟁 속에서 한없이 시야가 좁아진다. 중간고사나 기말고사를 한 번 못 쳐도 오만가지 부정적인 상상과 자괴감이 자신을 괴롭힌다. 그러나 그와 같이 판단하는 것은 너무 이르고 또한 경솔하다. 반드시 부모님이나 선생님, 좋은 멘토의 조언을 얻어 좀 더 넓은 시야로 자신의 객관적인 위치를 파악하려는 노력이 필요하다.

• • •
곧게 뻗은 길만이 아름다운 것은 아니다

나아가 모든 과정은 내 인생의 일부이기에 의미가 있다. 큰 방해나 난관 없이 목표를 이루는 사람만이 가치 있는 삶을 사는 것은 아니다. 인생에는 정말로 많은, 무한한 기회들이 존재하는데, 공부나 일 같은 것들은 어디까지나 행복을 위한 여러 수단 중 하나이고, 좁은 시야에서는 실패라고 할 수 있는 것들도 크게 보면 내 성장과 발전을 위한 밑거름이 되는 경우가 굉장히 많다. 즉, 성취를 만드는 과정에서 많은 고통을 겪은 것은 다른 측면에서 보면 훨씬 더 풍부한 경험을 한 것이라고도 할 수 있는 것이다. 그리고 그 경험이 사람을 더 성장하게 하고 결과의 가치를 더 정확하게 느낄 수 있게 해주기도 한다.

나는 만화를 매우 좋아하는데, 이 점과 관련해서 특히 기억에 남는 장면이 하나 있다. 일본의 검호 미야모토 무사시를 소재로 한 만화《배가본드》에는 무사시의 친구로 마타하치라는 인물이 나온다. 마타하치도 처음에는 무사시처럼 검호를 꿈꾸었으나 실력에는 큰 차이가 있었고, 결국 어머니를 비롯해 주변 사람들을 속여 마치 검호로 성공한 것처럼 행세를 한다. 이 사실을 알고 있던 마타하치의 양모가 죽기 전 마타하치에게 한 말은 다음과 같다.

"약한 사람은 자기를 약하다고 하지 않지. 너는 이미 약한 자가 아니란다. 지지 마라. 마타하치. 한결같이 외길을 걷는 모습은 아름답다. 하지만 보통 사람은 꼭 그렇지만도 않은 법. 헤매고 실수하고 멀리 돌아가기도 하지. 그래도 좋아. 뒤를 돌아보렴. 여기 부딪히고 저기 부딪히고 이리저리 헤맨 너의 길은 분명 누구보다도 넓을 테니까."

chapter
02

✕

공부의 본질을
꿰뚫는
발상의 전환

창조 대신
모방부터 하라

과거에는 어떤 일의 '시작'에 대해 진지하게 생각해본 적이 없었지만, 법대에 진학해 법학을 공부하면서 하나 알게 된 사실은 이 분야에서의 위대한 저작 내지 업적들은 완전히 새로운 것이라기보다, 누군가의 시각에 새로운 시각이 쌓인 것이었다. 물론 그것이 학문의 의미라고 하면 별달리 할 말은 없지만, 진정한 새로움이 없이도 성취와 평가가 있을 수 있다는 것이 어릴 적에는 나름 충격이었다. 이런 충격은 이후에도 이어졌다. 내가 전공을 한 법학에 한정된 것도 아니었고, 매우 다양한 분야에서 '진정한 새로움' 없이도 '새로운 성취'는 쏟아져 나왔다.

사실 완전히 새로운 것을 만들어내는 것, 무에서 유를 창조하는 것은 엄청난 고통이 따른다. 그리고 시간적인 측면에서도 크게 효율적이지 못하다. 한정된 시간 내에 새로운 방법을 '만드는 것'보다는 '찾는 것'이 더 빠르다. 그렇게 절감한 시간은 다른 일에 대한 투자로 이어질 수 있다. 그러므로 우리는 어떤 새로운 일을 시작할 때 새로운 방법만을 '창작'하려는 어리석음에서 벗어나야 한다. 정보에 대한 접근 자체가 하나의 기회이고 자산이던 시절에는 지금까지와 다른 무언가를 발견하는 것 자체로 어느 정도의 결과가 보장되었다. 그러나 정보의 홍수로 인해 그것을 활용하는 것이 더 중요한 지금은 발견한 정보들을 조합해서 나에게 맞는 새로운 것을 만드는 것이 더욱 중요하다.

• • •
모방의 기술, 조합

이미 존재하는 것들을 조합하여 새로운 가치를 창조하는 일은 실은 우리 삶에서 매우 익숙한 창조의 방식이다. 커피를 예로 들어보자. 커피는 해마다 작황이 다르기 때문에 여러 종류의 원두를 섞어 일정한 맛을 유지하는 기술을 사용한다. 이를 '블렌딩'이라고 한다. 어느 품종의 원두를 어느 정도로 섞을 것인지를 분석해서 비율에 맞추어 배합을 하는 것이다. '수집-분석-배합'의 세 단계를 거친다. 그런데 이러한 기술은 커피 분야에서만 활용되는 것이 아니다. 위스키도 고가의 싱글몰트보다 블렌딩을 한 것이 더욱 일반적이고, 우리가 즐겨 마시는 잉글리시 브랙퍼스트 티도 통상 아쌈과 실론이라는 서로 다른 티를 블렌딩한 것이다. 20세기 클래식 음악사에서 가장 지대한 영향력을 끼친 지휘자로 인정받는 헤르베르트 폰 카라얀도 이탈리아의 아르투로 토스카니니와 독일의 빌헬름 푸르트벵글러라는 두 대가의 스타일을 절충하여 20세기를 풍미하는 지휘자의 지위에 오를 수 있었다.

이런 블렌딩 기술이나 절충의 방식이 우리가 지금 하고 있는 공부나 일과는 어떠한 관계가 있는지 물을 수도 있다. 그러나 사람이 하는 일들은 대개 비슷한 과정을 거쳐 완성된다는 당연한 진리를 생각해보면, 이러한 블렌딩이나 절충의 방식은 넓은 의미에서의 공부에도 그대로 적용될 수 있다는 점을 알 수 있을 것이다. 물론 여기선 '블렌딩'이나 '절충'이라는 용어 대신 조금 더 넓은 의미로 '조합'이라는 용어를 사용하는 게 나을 듯싶다.

• • •
합격 수기부터 봐야 하는 이유

먼저 공부를 예로 들어보면, 무턱대고 공부를 시작해서는 안 된다. 어떤 책을 어느 정도의 기간 동안 보고, 어떤 문제집을 어느 정도 강도로 풀어야 하는지, 대략적으로 어떤 기간에는 무엇을 해야 하는지에 대해서는 이미 거의 완성된 매뉴얼이 존재한다. 그것은 바로 합격 수기이다. 이런 합격 수기들을 모아서 분석해보면 내게 맞는 책과 공부 방법 등을 손쉽게 찾을 수 있다. 말하자면 합격 수기를 조합하는 것이다. 나는 이런 방식으로 단기간에 사법시험에 합격할 수 있었다. 구체적으로 말해 나는 이 방법을 통해 법 공부는 통상 ① 전체적인 체계를 잡는 단계, ② 기본적인 제도들을 이해하는 단계, ③ 책이나 문제집을 통해 살을 붙여나가는 단계, ④ 내가 모르거나 틀리는 부분을 체크하는 단계, ⑤ 정리된 지식을 반복 학습하는 단계로 나누어진다는 것을 알 수 있었다. 즉, 다섯 개의 단계별로 공부법을 조합한 것이다.

1단계와 2단계는 매우 깊이 있고 어려운 책(《민법주해》라는 책이 있다)을 붙잡고 3~4일 정도 필요한 부분만 발췌해서 독파하는 방식으로 했고, 3단계는 다른 사람들과는 달리 모의고사가 아니라 기출 문제를 다루는 방식을 택했다. 4단계는 오답 노트 대신 복습장을 만들어서 스스로를 가르치는 방식을(이를 셀프렉처라고 한다), 5단계는 다들 회독법에 의존하고 있을 때 빠르게 한 번만을 읽는 방식을 택했다. 이 다섯 가지 서로 다른 공부법은 각각 다른 합격 수기에서 추출해서 조합한 것이다.

중·고등학생의 경우라면, 합격수기 대신 공부법을 알려줄 수 있는 멘토에게 배우는 것이 좋다. 여기서 한 가지 주의사항을 일러두자면, 공부법을 배울 때는 그 멘토의 공부법이 오직 자신의 경험에 의존한 것인지, 다양한 표본으로부터 귀납적으로 얻은 것인지를 살펴보아야 한다는 것이다. 단순히 내가 되고 싶은 직업을 가진 사람이 가르쳐주는 공부법이 아니라, 다양한 사례와 경험으로부터 공통점을 추출하여 그것을 일반화시킨 공부법을 택하여야 한다. 그래야 그 방법이 내게도 맞을 가능성이 높다.

자기 계발의 경우에도 마찬가지이다. 예를 들어 클래식 음악을 제대로 알아보고 싶다고 해보자. 클래식에 관한 책들은 정말 그 수를 헤아릴 수 없을 정도로 많다. 그런데 그중 어떤 책을 선택해서 어떤 식으로 공부를 해야 내 교양을 늘릴 수 있을까? 모든 책을 다 공부하는 것은 불가능해 보인다. 그렇다고 교과서가 될 만한 책을 찾기도 어렵다. 이럴 땐 조합을 활용하면 쉽다. 일단 클래식 명반들의 순위를 매긴 책을 몇 권 찾는다. 요즘은 직접 책을 사지 않아도 손쉽게 전자책을 구독하면 된다. 그렇게 모은 클래식 명반의 리스트를 엑셀이나 한글 파일 등으로 정리한다. 여러 책에서 중복 추천한 명반들은 따로 표시를 한다. 내가 무에서부터 공부를 시작할 필요 없이 그 책을 쓴 사람들의 공부를 활용하는 것이다. 클래식 감상은 다른 음악 분야와 달리 어느 정도 학습된 보편성이 있을 수밖에 없다는 점을 이용한 것이다.

사법시험 2차를 준비할 때도 나는 이런 학습된 보편성을 이용했다. 시중의 문제집에 공통적으로 실린 문제를 가려내어 그것만 먼저 공부했다. 그런 다음 체계적으로 정돈된 책을 찾아 읽으면 내가 먼저 습득해둔 중요도가 높은 지식들이 순서대로 머릿속에 자리를 잡게 된다. 클래식이든 법 과목이든 이런 식으로 강약을 조절하는 '부분과 전체의 절충'도 굉장히 유용한 방법이다.

최고의 것들 중 장점만 모으기

이 방법은 일에서도 상당히 유용하다. 나는 법무부에서 근무하는 동안 다양한 일들을 해볼 기회가 있었는데, 그중에는 법무부 장관이 1년간 의 업무 성과를 정리하고 새로운 1년간의 업무 계획을 만들어 대통령 에게 보고하는 PPT 작업도 있었다. 대부분 전문 업체에 맡겨 처리하는 일이었고 2~3천만 원의 비용이 들었다. 나는 디자인이나 미술을 전공 한 사람이 아니었을 뿐만 아니라, 한 달에 200만 원이 조금 안 되는 월 급을 받는 대체복무자(공익법무관)였다. 그런데 내가 만든 PPT가 전체 부처 중 가장 좋은 평가를 받았다. 그게 어떻게 가능했을까? '군대에서 는 안 되는 게 없다'는 농담 같은 말은 조금 넣어두고, 기존의 훌륭한 PPT들, 그리고 외국의 방송 매체와 책, 포스터 등 시각 디자인과 관련 된 거의 모든 '최고의' 것들을 모조리 모으고 분석해서 그 장점만을 취 사한 노력이 있었기 때문이다.

이러한 방식은 변호사이자 유튜버로 활동하고 있는 현재에도 마찬 가지로 적용하고 있다. 내가 운영하고 있는 유튜브 채널을 예로 들어 보면, 나는 교육이나 법 분야에서의 1등 유튜버를 벤치마킹하지 않았 다. 그전에 내 유튜브의 구성을 쪼개보았다. 먼저 전체적인 방향성과 전달 방식부터 나누었다. 그리고 전달 방식은 카테고리와 영상 두 가 지로 나누었는데, 다시 영상 부분은 썸네일과 구체적인 영상 내용으로

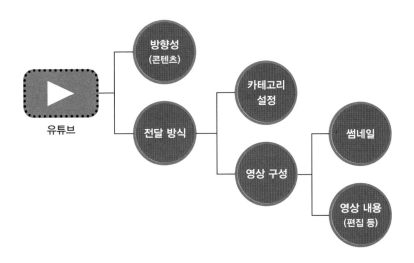

나누었다. 그리고 이 세부 분야마다 벤치마킹할 대상을 선정하였다.

전체적인 방향성은 요리 채널의 것을, 카테고리 설정은 자기 계발 채널의 것을, 썸네일은 경제 전문 채널의 것을, 영상 내용을 전달하는 전체적인 톤이나 분위기는 다른 나라의 학원 채널 스타일을, 운영 방식이나 홍보 등은 국내 대기업의 방식을 가져왔다. 이렇듯 나는 항목을 세부적으로 나누어 해당 소스들이 어떤 장단점을 가지고 있는지를 분석한 후에 그것들을 하나하나 조합하는 방식을 택했다. 이 별것 아닌 방법으로도 훨씬 쉽고 빠르게 양질의 결과를 얻을 수 있었다.

내가 그동안 해왔던 공부는 어땠는지 한번 점검해보자. 그냥 단순히 효과 좋다는 공부법을, 단지 주변에서 많이 하고 있다는 이유로 생각 없이 따라 하고 있지는 않았는가? 모방에도 효율이, 방법이 있다.

조합의 첫 번째 전제
: 탐색과 수집

나는 어떤 공부든 모방을 할 때 4단계를 거친다. 첫째는 정보(아이템)의 탐색과 수집, 둘째는 수집된 정보의 분석, 셋째는 조합, 넷째는 개성의 부여이다. 순서가 조금 바뀐 감이 없지 않지만, 여기서는 첫 번째 단계인 '탐색과 수집'에 대해 말해보기로 한다.

• • •

안 봤던 정보에까지 눈을 돌릴 것

무언가를 조합하기 위해서는 우선 관련된 정보를 모으는 것이 선행되어야 한다. 리서치라고 할 수 있는데, 이 부분에서 중요한 것은 먼저 내가 설정한 목표와 그로 인해 발생할 수 있는 기대 효과를 항상 염두에 두어야 한다는 것이다. 어떤 정보를 힘들게 수집했는데 나중에 쓸데없는 것으로 판명된다면 그동안 시간과 에너지를 허투루 쓴 게 되기 때문이다. 따라서 내게 필요한 것이 무엇인지를 명확하게 인식하고 그에 해당되는 정보를 찾아야 한다.

나아가 정보를 찾을 때 한국이 아니라 세계로 눈을 돌리라는 조언을 꼭 하고 싶다. 요즘은 구글링이 보편화되어 있는 것은 물론, 다양한 정보원에도 쉽게 접근할 수 있다. 각종 무료 어플들이 다양한 전자책을 제공하고 있고, '디비피아(DBpia)'나 '교보문고스콜라'는 국내외 학술 논문을 광범하게 제공한다. 구글 번역기를 조금만 활용하면 해당 기술이나 아이템이 고안된 나라에서 정보를 손쉽게 얻을 수 있다.

나는 커피를 따로 배운 적은 없지만 시간이 남을 때마다 구글 번역기를 이용해서 몇몇 이탈리아 사이트들의 단골이 된 덕분에 지금은 웬만한 커피 전문가보다 훨씬 많은 지식을 습득하게 되었다. 공부법에 목말라 있던 대학생 시절에는 공부법의 선진국이라고 할 수 있는 일본 사이트를 검색하고 자료를 찾아서 엄청나게 큰 도움을 받기도 했다.

· · ·

수집 · 분석에는 기준이 있어야 한다

정보를 취사하는 것에 대해서도 얘기를 하고 싶다. 정보의 수집이라고 하면 그 과정 자체에 심취하여 정말 닥치는 대로 정보를 수집하는 경우가 있다. 특히 공부를 하는 과정에서 합격 수기를 미리 모아야 한다고 하면 찾을 수 있는 한 모든 합격 수기를 모으는 사람들이 있다. 그러나 취득할 정보는 해당 분야의 1등으로 한정하는 것이 좋다. 그것은 그 정보가 경쟁에서 살아남은 것으로 우수하다는 의미도 있지만, 분석의 범위를 상당히 좁혀주기 때문이다. 어설픈 정보들을 모아보아야 그것을 분석하는 데 불필요한 시간과 에너지를 소모하게 된다. 반면 양질의 정보, 1등의 방식을 따라할 경우 수많은 시행착오가 현저히 줄어들고 기대 효과가 분명하다는 장점이 있다.

예를 들어, 나는 사법시험을 준비하던 시절에는 수석 합격자들과 최연소 합격자들의 수기만을 모아서 분석했고, 민법 공부를 할 때는 개인적으로 민법의 1인자라고 생각되는 분의 책이나 자료 외에는 아무것도 보지 않았다. 추가해야 하는 자료가 있을 경우 그분의 방식에 맞추어 재정리를 했다. 학창 시절 게임을 열심히 해서 프로게이머 연습생이 되었을 때에도 마찬가지였다. 지금은 방송인으로 더 알려져 있지만 내가 게임을 하던 시절에는 기욤 패트리가 최고의 선수였다. 지금처럼 게임을 다시 돌려볼 수 없는 시절이었기에 그 선수의 전략을 해외 사이트를 모두 뒤져 모으고 분석하고 모방했다. 그렇다고 1등이 될 수는 없었지만, 1등의 것을 따라함으로써 누구보다도 빠르게 목표에 접근할 수 있었다.

아이작 뉴턴은 다음과 같이 회고한 바 있다.

"내가 더 멀리 보았다면 이는 거인들의 어깨 위에 올라서 있었기 때문이다."

수집하는 자료가 거인의 것이어야지, 나와 비슷하거나 소인의 것이라면 경쟁에서 반드시 도태된다는 점을 명심하자.

조합의 두 번째 전제
: 분석

여기까지 읽은 이들 중 '그럼 1등의 것만 따라 하면 되는 것 아닌가?'라고 생각하는 사람이 있을지도 모르겠다. 하지만 눈, 코, 입을 각각 가장 미인의 것으로 조합하면 무엇이 나올까? 이 해답이 '괴상한 사람'이라는 것은 대부분 알고 있을 것이다. 그 이유는 무엇일까?

조합을 하기 전에 반드시 거쳐야 하는 과정이 있다. 바로 분석 작업이다. 그 방식을 채택한 원조도 나름의 생각을 바탕으로 했을 텐데, 그 원초적인 생각의 뿌리를 알아내는 것이 가장 중요하다. 타인의 아이템을 모방하는 입장에서 무슨 생각으로 선택한 방법이냐고 직접 물을 수는 없을 것이다. 따라서 이는 우리의 몫이 된다. 실제 조합 과정도 중요하겠지만 나는 이 분석의 과정이 훨씬 중요하다고 생각한다.

· · ·

결과가 아닌 원리를 파악할 것

요즘은 유튜브 시대라 수험생들이 더욱 수많은 공부법에 쉽게 접할 수 있게 되었다. 그중에는 그 공부법으로 합격의 영광을 맛보는 수험생도 있지만, 그렇지 못하는 수험생도 많다. 왜일까? 머리가 안 좋아서 그런 것일까? 전혀 아니다. 답은 그 사람이 그 공부법을 택한 배경을 전혀 이해하지 못한 상태에서 무비판적으로 공부법의 외형만을 적용했기 때문이다.

사람마다 지식을 습득하는 방식은 다를 수밖에 없다. 따라서 과연 그 공부법의 원리가 무엇인지, 즉 어떤 상황과 배경 속에서 그와 같은 공부법을 택했는지부터 먼저 생각을 해보아야 한다. 그리고 과연 그것이 내게도 유효할지, 내 수준에 맞게 조금 더 변형을 할 수는 없는지를 생각해보아야 한다. 그래서 나는 내 채널에서는 '요약 댓글'이라는 것을 달지 말아달라고 부탁을 하고 있다. 남이 정리한 것은 애초에 내 것이 아니다. 전체적인 맥락을 스스로 인식하고 이해해야만 그 공부법을 내가 사용하고 조합할 수 있는 능력을 얻을 수 있기 때문이다.

이렇게 보면 공부법 채널이나 사이트들이 어떤 맥락에서 운영 전략을 짜고 있는지도 알 수 있을 것이다. 내 공부법 채널은 원리와 예시를 6:4 정도의 비율로 전달하는 방식을 택하고 있다. 반면 어떤 공부법 채널은 1:9 정도의 비율로 하는 곳도 있고, 다른 어떤 곳은 원리만 10을 설명하는 곳도 있다. '원리는 직접 이해해야 한다'라는 논리로 콘텐츠가 별로 없음을 덮는 경우들도 존재한다. 이런 경우는 공부법이 아닌 정신 무장 내지는 일종의 종교적 메시지를 전하는 것이라고 봐야 할 것이다.

수험생은 항상 날이 서 있어야 한다. 과연 저 사람의 방식이 나에게 어떠한 영향을 미칠지 생각하고 판단할 수 있어야 한다.

• • •
분석의 핵심은 역추적

유튜브 채널에 대한 얘기가 나왔으니 조금 더 해보기로 하자. 내가 벤치마킹하고 있는 채널 중 하나에 대해 얘기하자면, 이 채널은 경제 전문 채널로 공부와는 전혀 관련이 없다. 하지만 이 채널이 그와 같이 번창하는 이유와 방식을 추출해서 종목만 공부로 바꾼다면, 거기에 적절한 다른 콘텐츠를 조합한다면 굉장히 괜찮은 결과물이 나오지 않을까? 이러한 시각에서 나는 이 채널을 분석해보았다.

이 채널의 핵심은 무엇보다 명료함과 단순함이다. 영상은 컷 편집 외에는 기타 어떠한 편집도 가해지지 않는다. 그리고 썸네일은 휘황찬란한 다른 채널들과는 달리 매우 단순하게 왼쪽에 제목, 오른쪽에 출연자의 얼굴만이 나온다. 그렇다면 여기서 무엇을 배울 수 있을까? 이 채널의 명료함과 단순함이 무엇에 대한 대답인지를 생각해보면 모방

할 점이 나온다. 그 명료함과 단순함은 '어떻게 하면 부자가 될 수 있는지, 어떻게 하면 잘살 수 있는지'에 대한 대답이다. 이 채널의 영상은 누르자마자 해답이 나온다. 서론이라고 할 수 있는 부분이 전혀 없다는 것이다.

요즘 인스타그램이나 페이스북에서 크게 유행하고 있는 카드뉴스 문화로도 엿볼 수 있듯 사람들은 정보를 얻는 과정에서도 조금의 지체도 허용하지 않는다. 내가 원하는 것을 바로바로 얻고 싶어 하는 것이다. 내가 분석해본 그 경제 채널은 이러한 사용자의 니즈에 직접적으로 부응한다. 모든 에너지와 시간을 '명료하고 단순한 응답' '어떻게 하면 부자가 되고 잘살 수 있는지'를 알려주는 데에만 쏟고 있다.

이렇게 분석해보지 않는다면 그저 썸네일을 단순하게 만들고 자막 없이 영상을 올리는 것만을 배울 수 있을 것이다. 그런데 그런 "무성의한"(보통 댓글에 이와 같이 지적이 달린다) 영상들을 몇 개나 본 적이 있는지, 과연 그 채널들의 구독자가 많이 늘고 있는지 한번 생각해보기 바란다.

조합의 완성
: 핵심 가치의 부여

조합할 대상들을 모으고 또 분석했다면 그것으로 끝일까? 아니다. 여기서 반드시 한 가지 더 해줘야 하는 것이 있다. 바로 내가 조합한 것들에 일정한 가치를 부여하고 그 과정에서 조합한 결과물을 검증하는 것이다. 사람은 한 번에 많은 일을 같은 수준으로 처리할 수 없기 때문에 처음 모방을 시작할 때의 목적에 부합하는 결과물인지를 반드시 검증해봐야 한다. 예전과 달리 요즘은 더더욱 어떤 결과물의 가치가 이 단계에서 크게 변할 수 있다. 최종적으로 어떤 심미안을 가졌는지, 어떤 가치를 가장 중시하는지에 따라 같은 조합물이라도 서로 다른 가치를 가질 수 있다. 즉, 창작품과 카피캣은 이 단계에서 서로 구별된다.

우리의 삶을 크게 바꾼 스마트폰의 기능들은 실은 종전부터 하나씩 별개로 존재하던 것이다. 아이폰 이전에도 인터넷과 휴대전화를 동시에 사용할 수 있는 블랙베리와 같은 핸드폰이 있었고, 음악을 들을 수 있는 장치들도 아이팟을 비롯해 다양하게 존재했다. 아이폰은 단지 눈에 잘 보이지도 않는 기계식 자판이 아니라, 직관적으로 직접 눌러서 사용할 수 있는 전자식 키보드를 채택했고, 손가락 두 개로 사진을 키울 수 있는 기능과 한 번의 터치로 전화기에서 음악이 재생되는 기능을 넣었을 뿐이었다. 전화 통화와 음악 감상, 인터넷 사용을 한 번에 할 수 있게 여러 기기들의 기능을 합친 것에 불과했다. 하지만 이 모든 기능을 한 개의 기기에 담아 사용 편의성을 끌어올린 점이 아이폰을 남다르게 만든 것이다.

재작년에 유튜브를 통해 나의 공부법을 처음 공개했을 때, 구독자들의 반응도 이와 같았다. '가장 빠르고 효율적인 합격을 목표로 한다'는 핵심 가치에 따라, 공부 순서를 바꾸어, 책을 읽고 문제를 풀기 전에 먼저 기출 문제의 해답을 보고 공부 범위부터 줄이는 방식을 제시했을 때, 사람들은 '기존의 공부법과는 완전히 다른 혁명적인 공부법'이라는 평가를 내렸다. 그러나 기존 공부는 먼저 책을 읽고 연습 문제를 충분히 푼 후에 기출 문제로 마무리를 하는 3단계의 방식이었다면, 나는 단지 3번을 1번으로 옮긴 것에 불과했다. 그 외에는 어떠한 차이도 없었다.

다시 처음으로, 핵심으로 돌아간다

그렇다면 이 핵심 가치는 어떻게 하면 부여할 수 있을까? 내가 조합한 결과물에 가치를 부여하는 구체적인 방법은, 그 가치와 충돌하는 것들을 미세하게 깎아내고 버리는 것이다. 앞서 계획의 단계에서부터 목표 달성과 그 이후가 고려되어야 한다고 했는데, 이는 사실 실행의 전체 단계에 걸쳐서 지켜져야 하는 원칙이다.

공부를 예로 들어 설명하자면, 모방의 단계에서도 내가 어떠한 이유로 이 공부를 하고 있는지를 의식해야 한다. 일은 대부분 가시적인 중장기 추진 계획과 목표를 가지고 있고 업무 일지나 노트를 사용하는 것이 통상적이기 때문에 이 점을 의식하는 것이 어렵지 않다. 하지만 공부를 하는 사람들은 이와 같이 전략적으로 또 체계적으로 사고를 하는 방식이 익숙하지 않다. 그래서 공부법을 조합한 결과를 보면 1등을 위한 장기 공부법과 단지 합격만을 위한 단기 공부법이 섞여 있는 경우가 많다. 그 기대 효과들 모두가 '합격'이라는 것으로 뭉뚱그려져 생각된 것은 아닌지를 이 단계에서 다시 한 번 점검해봐야 한다.

조합 과정에서 느끼는 나름의 즐거움이나 소소한 성취가 내 눈을 멀게 한 것은 아닌지, 처음의 목표를 망각하게 한 것은 아닌지를 반드시 되돌아보고, 이 일을 함에 있어 가장 중요한 가치가 무엇인지를 다시 떠올려 마지막까지 관철시키는 것이 무엇보다 중요하다.

···
빨리 합격할 것인가, 우수한 성적으로 합격할 것인가

내가 선택하고 조합한 공부법은 '단기 턱걸이 합격'과 '우수한 성적으로 합격' 중 어디에 맞춰져 있는가? 앞서 언급했듯 나는 시험 두세 달 전까지도 공부법에 대해서 고민하고 또 고민했다. 누구에게나 평등하게 주어진 시간을 어떻게 하면 더 효율적으로 사용할 수 있을지에 대부분의 에너지를 썼다. 당시 나의 목표는 '단기 턱걸이 합격'이었고, 그 핵심 가치에 따라 계속해서 공부법을 다듬었다.

구체적으로는 과목마다 어떤 주기로 몇 번 책을 보면 합격점 이상이 나올지, 어떤 부분만 어느 정도 강도로 읽으면 될지, 어느 부분이 시험에 나왔을 때 시험장에서 주는 법전의 어느 부분을 펼쳐서 어떤 방식으로 쓸 것인지, 내가 마지막까지 의식적으로 외워야 하는 부분은 어디인지, 이미 너무도 많이 읽어서 너덜너덜해진 합격 수기를 읽고 또 읽어서 내 방식을 다시 한 번 분석하고 핵심 가치와 맞지 않는 것을 걸러냈다.

과연 그 정도까지 했어야 했는지 묻는 사람들이 굉장히 많았고, 지금도 많다. 하지만 핸드폰 하나를 만들 때에도 이보다 더한 점검과 보완의 과정을 거치는데 내 인생이 걸린 시험에서 그 정도도 못 할까? 공부법의 카피캣 만들기로 그칠지, 나에게 맞는 공부법을 창조할 것인지는 이 단계에 달려 있다는 점을 반드시 기억하기 바란다.

chapter
03

×

적게 공부해도
성과는 좋은
공부 프로세스

숲이나 나무가 아니라
땅을 본다

앞서 설명한 부분들이 본질을 찾아 사고하는 방법, 말하자면 정보를 수집한 후 그것을 분석하고 조합하여 직관성을 얻는 방법이었다면, 여기서는 효율적인 실행 방법에 대해 이야기를 해보고자 한다.

'나무를 보지 말고 숲을 보라'는 말이 있다. 세부적인 것들을 보기에 앞서 일이나 공부의 전체상을 먼저 파악해야 한다는 뜻이다. 내가 운영하고 있는 유튜브에서 가장 조회 수가 높고 유명한 영상이 '책을 통째로 외우는 방법'인데, 바로 이 방식을 적용한 것이다. 책 전체의 뼈대를 이루는 목차를 눈에 띄게 형광펜으로 칠해서 전체를 먼저 파악하고 그것부터 머리에 집어넣은 후에 그것을 바탕으로 쌓아나가듯이 추가적으로 정보를 취득하는 방식이다. 일이나 공부에서 이러한 방식이 매우 유용함은 두말할 필요가 없다.

· · ·

전체상 파악하기

나무 대신 숲을 보는 것은 미시적인 관점에 앞서 거시적인 관점에서 지식을 습득해야 한다는 점을 나타낸다. 이는 이미 존재하는 지식을 습득하는, 말하자면 지식의 입력(INPUT)에 매우 특화된 방식이다. 그런데 우리가 치는 시험을 비롯한 각종 테스트들은 지식이 입력된 것을 전제로 출력(OUTPUT)하는 능력을 평가하는 것이다. 그렇다면 이 출력의 과정에서 중요한 것은 무엇일까?

먼저 아웃풋과 관련해 숲을 보는 법에 대해서 살펴보자. 수험 공부에 있어서는 그저 세부적인 키워드나 문구에 집중하는 것이 나무를 보는 방법이다. 반면에 숲을 보는 방식은 세부적인 단어나 문구 대신 지문의 구성 원리나 교재에 쓰여 있는 지식과의 연계를 공부의 대상으로 삼는 것이다. 다른 사람과 똑같이 문제를 풀고 열심히 공부를 했음에도 성적이 잘 나오지 않는 사람은 문제의 세부적이고 지엽적인 부분, 즉 나무에만 집착하느라 그 문제의 구성 원리, 출제 원리를 놓친 것이라고 할 수 있다.

아웃풋을 위해 숲을 먼저 보는 방식은 좁은 의미의 공부일 뿐 아니라 업무에서도 활용될 수 있고 활용되어야 한다. 예를 들어 PPT를 만든다고 해보자. 한 장 한 장 정성을 들여 세부적인 내용들을 채워 넣고 이미지를 찾고 내용을 다듬는 사람과 전체적인 흐름과 디자인을 먼저 만들고 들어갈 꼭지들과 워딩들을 정하고, 그것에 맞는 자료들을 찾아서 채우는 사람, 누가 더 효율적으로 일을 한다고 할 수 있을까? 보고서를 쓰는데 추진 배경부터 어떤 말을 쓸지 20~30분간 고민하는 사람과, 일단 전체적인 구성과 꼭지를 20~30분간 잡아보고 이미지나 근거 자료 등 세부적인 내용을 채우는 것은 그 다음 단계로 미루는 사람 중에 누가 더 효율적으로 일을 한다고 할 수 있을까? 단언컨대 두 경우 모두 후자라고 할 수 있다.

$$\bullet \ \bullet \ \bullet$$

귀납으로 시작해 연역으로 끝내기

현재 주어진 자료를 토대로 아직 일어나지 않은 일들을 예측하는 방식으로 공부를 할 수도 있다. 숲을 보는 것을 넘어 어디서 어떤 종류의 나무가 자랄 것인지, 즉 토양을 보는 것이다. 먼저 좁은 의미의 공부를 예로 들어보면, 앞서 말한 숲을 보는 아웃풋 방식으로 공부를 하면서도 기존에 어떤 부분에서 문제가 출제되었다는 점만을, 즉 숲을 인식하는 데만 집중하는 경우 분명히 열심히 공부를 했음에도 결과가 제대로 나오지 않는다. 왜냐하면 시험에는 완전히 똑같은 문제는 나오지 않고, 단지 그 출제의 패턴만이 반복되기 때문이다.

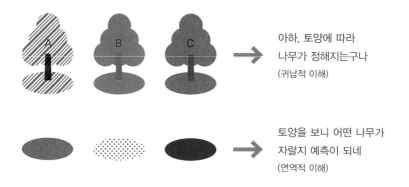

아하, 토양에 따라
나무가 정해지는구나
(귀납적 이해)

토양을 보니 어떤 나무가
자랄지 예측이 되네
(연역적 이해)

예를 들어 A토양에서는 A숲이 생기고 B토양에서는 B숲이 생긴다
고 했을 때, 토양과 숲의 관계까지 함께 공부한 사람은 C토양이 나오더
라도 C숲을 정답으로 맞힐 수 있다. 하지만 A숲과 B숲만이 시험에 출
제된다고 공부한 사람은 C숲이 정답인 경우 틀리게 된다. 따라서 아웃
풋 과정에서의 핵심은 '숲이 아니라 토양을 보는 것'이라고 하겠다. 이
방식은 지식을 머릿속에 집어넣는 귀납적인 과정을 바탕으로 앞으로
나올 문제가 무엇인지를 판단하는 연역적인 과정에 연결된다는 점에
서 '귀납으로 시작해 연역으로 끝낸다'라고도 할 수 있을 것이다.

• • •

기출 분석, 과연 여러 번 풀기만 하면 되는 걸까?

'수험생들은 그래서 구체적으로 어떻게 하라는 건가요?'라고 물을지도
모르겠다. 이에 대한 대답은 기출 문제를 풀고 정답을 확인하고 공부

를 한 후에 반드시 한 단계를 더 추가하라는 것이다. 바로 분석의 과정이다. '기출 분석'이라는 말은 여러 곳에서 여러 사람에 의해 쓰이고 있는데, 정작 그것이 무엇인지에 대해서는 속 시원한 답을 하고 있지 않다. 쉽게 분석을 하는 방법은 다음과 같다.

먼저 구글링을 통해 내가 치르는 시험의 문제만을 모두 텍스트 파일 등으로 수집한다. 그리고 교과서의 목차만 정리한 빈 파일을 하나 만든다. 이후에 그 목차 순서에 따라 문제를 재분류한다. 재분류한 문제 해설과 교과서의 서술을 비교한다. 이것이 끝이다.

이 번거로운 작업을 할 바에야 시중에 나와 있는 기출 문제집을 사면 되는 것 아닌지 반문을 할 수도 있겠다. 하지만 시중에 나와 있는 기출 문제집에 내가 보는 시험 기출만이 100% 실린 경우는 드물다. 대부분 다른 유사 시험의 기출 문제도 함께 실려 있거나 내가 보는 시험의

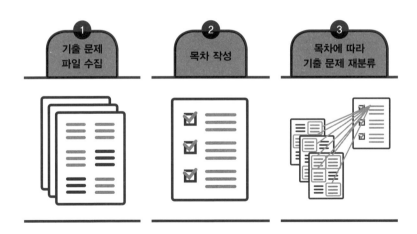

문제 중 일부가 생략된 경우가 많다. 만약 내가 원하는 기출이 100% 실려 있고 단원별로 분류도 되어 있다면 그것으로 해도 좋지만, 분류 과정에서 뇌가 자극되고 공부가 되는 엄청난 효과는 놓치게 된다. 이 '쓸데없는 짓'이 공부에 얼마만큼 큰 유효함을 가져다주는지는 해본 사람만이 알 수 있다.

· · ·

예측, 그렇게 어려운 일은 아니다

회사 생활을 하는 경우에도 마찬가지이다. 특히 기획 분야 일을 하는 경우에는 '선제적 기획' 또는 '공격적 기획'을 하라는 말들을 한다. 내가 들고 간 기획서나 보고서를 보고 과장님이나 부장님이 이런 종류의 말을 할 경우 '지금 일도 별로 재미가 없는데 미리 대비하고 상상해서 어떻게 기획을 하나!'라고 할지도 모르겠다. 하지만 감정과 전략은 구별되어야 한다. 방법을 알면 대책이 나온다.

선제적이고 공격적인 기획도 무한하게 개방된 것을 대상으로 하는 것이 아니다. 반드시 어느 분야의, 어느 시점의 얘기가 형태만을 달리하여 반복되고 있을 뿐이다. 그 부분을 캐치하는 것이 핵심이다. 지금까지 논의된 것들을 엑셀이나 한글 파일을 이용해 일목요연하게 표로 만들어보고, 유사 업종 사례나 해외 사례 등을 추가하여 그 패턴을 분석하는 것이 일단 바탕이 되어야 한다.

나아가 내 일이 속한 분야나 관련된 분야의 최근 트렌드를 분석해 보는 일도 매우 중요하다. 이러한 작업을 통해 내 일에 새로운 개성을 부여할 수 있다. 예를 들어, 2019년에 유튜브 붐이 매우 크게 불었다. 그야말로 거의 누구나 유튜브를 시작했다고 할 수 있을 정도다. 그런데 유튜브의 수명은 어디쯤에 위치하고 있을까? 나는 소셜 미디어 전문가가 아니기 때문에 이러한 점을 분석하는 것은 어려운 일일까?

　　그렇지 않다. 그것이 바람직한 것인가의 문제와는 별개로 우리의 제도나 문화는 유럽이나 중국의 것이 아니라 미국과 일본의 것을 많이 참고하고 따라 가고 있다. 그런데 일본은 우리보다 유튜브나 소셜 미디어 분야에서는 두각을 드러내지 못하고 있다. 이는 프라이버시를 중시하는 일본 사람들의 성향이 반영된 결과로 생각된다. 따라서 우리가 참고할 수 있는 것은 미국의 상황이다. 미국에서는 유튜브를 넘어 IGTV 등 1인칭 소셜 미디어로 흐름이 넘어가고 있다. 미국 채널 몇 개만 분석해보아도 우리나라에서 유튜브 시장이 어떤 흐름으로 전개될지를 쉽게 알 수 있다. 소통과 개인성이라는 본질에 개인 미디어, 1인 미디어가 더 가깝기 때문이라고 한다면, 현재 유튜브 시장에서 세로 화면 방송이 나오는 사정도 이와는 무관하지 않다고 하겠다.

불필요한 중간 단계는
건너뛴다

공부를 할 때 주의할 점은, 남들이 하는 것은 다 하되, 순서를 바꿀 수 있는지를 고민해보는 것이다. 하이퍼러닝의 공부법에 적용해보면, 기존의 공부법에서 했던 단계들을 생략하지는 않되, 더 효율적인 순서가 있다면 바꾸어보는 것이 좋다는 의미이다.

• • •

기존의 전형적인 순서

일반적으로 수험 공부를 하거나 일을 할 때는 크게 ① 결과와 과정의 간접 체험, ② 정보를 익숙하게 만들기(인지), ③ 평가자의 니즈 분석,

① 결과와 과정의 간접 체험	
② 정보를 익숙하게 만들기(인지)	인지
③ 평가자의 니즈 분석	
④ 평가자의 니즈에 따른 정보 분별 및 심화 습득	선택적 이해
⑤ 무의식적 습득이 되지 않은 부분의 암기	의식적 암기
⑥ 결과 출력 연습 및 점검, 정보 재입력(수정)	
⑦ 출력 상황에의 적응	
⑧ 결과 획득	

④ 평가자의 니즈에 따른 정보 분별 및 심화 습득, ⑤ 무의식적 습득이 되지 않은 부분의 암기, ⑥ 결과 출력 연습 및 점검, 정보 재입력(수정), ⑦ 출력 상황에의 적응, ⑧ 결과 획득의 8단계에 따라 일을 처리한다. 새로운 정보를 받아들일 때는 먼저 그 정보 자체와 친밀해져야, 즉 인지를 먼저 해야 하는데, 여기서는 ②가 그에 해당하고, 무의식적인 암기(이해)와 정리가 ④에, 나머지 부분의 의식적 암기가 ⑤에 해당한다.

공부든 일이든 처음 접할 때는 먼저 해당 정보를 익숙하게 만드는 일이 선행되어야 한다. 일단 그렇게 새로운 정보가 인지되기 시작한 때부터 비로소 이해가 시작될 수 있다. 이 과정에서 주의할 점은 처음부터 모든 것을 외우려고 해서는 안 된다는 것이다. 어차피 여러 번 보게 될 텐데 그 과정에서 무의식적으로 외워지는 게 있을 것이므로, 나머지 것들, 즉 무의식적으로 외워지지 않은 것들만을 암기의 대상으로 삼아야 한다. 공부에서는 예전부터 '회독법'이라고 하여 이러한 방식으로 책을 읽는 것이 보편적으로 받아들여지고 있다.

그리고 비근한 예일 수 있지만 클래식 음악이나 오페라, 서양 미술 같이 접근하기 어렵게 여겨지는 분야도, 안내서나 입문서를 보기보다 일단 여러 번 듣고 보면서 익숙해져야 한다고 얘기한다. 이상을 간단히 정리하면 새로운 지식을 받아들이는 단계는 '인지 → 이해 → 암기'라고 할 수 있다.

수험 공부의 경우에는 ① 합격 수기 수집, ② 교과서 빠르게 1~3번 읽기, ③ 기출 분석, ④ 기출 부분 바탕 해당 내용 이해 및 정리, ⑤ 암기, ⑥ 점검 및 출력, ⑦ 시험장과 같은 환경에서 연습, ⑧ 합격으로 바꾸어 생각할 수 있다. 여기서 ②가 친밀함을 쌓는 과정, ④가 이해, ⑤가 암기에 해당한다. 대부분의 초보 수험생들은 처음부터 ⑤의 과정을 시도해서 공부에 흥미를 잃게 되는데, 정말 천재적인 머리를 가진 몇몇 사람들을 제외하면, 대부분의 사람은 '친밀 → 이해 → 암기'의 과정으로 책을 읽는다.

친밀 단계에서의 핵심은 빠르게 여러 번을 보는 것이다. 반면 이해 단계에서의 핵심은 천천히, 제대로 보는 것이다. 이 과정에서 비로소 강의의 도움을 받는 것이 효과를 나타낸다. 예외적으로 외국어는 익숙함 자체를 스스로 얻기가 힘들므로 ②의 과정부터 강의를 듣는 것이 의미가 있다. 마지막으로 암기의 핵심은 선별해서 확실하게 머리에 남기는 것이다.

기존의 공부 순서에서는 특히 '선별'이 중요하다. 앞서 굉장히 많은 양의 지식들을 '먼저' 넣는 방식을 택하였기 때문에 불안함을 줄였을지 모르지만, 사람의 머리는 용량에 한계가 있는지라 정말로 시험에 나올 것들은 오히려 까먹는 불상사가 생길 수 있다. 그래서 통상 이 단계에서는 책에 밑줄을 치거나 각종 요약 자료를 통해(뒤에서 보겠지만 바람직한 방법은 아니다) 정말 머리에 남길 내용을 선별하는 과정이 필요한 것이다.

이런 방법은 보통 성인시험, 그것도 합격수준에 이른 사람들이 쓰는, 말하자면 매우 '고급기술'이다. 그런데 이런 공부법이 '(중학교) 전교 1등의 회독공부법'이라고 하여 인스타그램에서 소개된 것을 본 적이 있는데 어떻게 이런 공부원리를 그렇게 일찍 깨우치게 되었는지 놀란 기억이 있다.

자기 계발서를 읽는 경우에는 ①의 과정을 '각종 댓글이나 리뷰를 보는 것'으로 바꾸면 되고, 기출 문제 분석이나 점검 등은 대화, 회의, 토론 등에서의 예상 주제나 질문 뽑아보기로 바꾸면 된다. 내적 성취를 위한 경우는 애초에 ③, ④, ⑥, ⑦을 생략하면 된다.

회사 일을 하는 경우에는 ① 전임자의 인수인계서 숙독, ② 대략적인 업무 파악, ③ 회의를 통한 상급자의 지시 사항 등 확인, ④ 보고서 작성 등 자료 작성, ⑤ 보고에 필요한 관련 수치 자료 등 나머지 사항 암기, ⑥ 보고 전 자체 점검 및 보고서 수정, ⑦ 생략(입력과 출력의 공간이 분리되어 있지 않으므로), ⑧ 결재로 바꾸어 생각하면 된다.

• • •

새로운 접근법 – 단기 테크트리

그런데 이런 일반적인 방법이 아니라, 적은 노력을 들이고 목표를 좀 더 빠르게 달성하는 방법이 있다. 바로 아웃풋에 사용되는 정보들만을 모아서 처음부터 그것으로 인풋을 하는 방식이다. 동서양, 고금을 막론하고 결과를 빨리 내는 사람들은 이러한 방식을 택하여 왔다. 어차피 실제 테스트에서 해야 하는 것이 있다면 처음부터 그것을 바로 공부의 대상으로 삼는 것이다.

새로운 지식을 완전히 내 것으로 만드는 것을 '이해'라고 한다면, 기존의 공부법에서 이해에 대한 관념은 다음과 같다. '나의 기준'에 따라 새로운 지식을 새롭지 않게 느끼는 것이다. 그러나 이에는 엄청난 시간과 노력이 든다. 내 기존의 지식 체계와 그 분류 및 판단 기준은 말하자면 고정 관념 같은 것이어서 나는 모르지만 나보다 뛰어난 지식을 가진 사람에게는 '참'인 지식도 내게는 최초에는 '거짓'처럼 보이게 한다. 사실 이해가 어려운 이유는 이런 고정 관념을 타파하는 과정이기 때문이다. 역설적이게도 기존의 지식 체계가 어설프게 공고한 사람에게는 새로운 지식을 받아들이는 것이 엄청나게 어려운 일이 되어버린다.

그러나 여기서 생각을 바꿔 애초부터 '상대의 기준'을 받아들여 그 기준에 따라 생각을 하되, 그 기준이 잘 작동하는지만 정확하게 점검할 수 있다면, 큰 노력 없이(기존의 고정 관념을 타파하지 않고) 내 수준보다 더 높은 수준의 지식을 내 것으로 만들 수 있게 된다. 그리고 재미있는 사실은, 애초에 공부가 별로 되지 않은 사람에게는 수정해야 할 기존 지식(고정 관념)도 없기 때문에 더 쉽고 빠르게 새로운 지식을 받아들일 수 있다는 점이다. 나는 대학 재입학 후 혼자 공부를 하는 과정에서 따로 강의를 듣지 않았기 때문에 전적으로 문제집의 해설에 의존할 수밖에 없었는데, 그 과정에서 이와 같은 결론에 도달했다. '내가 지식이 부족하다면, 지식이 많은 사람처럼 생각하고 행동하면 되지 않을까'라고. 그리고 실제 내가 짧은 기간에 성과를 거둔 모든 일들과 합격 수기 등의 분석을 통해, 세계적으로 어려운 시험에서 빨리 합격한 사람들의 방식이 바로 이러한 사고에 기반을 뒀음을 확인할 수 있었다.

예를 들어 영어 독해를 잘하고 싶은 사람이라면 알파벳이나 기본적인 문법 사항만 익히고 바로 독해로 들어간다. 그리고 그 과정에서 모르는 단어들과 문법을 체크해서 공부를 한다. 일반적으로는 '단어 → 문법 → 독해'로 나아가는데, '독해 → 문법 → 단어'로 공부를 하는 것이다. 이는 '독해 시험을 잘 치고 싶다면 독해를 공부해야 한다'는 사고에 따른다.

수학도 마찬가지이다. 일본에서 거의 모든 시험을 수석으로 합격하고 1등을 놓친 적이 없는 천재 변호사의 수학공부법이 바로 이 방법이었다. 개념을 익힌 후 자신의 머리로 문제와 씨름하는 것이 아니라, 애초에 개념과 유제, 연습문제와 응용문제의 해설을 모조리 외운 후에 그것이 제대로 작동하는지, 그 풀이 과정이 그대로 재현되는지 점검하는 것이다.

성인시험에서는 LEET나 PSAT, NCS와 같은 이른바 '사고형 시험'의 공부법이 이에 해당한다. 강사나 좋은 해설지 또는 많은 문제 풀이를 통해 '문제 풀이 기준(프로토콜)'을 먼저 얻은 후에 그것이 제대로 작동하는지 확인하는 방법으로 공부가 이루어져야 한다.

머리로는 이와 같은 설명이 수긍될 것이다. 그런데 기본 지식도 없는 상태에서 어떻게 공부를 시작해야 할까? 이는 간단하다. 먼저 해답을 보고 문제를 읽은 후에 책을 읽으면 된다. 결국 시험 문제라는 것은 한정된 문제 은행에서 출제된다는 점, 기존의 문제가 변형되어 출제되는 게 대부분이라는 점을 이용하는 것이다. 기본 교재 없이 문제집만을 바로 풀고 해답을 확인하는 방식으로 공부를 하는 것도 이와 마찬가지의 방식에 해당된다. 우리가 운전면허 필기시험을 칠 때 도로교통 법규 관련 책자를 보는 경우는 전혀 없다. 오로지 예상 문제집만을 풀고 시험을 치러 간다. 그 경우를 생각해보면 이해가 쉬울 것이다. 물론 일반적인 공부법과는 반대라는 점에서 불안함이 있을 수 있지만 이를 극복할 수 있다면 굉장히 효율적이다.

지식 습득보다 나만의 문제 풀이 공식을 만들 것

그리고 의식하지 못하고 있었겠지만, 적어도 시험 공부에 있어서 공부의 대상 또는 목표는 '문제를 푸는 기준'이다. 나는 이것을 '문제 풀이 프로토콜'이라고 부르고 있다. 나만의 문제 풀이 공식이라는 의미이다. 강의를 듣든 책을 보든 어떤 방식으로 어떤 공부를 하든 그 모든 공부는 이런 문제 풀이 프로토콜을 만들기 위한 전제의 의미가 크다. '나는 공부를 열심히 했다. 성적이 안 나왔을 뿐'이라는 것은 안타깝게도 변명일 뿐이다. 공부는 내가 얼마만큼 아는가에 달린 것이 아니라, 얼마만큼 문제를 잘 풀 수 있는 나만의 공식을 만들었는가에 달렸다. 아웃풋, 즉 문제 풀이에 필요한 정보인 '문제 풀이 기준(또는 프로토콜)'을 공부하지 않은 것은 그냥 공부를 하지 않은 것과 같다.

　나는 이렇게 직접적으로 결과, 즉 아웃풋에 필요한 정보만을 추려서 바로 습득하고 나만의 문제 풀이 공식을 만드는 방식을 '단기 테크트리'라고 부르고 있다. 공부의 세부적인 단계들을 하나의 기술, 즉 테크놀로지라고 하면, 그 테크놀로지들에 일정한 순서와 위상을 부여하여 나무처럼 모양을 만들 수 있을 것이기 때문이다. 수능국어의 비문학이나 LEET의 언어 이해와 같은 시험에서는 아무리 공부를 해도 점수가 오르지 않는다는 탄식 섞인 말을 많이 듣게 되는데, 이는 공부의 목적이 '문제풀이 프로토콜'을 만드는 데 있다는 점을 인식하지 못해서이다. 아무리 공부를 열심히 한들 내가 문제를 푸는 기준이 가설의 제시와 검증이라는 2단계의 절차에 따라 확립되지 않는다면 점수가 오를 수가 없다.

독자들에게 인기가 많은 《지적 대화를 위한 넓고 얕은 지식》과 《세상의 모든 지식이 내 것이 되는 1페이지 ○○ 365》 시리즈 같은 책들 또는 여행지, 영어 책들도 이런 방식을 염두에 두고 집필된 책이다. 다른 사람과의 대화와 토론이라는 아웃풋 또는 내적인 만족감이라는 아웃풋을 직접적으로 충족시킬 수 있을 만한 짧고 실용적인 지식들이 실려 있다.

· · ·

업무에서 많이 쓰이는 이유

업무에서는 오히려 이런 '단기 테크트리'가 더 많이 쓰이는 방식이라고 할 수 있다. 대부분 업무와 관련된 책자 등을 읽고 보고서를 완전히 새로 쓰는 경우보다는 기존의 서식이나 문구를 활용하는 경우가 많기 때문이다. 이전에 보고되어 결재된 적 있는 서류라면 그것을 신뢰해서 먼저 그에 실린 정보를 취득하고 변형하여 새로운 결과를 만든다. 이러한 방식은 보고서 작성에만 한정되는 것은 아니고 어디에든 응용할 수 있다.

나는 법무부에서 근무하는 동안 대한민국 대표로 검찰총장 대리인

고등검찰청장을 수행해 이탈리아 베니스에서 열리는 '베니스 위원회'에 참석할 일이 있었다. 위원회에는 각국 대표들이 참석해 회원국들 사이의 헌법적 문제들을 논의한다. 나도 영어로 말하는 것에 큰 불편함이 있는 것은 아니지만, 그런 주제의 대화는 사실 해본 적이 없기 때문에 통역이나 대화를 자유자재로 할 수 있는 정도는 아니다. 내가 할 수 있는 정도의 대화는 일상적인 소재나 술을 마실 때의 용어를 활용하는 것이다. 그런데 내게 해당 회의 리셉션에서 통역을 하고 사람들과 대화를 해야 하는 업무가 회의 하루 전에 주어졌다.

나는 전혀 막힘없이 주어진 일을 수행할 수 있었는데, 하룻밤 사이에 영어 실력이 느 비결은 무엇이었을까? 그것은 예상되는 주제와 질문, 대답을 다른 국제회의의 회의록이나 대화 기록을 보고 모두 추출해서 외워 갔기 때문이다. 함께 갔던 일행은 내가 원래 그렇게 영어를 잘하나 보다 하고 생각하는 눈치였는데, 실은 하루 전날 예상되는 질문에 대한 답을 외워간 것에 불과했다. 내가 영어를 잘하는가 못하는가는 당시에 중요하지 않았다. 대화가 이루어지게 만들고 반드시 결과를 내는 게 목적이었기 때문에 통상적인 방법처럼 '영어를 잘해서' 해당 상황을 해결하는 것은, 단기 테크트리의 방식이 아니었다면, 당시의 시간적 제약으로 불가능한 일이었다.

가장 빠르게 성적을 올리는 방법

수험 공부의 경우에 구체적인 순서는 ① 문제집 해설 빠르게 1~3번 읽기, ② 해설+문제를 통해 지식 습득하기(이해), ③ 외워지지 않은 부분 암기, ④ (필요한 경우) 교과서 읽기, ⑤ 점검 및 출력, ⑥ 시험장과 같은 환경에서 연습, ⑦ 합격이다. 문제집은 통상 기출 문제로 시작하는 것이 좋고, 필요한 경우에는 모의고사 등 예상 문제를 풀어보면 된다. 그리고 지식 간의 연계나 종합적인 이해가 필요한 경우에는 교과서를 읽으면 된다. 이 지점에서 보통 "내용을 모르는데 문제를 풀 수 있을까요?"라고 묻는 경우가 많다. 그러나 이것은 고정 관념에 사로잡혀 제대로 이해하지 못한 채 묻는 것이다. 여기서 제시하는 방식은 '문제를 푸는 것'이 아니라, 그 문제의 '해설을 읽는 것'이다. 이는 문제 해설이 결

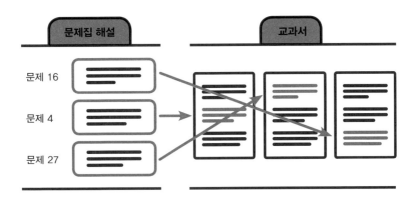

국 교과서 중에서 시험에 나오는 부분만을 모아둔 것이라는 점에 착안한 것이다.

중·고등학교의 참고서는 그나마 해설이 좋은 편이지만, 성인시험 특히 법학을 시험과목으로 삼는 경우에는 판례번호만 덩그러니 실려 있는 문제집도 존재한다. 그러나 원리를 정확히 이해했다면 쉽게 알 수 있겠지만, 그런 책으로는 여기서 제시하는 공부법은 불가능하다.

원리를 이해하였다면 자기 계발서 등을 읽는 경우에는 문제집 같은 게 있기 어려우므로, 내 독서 목적을 항상 생각하며 발췌독을 하는 방식이 단기형의 지식 취득 방식이 된다는 것을 알 수 있다. 책을 모두 읽고 내 것으로 만들어서 대화나 토론, 발표 등에 쓰는 것이 아니라, 처음부터 토론, 발표, 대화 등에서 예상되는 질문이나 주제를 생각하며 그에 해당하는 정보만을 취하는 것이다. 따라서 이 경우의 순서는 ① 예상되는 질문/주제 등의 선정, ② 필요한 해답 발췌독, ③ 암기, ④ (필요한 경우) 처음부터 순서대로 통독이 된다.

업무나 일처리에서는 ① 기존의 보고서 양식 탐색 및 수집, ② 대략적 내용 파악, ③ 작성 목적에 맞게 수정, 추가, 삭제, ④ 보고에 필요한 관련 수치 자료 등 나머지 사항 암기, ⑤ 보고 전 자체 점검 및 보고서 수정, ⑥ 생략(입력과 출력의 공간이 분리되어 있지 않으므로), ⑦ 결재의 순서이다.

이상을 정리하면, 단기 테크트리는 ① 기존 아웃풋에 사용된 정보를 수집해서 습득하기(평가자의 니즈에 따라 아웃풋된 정보를 통한 인풋), ② 사용 목적에 맞게 기존 정보 변형하기(새로운 아웃풋), ③ 결과 출력 연습 및 점검, 정보 재입력, ④ 출력 상황에의 적응, ⑤ 결과 획득의 5단계로 나뉜다고 볼 수 있다.

① 기존 아웃풋에 사용된 정보를 수집해서 습득하기(평가자의 니즈에 따라 아웃풋된 정보를 통한 인풋)	인지, 이해, 암기
② 사용 목적에 맞게 기존 정보 변형하기(새로운 아웃풋)	
③ 결과 출력 연습 및 점검, 정보 재입력	
④ 출력 상황에의 적응	
⑤ 결과 획득	

• • •

단기 테크트리의 필수 전제 – 개념 체계도 만들기

그런데 여기서 한 가지 딜레마에 빠지게 된다. 해설을 통해 공부를 하려고 보니, 해설을 읽을 수 있을 만큼의 최소한의 지식도 없는 것이다. 하지만 그렇다고 여기서 다시 기본서를 읽거나 기본 강의를 듣는 것은 기존의 방식으로 회귀하는 것이 된다. 그렇다면 어떻게 해야 할까?

해결책은 내가 선택한 책을 '발췌독'하는 것이다. 해설을 읽을 수 있는 정도로 최소한의 지식을 습득하는 것이다. 그리고 그 기준은 내가 선택한 기본 교재(문제집이 아닌 교과서 같은 것을 말한다)의 목차에 적힌 것들을 찾아보는 것으로 충분하다. 나는 이 지점에서는 목차를 큼직하게 복사한 후에 해당 페이지로 찾아가 기본 개념을 읽고 '자신의 언어'나 '이미지'로 적어두라고 권한다. 이를 통해 해설을 읽을 수 있는 최소한의 지식을 얻을 수 있는데, 이 작업에 필요한 기간은 대략 500~600 페이지 정도의 책을 기준으로 일주일 정도가 적당하다. 그 이상은 과도하게 시간과 에너지를 투입하는 것이다. 이상과 같은 작업은 영어 공부로 치면 알파벳을 미리 공부하는 것과 같은 의미이다.

한 분야를 깊게 파서 직관을 얻는다

어떤 분야를 새롭게 공부할 때 지식을 손쉽게 얻을 수 있는 방법으로, 나무 대신 숲을 보는 게 중요함은 이미 설명하였다. 한 과목, 즉 공부할 대상이 하나인 경우에는 이처럼 할 수 있을 텐데, 공부할 대상이 여러 개일 때에는 어떻게 해야 할까? 이 경우에는 먼저 한 분야를 집중적으로 탐구하여 정복하는 것이 지식 획득에 효율적이다.

흔히 어차피 다 공부를 하게 될 텐데 어느 부분을 집중적으로 공부하는 것보다 전체를 고루 하는 것이 더 낫지 않을까 생각한다. 예를 들어 공무원 시험을 준비할 때 하루에 다섯 과목을 모두 공부하기도 한다. 하지만 단언컨대, 그러한 방식은 지식 습득에 있어 '최악의 효율'을 가져온다고 말할 수 있다.

직관 = 지식 체계

지식 체계란 단순한 지식의 합을 의미하는 것이 아니라, 그 지식들 간의 관계와 구조에 대한 논리까지 더해진 것을 의미한다. 즉 어떤 분야를 공부해 '지식 체계'를 습득했다는 것은, 구체적인 지식들의 배열과 변화의 정도까지 모두 파악하고 있다는 것이다. 이처럼 지식 체계를 습득하는 것을 자신만의 '직관'을 얻었다고 표현한다. 그 이후부터 다른 유사한 지식 체계에 속하는 구체적인 지식들은 기존의 체계를 수정하거나 변경함으로써 손쉽게 습득할 수 있고, 이를 '응용'이라고 표현한다.

이처럼 한 분야를 집중적으로 뚫게 되면(drilling) 그 주변의 지식들까지 함께 습득되고 그것을 바탕으로 비슷한 형태의 지식들을 큰 힘을 들이지 않고 습득할 수 있는데, 이를 '드릴링'이라고 한다. 그런데 하루에 다섯 과목을 공부하는 경우에는 어느 한 분야의 완성된 지식을 갖기가 어렵고, 결국은 불필요한 에너지와 시간의 낭비로 이어지게 된다.

나는 고시 공부를 하기 전에 우연히 어떤 합격 수기를 읽고 3일 정도 매우 어려운 실무자용 전문 서적으로 공부를 한 적이 있다. 《민법주해》라는 책인데, 내가 그 책을 3일간 독파할 때 주변에 있던 형, 누나들은 모두 나를 비웃었다. 그중에는 내가 사법시험을 준비하는 게 아니라 당연히 대학원을 준비하는 거라고 오해한 사람도 있었다. 하지만 나는 앞서 설명한 '모방' 기술에 따라 이 방식으로 단기간에 시험에 합격한 사람의 합격 수기를 면밀하게 분석해 실행에 옮긴 것이었고, 매우 짧은 3~4일의 기간 동안 가장 어려운 과목인 민법의 주요 제도에 대해 깊이 이해하고 그 지식의 구성 원리를 파악할 수 있었다.

민법이 어려운 이유는 각 제도와 개념들이 어떤 식으로 연계되어 사용되는지를 알기 어려워서인데, 그 책의 특정 부분을 읽음으로써 나는 손쉽게 그 문제를 해결할 수 있었다. 그 후에는 책을 읽는 것이 너무도 쉽게 느껴졌다. 솔직히 고백하자면, 민법의 논리성에 비하면 다른 과목은 특별히 힘을 주어 습득해야 할 논리라고 할 것도 없는 느낌이었다.

개인적인 경험을 말했지만, 수학을 잘하는 사람들이나 천재적인 바둑, 장기기사와 같은 사람들의 머릿속에도 이와 같은 거대한 지식체계가 존재한다는 점이 일반적인 사람들과의 가장 큰 차이점이라고 한다. 일반화가 가능할 정도의 유사한 사례들을 머릿속에 집적시킴으로써 또 다른 유사한 사례의 결론을 매우 빠른 속도로 추론할 수 있다는 점이 이러한 '천재'들의 비밀이다.

· · ·

한 번에 한 과목씩만 공부하는 이유 – 공부 가속도

이제는 공부를 한 과목씩 해야 하는 이유도, 원리를 이해한다면 꼭 한 과목씩 하지 않아도 되는 이유도 함께 이해할 수 있으리라 생각한다. 처음 수험 공부를 시작한 사람은 공부 방법 자체가 확립되어 있지 않은 경우가 대부분이다. 따라서 한 과목을 대상으로 그 과목의 지식뿐 아니라, 지식이 서로 연결되는 원리와 그것을 습득하는 방법을 함께 익혀야 한다. 나는 이것을 '공부의 가속도'라고 표현한다. 드릴링으로 공부를 하는 경우, 같은 시간 같은 양을 공부하더라도 실제로 습득하는 지식의 양이 월등히 많다. 이는 드릴링을 통해 일종의 직관을 얻을 수가 있기 때문이다. 아직 공부하지 않은 나머지 부분의 공백들도 그 직관에 따라 추론을 통해 잠정적으로 메울 수가 있고, 이후의 공부는 그 추론을 확인해보는 과정만을 거치면 되기 때문에 에너지와 시간이 적게 든다.

다만 한 과목만 집중적으로 공부를 해야 한다고 해서 '하루 또는 일정 기간 동안 한 과목만 해야 한다'고 오해해서는 안 된다. 여기서 '한 번에' 한 과목씩 공부를 하라는 의미는 인풋(인지-이해-암기)이나 아웃풋을 끝마칠 때까지 그 한 과목에 집중을 하라는 것일 뿐, 인지나 이해, 암기 또는 아웃풋이 끝났는데 다른 과목을 공부하지 말라는 의미는 아니다. 예를 들어, 국어나 영어의 경우 단어나 문법과 같은 지식들은 이미 인풋되어 있고 아웃풋을 위해 문제를 푸는데, 실제 시험 1회 또는 절반 정도의 분량이 적절한 연습 분량이다. 그것이 끝난 경우는 '한 번에 한 과목'을 공부한 것이므로, 다른 과목의 인지나 이해, 암기 또는 다른 과목의 아웃풋으로 넘어가도 된다. 따라서 '아침에 1시간 국어문

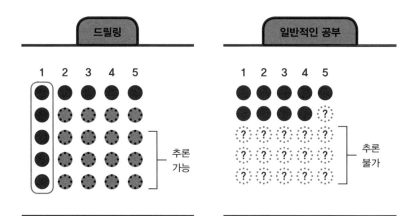

제 풀이, 1시간 영어문제 풀이, 나머지 시간 국사 공부'와 같은 방식으로 계획을 짜는 것도 얼마든지 가능하다.

* * *

직관을 얻는 방법 – 드릴링

주변을 보면 기가 막히게 수학을 잘하는 친구들이 한둘씩 있다. 성인인 경우에도 그런 친구들이 한둘씩 떠오를 것이다. 그런데 그 친구들에게 어떻게 하면 수학을 잘할 수 있냐고 물어보면, 열에 아홉은 절대 답을 보지 말고 자기 힘으로 문제를 풀라든지, 오랫동안 깊이 있게 생각하라는 대답이 돌아온다. 직관에 대한 이해도가 없을 때에는 나도 그 친구들이 자신의 공부법을 제대로 설명하지 못하거나, 타고난 '수

학머리' 덕분에 잘하는 것으로 생각했었다(물론 지금은 그런 것은 없다고 생각한다). 하지만 그 친구들이 진정으로 하고 싶었던 말은, 돌이켜 생각해보면, 어느 한 문제를 끈덕지게 물고 늘어져서 그 구조나 원리까지를 파악하고 나면, 다른 문제들에는 좀 더 쉽게 응용을 해 풀이법을 만들어낼 수 있다는 것이 아니었을까. 이러한 가설을 세운 이후에 내가 만난 수학 영재들은 모두 그 말이 맞다는 말을 해주었다.

내가 전공한, 그리고 사법시험의 과목이었던 법학은 '국문으로 하는 수학'이다. 법의 논리 구조는 수학과 거의 동일해서 수학을 잘하는 사람이 법학을 잘한다는 얘기도 종종 한다. 그런데 이 법학 실력을 가장 빨리 기를 수 있는 방법은, 무엇보다도 중요한 사례 몇 가지를 완벽하게 이해하고 또 숙지하는 것이라는 점에 크게 이견이 없다. 그 과정에서 필요하다면 교과서보다 더 수준이 높은 논문을 읽거나 도서관에 틀어박혀 고도의 전문 서적들을 찾아보기도 한다. 소재가 중요한 게 아니라, 전체를 관통하는 중요 문제를 내가 완전히 이해하고 자유 자재로 다룰 수 있는 사고의 근력을 갖는다면, 다른 문제들은 손쉽게 처리할 수 있다는 것이다.

이처럼 어느 한 주제나 문제를 깊이 있게 파는 것이 앞서 말한 '드릴링'이다. 드릴링을 하는 동안은 다른 사람들보다 적은 양의 문제를 다루는 것 같고, 진도도 잘 나가지 못해 불안감을 느낄 수 있지만, 그리고 그걸 해낸 후에도 다른 사람에 비해 한정적인 부분에 대해서만 전문적인 지식을 갖는 것이 아닌지 걱정될 수도 있지만, 드릴링의 이점은 어마어마하다. 드릴링을 통해서 단순히 특정 지식을 얻는 것이 아니라, 지식이 구성되는 원리나 구조를 파악할 수가 있기 때문이다.

그렇다면 드릴링은 과연 어떻게 할 수 있는 것일까? 방법은 매우 간단하다. 뒤의 점검의 기술에서도 보겠지만, 먼저 그 문제에 대한 답을 노인분에게도 설명할 수 있을 정도로 쉽게, 내 언어로 표현할 수 있는 수준까지 공부하는 것이다. 그런 다음 그걸 바탕으로 그 지식과 관련된 파생 문제나 응용 문제까지도 모두 설명할 수 있는 수준이 되도록 공부하면 된다. 여기서 특히 중요한 것은 후자이다. 이 후자에 대한 접근법을 얻는 것이 드릴링의 핵심이다.

그런데 이 쉽고 효율적인 드릴링에는 무엇보다도 큰 장애물이 있다. 바로 시간의 한계와 그로 인한 불안함이다. 대부분의 수험생들은 일정 기간 동안 진도를 정해두고 공부를 한다. 어느 한 분야를, 특히 내가 관심 있고 궁금해하는 분야만을 깊게 판다면 이른바 '장수생'이 되기 십상이라는 말들이 일반적으로 돌고 있다.

그럼 대체 어떡하란 말인가? 나는 두 가지 해결책을 제시하고 싶다. 첫째는 전체 뼈대를 이루는 주제와 그렇지 않은 주제를 분별하여, 앞의 것을 먼저 집중적으로 공부하는 것이다. 내게는 그런 중요한 문제를 가릴 눈이 없다고 한다면, 통계를 활용하라. 시중에 나와 있는 모든 문제집을 수거해 공통적으로 실린 문제들을 먼저 공부하는 것이 가장 좋은 방법이다.

둘째는 한계 시간을 설정해두는 것이다. 드릴링을 위해 필요한 시간, 즉 어느 한 분야를 깊이 있게 공부하는 것은 하루 2시간 또는 3시간 이런 식으로 제한을 두어야 한다. 그리고 그 시간을 초과하면 일단은 다음의 것으로 넘어가고, 그 이후의 것을 끝낸 후에 시간이 남는다면 원래의 문제로 돌아오는 것이다. 내 뇌는 내가 다른 것을 공부하는 동안에도 어려운 문제를 머릿속으로 계속 처리하고 있는데, 그것을 이용하는 것이다. 그리고 결국엔 그 문제를 해결해야 한다. 여기서 말하는 한계 시간은 하루의 공부 시간을 기준으로 하는 것이지, 일주일이나 한 달 단위에서 한계를 두고 어느 정도에서 포기를 하라는 의미는 아니다. 드릴링은 그 문제를 끝까지 물고 늘어져서 원리나 구조까지를 알게 된 후에야 의미가 있기 때문이다.

횡적으로 비교하며
공부하라

우리는 너무도 종적인 공부에 익숙해져 있다. 그냥 위에서부터 아래로, 처음부터 끝까지 책을 순서대로 쭉 읽는 방식에 익숙하다는 것이다. 하지만 뒤에서 다시 설명하겠지만, 어떤 지식이든 그것을 기존의 지식을 이용하여 새롭게 재편해야만 진정으로 내 것이 된다. 그 과정에서 내가 기존에 머릿속에 마련해둔 사고의 서랍을 뒤져보고 새로운 지식을 채워넣기 때문이다. 이 과정에서 유용한 것이 '횡적으로 공부를 하는 방식'이다.

대뜸 정독하는 것이 가장 비효율적이다

예를 들어 수험 공부는 이렇게 적용할 수 있다. 처음 공부는 전체의 목차를 대상으로 하고, 두 번째 공부는 개념만을 정리한다. 세 번째 공부에 이르러 주된 내용을 보고, 이후 네 번째 단계에서 문제를 푼다. 통상적으로 한 페이지를 쭉 읽고(목차 등은 보지도 않고) 곧바로 문제를 풀고 공부를 다 했다고 하는 방식과는 큰 차이가 있다. 지식은 씨실과 날실이 교차하듯이 입력되어야 하는데 책을 위에서 아래로 읽는 방식에 앞서 지금처럼 횡적으로 책을 읽어줌으로써 이를 달성할 수 있다.

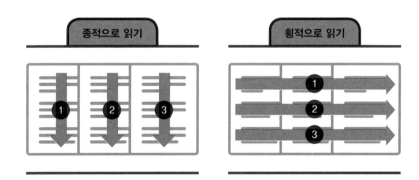

결국은 시간이 더 적게 걸리고 오래 기억되는 방법

이는 책을 읽는 순서 또는 공부 순서뿐 아니라, 구체적인 지식을 좀 더 효율적으로 기억하기 위한 방법으로도 활용된다. 예를 들어 형법 공부를 하다 보면 '죄형법정주의'라는 부분이 서두부터 등장하는데, 이는 헌법의 '신체의 자유'에 해당하는 부분이다. 따라서 헌법을 함께 공부할 예정인 수험생의 경우에는 헌법 공부를 할 때 이 부분을 공부하는 것이 효율적이다. 또한 민사소송법에서는 '반사적 효력'이라는 용어를, 행정법에서는 '구성요건적 효력'이라는 용어를 사용하고 있는데, 실질적으로 두 용어는 같은 결과를 표현하는 것으로 차이가 없다. 두 용어를 각각 공부할 때 다른 부분까지 참조해주면 당장은 시간이 더 걸릴지 몰라도 이해는 훨씬 더 깊어지게 된다.

수학의 경우 어느 한 단원을 집중적으로 공략하는 것보다, 전체를 빠르게 넘기면서 개념을 먼저 공부하고, 이후 살을 붙여 예제를 풀고, 연습문제와 응용문제, 종합문제 등을 푸는 것으로 수준을 높여나가는 게 좋은 이유도 여기에 있다. 대부분의 강의나 교재들의 구성도 이제 이해가 될 것이다.

또 다른 예로, 자기 계발 내지 기본 소양을 위해 서양 음악사, 클래식 공부를 하게 되었다고 해보자. 일반적으로 서양 음악사는 '고대-중세-르네상스-바로크-고전-낭만-현대'의 시기로 나뉜다. 여기서 전체 목차를 먼저 보고 지식을 입력하는 사람은 일단 이 목차부터 외울 것이다. 그런데 쉽게 외워지지 않는다. 왜 그럴까? 이름이 어렵다는 것도 있지만, 우리가 흔히 알고 있는 서양사의 구분과는 다르기 때문이다. 일반적인 서양사는 '고대-중세-근대-현대'로 나뉘는데, 서양 음악사는 이와 다르다. 즉, 내 기존의 지식과 불일치하는 것도 지식의 입력을 방해한다. 그렇다면 여기서는 어떻게 공부를 하면 될까? 간단하다. 두 개를 비교해보면 된다. 즉, 세계사와 서양 음악사의 연표를 횡적으로, 동시에 보는 방식으로 공부를 하는 것이다. 이렇게 보면 '르네상스-바로크-고전-낭만'이란 서양 음악사에서 '근대'를 더 잘게 나눈 것에 불과하다는 것을 알 수 있다.

이렇게 보면 횡적으로 공부하는 것은 단원이나 과목이 다르더라도 비슷한 것들을 모으고 그 공통점과 차이점을 분명하게 인식하는 방법이라고 할 수 있다. 과거 물리적인 책으로만 공부를 해야 했던 시절에는 이 방법을 쓰려면 많은 에너지와 시간을 필요로 했다. 하지만 지금은 전자책 같은 편리한 수단이 나와 있어 지나친 시간 소모도, 별다른 리스크도 없다.

구체적인 것에서
추상적인 것으로

나의 공부법에 큰 영향을 끼친 사람으로는 두 명을 들 수 있다. 바로 양창수 전 대법관과 미국의 물리학자 리처드 파인만이다. 두 사람은 서로 분야도 국적도 다르지만 각자 자신의 분야에서 최고의 경지에 올랐을 뿐 아니라, 명강의로도 유명하다. 그런데 이 두 사람이 흥미롭게도 지식의 습득 방법에 대해서 공통적으로 이야기를 하는 부분이 있다.

• • •
구체적 사고의 힘

먼저 양창수 전 대법관은 그의 책《민법입문》에서 공부는 구체적인 부분으로부터 추상적인 부분으로 나아가야 한다고 힘주어 말하고 있다. 그리고 실제로 양창수 전 대법관이 서울대학교 법과대학 교수로 부임했을 때는 기존의 민법 공부 순서와는 다르게, 가장 구체적인 계약 관계를 다루는 채권각론을 먼저 공부해야 한다고 주장했고, 실제 그의 책 세 권도 일반적인 교과서 편제와는 달리 구성되어 있다. 구체적인 사례를 다루어 사고하는 힘을 기르는 것이 적어도 법학, 민법 공부에 있어서는 주효하다는 주장이다.

물리학자 리처드 파인만도 그의 책 《파인만 씨 농담도 잘하시네》에서 자신의 어릴 적 일화를 다음과 같이 소개하고 있다. 어린 시절 아버지가 백과사전을 자주 읽어주곤 하셨는데, 하루는 공룡 티라노사우루스에 대해 다음과 같은 설명이 있었다고 한다.

"이 공룡은 키가 7~8미터이고 머리 둘레는 2미터 정도이다."

그러자 아버지는 읽기를 멈추고 다음과 같이 이야기했다고 한다.

"자, 생각해보자. 만약 이 공룡이 우리 집 앞뜰에 서 있다면 키가 여기 2층 창문에 닿을 정도로 크다는 뜻이겠구나. 하지만 머리가 창문보다 커서 들어올 수는 없겠다."

이처럼 아버지 파인만이 책의 모든 내용을 실제 가늠해보고 잘 이해할 수 있도록 이끌어준 것이다. 책을 모두 읽고 나서 이 부분이 파인만의 사고방식에 있어 주요한 전환점이 되었다는 것을 알게 되었다. 노벨 물리학상을 탄 천재라면 분명 머리도 비상했겠지만 교육 방법에도 특별한 점이 있지 않았을까 하는 생각을 했는데, 파인만의 책을 보면 어린 시절부터 호기심을 해결하기 위해 온갖 기행을 저지른 것 외에는 '표면적으로는' 방법을 제시하지 않았기 때문이다. 호기심이 동기부여의 면을 담당했다고 한다면, 방법적으로는 항상 구체적으로 생각했던 것이 파인만의 공부 비결이 아니었을까 싶다.

• • •

책상 앞이 아니라도 공부할 수 있었던 이유

나는 이처럼 양창수 전 대법관의 이야기에서 공부의 방향성을, 파인만의 일화에서 구체적인 방법을 배웠다. 그래서 나의 모든 공부법은 구체적으로 계획하고 조합했다. 책을 읽기 전에 전체적인 틀을 잡아주는 짧은 논문이나 책을 빠르게 읽고, 바로 문제집을 통해서 시험에 나올 부분을 확인한 후에야 교과서를 정독했다. 문제를 통해 출제된 지식이 무엇보다도 구체적인 지식이기 때문이었다.

특정 과목을 공부할 때에도 순서와 관계없이 가장 구체적인 제도부터 공부를 했고, 핸드폰을 통해 각 제도와 개념의 예시를 찾아보며 이해를 더했다. 실생활에서 내가 공부한 것들이 어떻게 적용될지 쉴 새 없이 생각하고 상상했다. 손에 책을 쥐고 있지 않더라도, 거리를 걷는 중에도 머리로는 항상 공부를 할 수 있었고, 시간 낭비를 최소로 줄일 수 있었다.

추상적인 부분을 먼저 공부할 때의 딜레마는 세부적인 내용을 전혀 모르기 때문에 사실상 머리에 남는 것이 거의 없다는 데 있다. 하지만 책을 반드시 처음부터 보아야 한다는 일종의 강박에 사로잡혀 공부를 그르치는 경우도 적지 않다. 무엇보다도 내 머릿속에 지식이 들어가는 지점에서 효율을 우선 추구해야 한다. 공부에 있어서는 '모범적 방법'보다는 '교활한 방법'이 훨씬 미덕이 된다. 추상적인 부분보다 구체적인 부분을 먼저 공부하는 것이 바로 그런 방법이다.

앞서 법학을 예로 들었지만, 중·고등학교에서 사회나 역사, 물리, 생물 같은 것들을 배울 때나, 공시생들이 시험을 준비할 때에도 이 방법이 그대로 적용된다. 예시라는 것이 존재하기만 한다면 말이다. 즉, 교재나 교과서에서는 무엇보다도 예시를 먼저 찾아서 읽어야 한다. 문제집에서도 마찬가지이다. 예를 들어 물리를 공부할 때라면 작용과 반작용의 법칙에 대한 개념 정의를 달달 외우기 전에 그에 관한 문제와 해설을 보고(건너 뛰기!), 여기에 적용되는 원리가 무엇일지를 추론한 이후에, 개념 부분을 통해 그 추론을 확인하고 더 구체적으로 다듬는 방식이 효율적이라는 것이다.

추상적인 개념에 대한 설명에서 불필요하게 에너지를 낭비하지 말고 곧바로 구체적인 예시와 문제를 통해 이해한다. 그런 다음 주변에서 내가 공부한 것을 적용할 수 있는 것들이 무엇이 있는지 찾아보는 습관을 들이는 것이 좋다. 강의나 수업 시간에도 '예쁘게' '선생님/강사님'이 말씀하시는 것을 모두 다 받아 적는 기계가 되지 말고, 책에 실려 있지 않은 예시가 나온다면 최대한 상세하게 받아 적는다. 강의와 교재 내용의 중복을 막아 효율을 높이는 장점도 있지만, 강사의 예시를 통해 지식이 더 구체적이고 생동감 있게 이해되기 때문이다.

재학습과 복습을 구별하라

공부를 할 때 복습이 중요하다는 말을 참 많이 듣는다. 그런데 대체 '복습'이란 무엇일까? 사전적으로는 무엇을 반복한다는 의미인데, 정말로 그럴까? 지식을 쌓을 때는 잘게 나누면 나눌수록 효율적이다. 어느 부분에서 지식 습득이 이루어지지 않고 있는지 효율적으로 그 부분만 최소한의 에너지와 시간으로 피드백할 수 있기 때문이다.

결론적으로 '복습'은 두 가지로 구별되어야 한다. 첫째는 재학습이고 둘째는 진짜 복습이다. 즉, 우리가 생각하는 복습에는 사실 전제가 있다는 것이다. 배운 것을 반복해서 내 것으로 만든다는 것은 그 반복할 대상을 완전히 만들어둔 경우에만 가능하기 때문이다. 그런데 보통은 이를 구별하지 않고 무작정 일정한 시간이 지나면 앞서 배운 것을

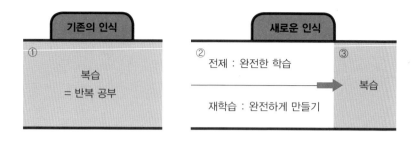

'다시' 공부한다. 그런데 공부는 대부분 힘들고 괴로운 것이어서 공부하는 사람 입장에서는 내가 아는 것, 편하고 익숙한 것을 더 봄으로써 공부의 고통에서 벗어나게 된다. 항상 아는 것만 알고 모르는 것은 보충되지 않는 이유이다.

따라서 공부를 효율적으로 하기 위해서는 애초에 완성되지 않은 지식을 완전하게 만드는 '재학습'과 그렇게 완성된 지식을 반복해서 내 기억 속에 붙잡아두는 '복습'을 구별해야 한다.

• • •

재학습 = 지식의 완성

무언가를 열심히 공부했는데 머리에 제대로 남아 있지 않은 경우가 있다. 지식의 습득이 '인식-이해-암기'의 3단계 과정으로 이루어지는데, 공부한 부분마다 도달한 수준이 다르기 때문이다. 어떤 부분은 기껏 '이런 것이 있구나' 하는 인식의 단계에서 그치는 반면, 어떤 것은 '아, 무슨 말인지 알겠어'라거나 '그래 완전히 이해했어'라고 하는 이해나 암기의 단계에까지 도달하는 것이다. 그 정도는 공부하는 사람의 기존 지식, 강사의 전달 방식 등 다양한 요소나 사람에 따라 다르다. 따라서 어떤 부분을 공부한 후에는 반드시 그 지식이 제대로 머릿속에 들어갔는지를 확인하는 점검 과정이 필수적으로 선행되어야 한다.

내가 공부한 것이 '완전한 지식'으로 들어갔는지, 즉 이해의 단계까지 이르렀는지 확인하고 그렇지 않은 지식은 재학습의 대상으로 삼아 즉시 또는 나중에 추가적으로 공부를 해야 한다. 혼자 공부를 하는 경우라면 한 챕터가 끝난 후 10분 정도의 시간을 가지면서 전체적으로 공부한 챕터를 빠르게 훑어보며 이와 같은 작업을 한다. 그러면서 공부가 잘 안 된 부분을 가려내고, 책을 읽음으로써 바로 지식을 완성할 수 있는 경우라면 다시 그 부분으로 돌아가서 정독을 한다.

시간이 필요하거나 제3자의 도움이 필요한 경우라면 따로 표시를 해두어 보조 교재를 읽거나 강의를 들어 이해 단계까지 이르러야 한다. 강의를 듣는 경우라면 매 쉬는 시간이 바로 점검의 시간이 된다. 다만 혼자 공부할 때와는 달리 재학습 시간이 충분히 주어지지 않으므로, 이해가 잘 안 된 부분은 반드시 표시를 해두었다가 집에 가서 꼭 공부를 끝내야 한다. 이 부분이 잘 되지 않을 때, 학원은 열심히 다녔는데 전혀 공부는 안 된, 지적인 만족감은 들지만 실제로는 지식이 쌓여 있지 않은 상태가 된다. 많은 수험생들이 겪고 있는 고질적인 문제점이다.

정리를 하면, 점검을 위한 황금의 시간은 바로 챕터별 또는 강의별 공부 직후 10분이다. 그 시간 동안 이해가 된 것과 그렇지 않은 것을 가려내야 한다.

• • •

복습 = 완성된 지식을 기억에 정착시키고 유지하는 것

이제부터의 설명이 진짜 복습에 해당한다. 지식이 완성되었다는 전제하에, 이해가 되었다는 전제하에 반복을 하면서 완전히 내 기억 속에 정착시키고 암기하고 유지하는 것이다. 물론 '지식이 완성되었다'는 것은 이상적인 기준이고 실제로는 뒤에서 볼 피드백 과정까지 거치면서 점차로 지식의 완성도가 높아질 것이다. 여기서는 '대략 이 정도면 이해되었다'는 의미로 이해하면 충분하다.

복습에 대해서는 유명한 연구가 있다. 독일의 심리학자인 에빙하우스가 창안한 '망각 곡선'이라고 하는 것인데, 시간이 지남에 따라 기억에 남아 있는 지식의 양이 적어진다는 것이다.

이를 극복하기 위한 방법, 즉 시간이 지나도 머릿속에 남아 있는 기억을 유지하는 방법은 두 가지가 제시되었는데, 그중 하나가 바로 '반복을 통하여 기억을 활성화시키는 것'이다. 즉 지식이 완전히 소멸되기 전에 다시 한 번 반복 학습을 해서 그 지식을 기억 속에 붙잡아두는 것이다. 이것이 우리가 일반적으로 알고 있는 복습이다.

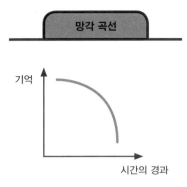

망각 곡선

기억

시간의 경과

이 부분에서 주의할 점은, 다시 한 번 개인화된, 책임감 있는 공부가 필요하다는 것이다. 널리 알려진 공부법 중 '1-14-30'이라는 것이 있다. 중학생들의 공부법으로 제시된 방식인데, 그 변용으로 다시 이를 1/2로 잘게 나눈 '1-4-7-14'라는 것도 있다. 복습 주기를 하루 뒤, 7일 뒤, 30일 뒤 또는 하루 뒤, 4일 뒤, 7일 뒤, 14일 뒤로 가져가면서 복습을 하는 방식이다. 그와 같은 주기로 반복을 하는 것이 효율적이라고 한다.

하지만 이는 지나친 역일반화의 오류를 범하는 것이다. 망각 곡선 연구를 진행한 에빙하우스조차 사람의 기억은 수면의 양과 정도, 스트레스의 크기, 기억력과 같은 생리학적 요인 등 복합적 요인에 따라 좌우된다고 했다. 따라서 1, 4, 7, 14, 30과 같은 고정된 숫자를 정해두고 그 기간 동안 복습을 한다는 것은 단지 자기 암시 내지는 '반복'에 대한 약속 정도의 의미밖에 없다.

달리 말하자면, 기억유지를 위해 반복 학습을 하기로 마음먹은

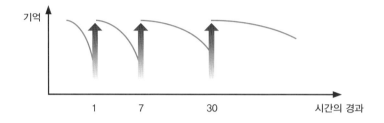

사람은 자신의 상황에 맞는 주기 설정이 필요하다는 것이다. 참 안타깝게도 굉장히 많은 수험생들이 짧은 주기 설정에 누적 복습(앞서 공부한 모든 것을 다시 한 번 보는 것)의 방식을 동시에 사용하면서 효율 없이 고통만을 얻고 있다. 그 방식으로 성공한 사람은 단지 운이 좋았을 뿐이다. 원리를 모른 채로 무비판적으로 따라 하는 공부법은 아무런 의미가 없다.

· · ·

기억하려면 반드시 까먹어야 한다

결론적으로 복습의 주기에서는 두 가지만을 고려하면 된다. ① 반드시 망각을 할 수 있는 시간적 텀(space)을 두어야 한다는 것, ② 시간이 갈수록 반복 주기를 길게 잡아야 한다는 것이다. 전자에 대해 오해를 하는 수험생들이 굉장히 많은데, 통상 고통 속에 공부를 망치게 된다. 까먹는 것이 불안해서 매일매일 복습을 하는 것인데(실상은 재학습하는 경우가 대부분이기도 하지만), 기억은 의도적인 망각 후에 자극을 함으로써 강화된다. 즉, 까먹는 것을 불안해하지 말고 다른 과목이나 지식을 공부한 후에 다시 돌아와 잊었다는 느낌이 들 때쯤 앞서 공부한 과목을 복습하는 것이 현명하다.

어려운 시험을 단기간에 합격한 정말 거의 모든 사람이 이 방식으로 복습을 했고 머릿속에 지식을 남겼다. 공부를 처음 하는 사람들에게는 너무도 강조하고 싶은 부분이다. 또한 반복 주기는 길게 잡아야 한다. 재활성화시켜 강화된 기억은 머릿속에 이전보다 오랜 시간 동안 남아 있기 때문이다. 다만 시험이 임박하면 내가 공부한 것 전체를 복습하는 것이 아니라, '기억의 방아쇠'(이는 뒤에서 설명하기로 한다)가 잘 작동하는지만을 점검하기 때문에, 복습에 걸리는 시간 자체는 줄게 된다. 인풋의 단계에서는 복습의 주기가 길어지다가 아웃풋의 단계에서는 복습의 주기가 짧아지는 이유이다.

chapter
04

×

에너지 효율을
고려한
시간 관리의 기술

템포는 빠르게,
타이밍은 적절하게

우리가 쓰는 시간이라는 말에는 두 가지 의미가 있다. 외국어로 바꾸어 보면 이해하기 쉽다. 시간은 이탈리아어로는 템포(TEMPO), 영어로는 타임(TIME)이다. 그런데 이는 단순히 표기만 다른 것이 아니라 의미상으로도 차이를 갖는다.

먼저 템포는 시간의 흐름 그 자체를 나타내는 말이다. 특히 음악에서 많이 쓰는 말인데 '템포가 빠르다/늦다'라는 말을 생각해보면 쉽게 이해가 될 것이다. 다시 말하자면 '템포'는 쭉 연결되는 시간, 즉 '선으로서의 시간'을 나타낸다.

반면에 타임은 그 시간의 흐름 중에서 어떤 한 지점을 나타내는 말이다. 'What time is it?'(지금 시간이 몇 시야?)라는 말에서 알 수 있듯이 타임은 '점으로서의 시간'을 의미한다. 좀 더 쉽게 이해하기 위해서는 이 말을 타이밍(TIMING)으로 바꾸어보면 된다. '타이밍이 좋다/나쁘다'라고 하는 것은 이런 시간의 개념을 바탕으로 한 말이다.

• • •

빠르다고 다 좋은 것은 아니다

시간 관리의 성패는 얼마나 효율적으로 시간을 사용하는지 여부에 달려 있다고 해도 과언이 아니다. 다르게 말하자면, 시간 관리의 핵심은 효율성에 있다고 볼 수 있다. 이 '효율성'을 높이기 위해서는 일을 처리하는 데 걸리는 절대적인 시간을 줄이는 것이 무엇보다도 중요하다. 일을 빨리 해치우는 것, 정해진 시간에 좀 더 많은 양의 지식을 머릿속에 집어넣는 것은 누구나 꿈꾸는 바라고 할 수 있다. 이는 앞서 설명한 두 가지 시간 개념 중에서 일을 '빨리' 처리하는 것, 즉 '빠른 템포로' 처리하는 것을 의미한다.

그러나 일을 빠르게 처리하는 것만으로 시간 관리를 효율적으로 했다고 할 수는 없다. 시간 관리에 있어서는 템포도 중요하지만 타이밍도 함께 고려되어야 함을 의미한다. 어느 타이밍에 어떤 일을 하느냐에 따라 효율이 매우 크게 좌우되기 때문이다.

왜 똑같이 공부했는데 결과는 다른가?

예를 들어 공부하다가 모르는 부분이 나왔다고 하자. 이때 시간 관리를 잘 못하는 사람들은 시간을 들여 그 부분을 집중해서 본다. 하지만 결국 이해를 하지 못하고 에너지와 시간만을 소비하게 된다. 반면에 시간 관리를 잘하는 사람은 어렵고 힘든 부분이 나오면 조금 생각을 해보다가 바로 다음 부분으로 넘어간다. 현재, 이 타이밍에 머리에 집어넣을 수 없다는 판단이 들면 바로 다음 파트로 넘어가 시간과 에너지를 절약하는 것이다. 똑같은 에너지로 두 사람이 공부를 했다고 하더라도 나중에 공부를 한 양에서는 큰 차이가 생길 수밖에 없다.

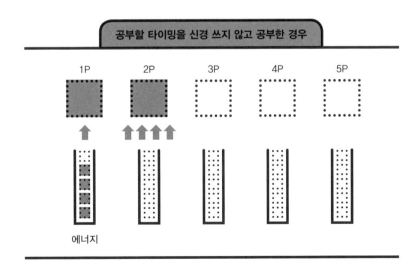

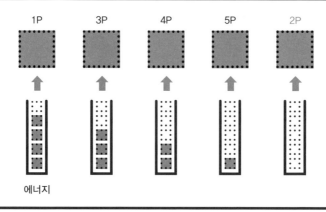

● ● ●

잘 미루는 것도 중요하다

템포는 빠르게 하되, 타이밍을 고려하는 방식은 공부의 전 과정에 있어서 매우 중요하다. 나는 공부를 하다가 판례를 찾아보거나 '횡적으로' 정리해야 할 부분이 나오면 포스트잇으로 표시를 해두고 바로 넘어갔다. 분업이 빠른 이유는 하나의 일만을 반복해서 처리하기 때문에 절차가 단순해지고 요령이 생기기 때문이다. 나는 '쉽게 무언가가 머리에 들어오는 과정'에 있다고 판단이 되면 그것보다 많은 에너지와 시간을 써야 하는 일들은 따로 모아 나중에 처리를 했다. 그렇게 표시해둔 부분들은 집에 돌아와 자기 직전 반드시 모두 체크를 했다. 머리만으로는 공부가 잘 되지 않는 힘든 시간에는 몸을 움직임으로써 몸과 머리를 자극하고, 좀 더 집중할 수 있는 때, 그러나 너무 미루지 않은 타이밍에 에너지가 많이 소모되는 일을 처리하는 것이 시간 관리와 지식 습득의 효율성 측면에서 훨씬 유리하다고 생각을 했기 때문이다.

할 일의 우선순위를
정하는 방법

'템포는 빠르게 하되 타이밍을 고려한다'는 것을 기본 원칙으로 하더라도, 해야 할 일이 여러 가지가 있을 때는 어떤 식으로 그 일들 사이의 우선순위를 정할 수 있을까? 나는 다음의 네 가지 기준에 따라 우선순위를 정한다. ① 난이도, ② 중요함, ③ 긴급함, ④ 만족감이 그것이다.

・・・
일의 개수를 줄이는 것이 최우선

무엇보다도 먼저 처리해야 하는 일은 난이도 낮은 일이다. 여기서 말하는 난이도는 단순하게 쉽고 어려움만을 얘기하는 것이 아니라, 그 일을 처리하는 데 걸리는 시간도 함께 고려하는 것을 의미한다. 즉 쉽기도 하지만 시간이 적게 걸리는 일을 가장 우선순위에 두고 처리해야 한다. 시간 관리는 해야 할 일의 개수가 많고 그에 따라 심적인 압박감을 느끼는 상황에서 특히 의미가 있는데, 이렇게 난이도가 낮은 일을 먼저 처리하면 일의 개수 자체가 줄어 일의 효율이 단숨에 증가한다.

이를 위해 나는 먼저 일의 개수부터 센다. 일이라는 게 아무리 추상적이라고 하더라도, 몇 개인지 대략 나누는 것은 그렇게 어렵지가 않을 것이다. 막연히 내가 해야 할 일이 많으냐 적으냐 가늠하는 게 아니라, 구체적으로 그 개수를 따져보면 추상적인 양이 주는 공포에서 조금이나마 벗어날 수 있다. 본래 어떤 일이 주는 압박감이나 공포감 같은 것들은 추상적이기 때문에 더 크게 느껴진다. 따라서 실제로 해야 할 일들의 목록을 만들고 그 숫자를 구체적으로 세어보면, 그 일이 주는 위압감에서 많이 벗어날 수 있다. 이 과정에서 종이에 적어보거나, 아니면 컴퓨터 혹은 핸드폰을 사용해 이미지 파일이나 엑셀로 정리해보는 것도 좋다. 막연하게 '아, 일이 많아'가 아니라, '아, 일 4개를 하면 되는구나'로 인식을 전환하는 것이다.

나는 이 방식을 일을 할 때는 물론 공부할 때도 적용한다. 예를 들어 일을 할 때는 '이메일 처리'는 하루의 마지막 순서로 배치한다. 굉장히 단순한 일처럼 보이지만, 먼저 수백 통의 메일 중에서 답신을 해야할 것을 먼저 가려야 하고, 답신을 하기로 결정한 것은 수신자마다 다른 내용을 떠올려야 하므로 엄청난 에너지와 시간이 부담되기 때문이다. 공부를 예로 들면 나는 책을 읽을 때도 남은 챕터의 숫자를 파악해서 가장 쉬워 보이는 것부터 먼저 읽었다. 순서에 따라 이해하는 것은 나중에도 충분히 가능하기 때문에, 공부해야 할 대상의 숫자를 줄이고 더 어렵고 에너지를 많이 써야 하는 일은 뒤로 미뤄 적절히 집중을 한 것이다. 시험 문제를 풀 때도 마찬가지이다. 내가 손쉽게 맞힐 수 있는 문제를 먼저 골라내어 푼다면 그만큼의 점수가 확보되는 것은 물론 시험 시간 관리도 매우 효율적으로 관리된다.

• • •

중요한 일 먼저? 급한 일 먼저?

이렇게 난이도가 가장 쉬운 일을 가장 먼저 배치한 이후에는 '중요함'과 '긴급함'을 고려해서 일의 순서를 정한다. 먼저 첫째로 처리해야 할 일은 '긴급하고 중요한 일'이다. 시간을 많이 투입해야 하더라도 현재 해치워야 할 일이라고 할 수 있다. 이 부분은 별도로 설명을 하지 않더라도 쉽게 공감을 할 수 있을 것이다.

두 번째와 세 번째는, '중요하지만 긴급하지는 않은 일'을 '긴급하되 중요하지 않은 일'보다 먼저 처리해야 한다. 대부분의 사람들은 그저 현재 해치워야 하는 일, 즉 긴급한 일부터 무의식적으로 처리를 하는데, 그렇게 할 경우 정작 중요한 일을 처리할 시간이 부족해질 수 있다. 다만 중요한 일에 무한정으로 시간 투자를 할 경우 긴급한 일을 모두 놓치는 결과가 만들어질 수 있다. 따라서 포인트는 중요한 일에 날마다 일정한 정도의 시간을 배분하고 반복되게 루틴을 만드는 것이다.

예를 들어, 자기 계발을 위해 꾸준한 독서가 필요하다는 것은 누구나 알고 있다. 나는 심지어 일조차 독서를 통한 내적발전보다는 덜 중요하다고 생각한다. 그렇다면 과연 그 독서를 언제 할 수 있을까? 일을 모두 끝내고 녹초가 되어 집에 돌아오면 스마트폰을 볼 체력도 남아 있지 않은 경우가 대부분이다. 따라서 나는 아무리 바쁘더라도 일을 시작하기 전 최소 15분, 최대 30분은 독서를 한다. 그 정도의 시간을 내는 것은 어렵지 않다. 이렇게 하루 30분씩의 독서습관이 쌓이면 일주일 정도면 책 한 권을 손쉽게 읽을 수 있다. 이것은 뒤에서 살펴볼 '적립식 시간 사용'의 예이기도 하다. 그리고 참고로 이에 더해서 나는 앞서 설명한 '기억과 망각의 패턴'을 이용해서 동시에 4~5권 정도의 책을 3번 정도 반복해서 읽는데, 이렇게 읽으면 1주에서 2주 사이에 전부 읽을 수 있다.

독일의 문호 괴테가 한 다음과 같은 말을 명심하자.

"가장 중요한 것들은 가장 사소한 것들에 좌우되서는 안 된다."

같은 순위의 일이 여러 개 있을 때의 기준

마지막 네 번째 순서로는 당연한 말이지만 긴급하지도 중요하지도 않은 일을 한다. 이에 대해서도 특별한 설명이 필요 없을 것 같은데, 문득 머릿속을 스치고 지나가는 댓글들이 있어 조금 더 자세히 얘기해보려고 한다. 수험 생활 중에 어느 정도로 운동을 해야 하는지, 또는 만화책을 본다거나 휴식을 취하는 시간을 어느 정도로 잡아야 할지 물어보는 수험생들이 상당수 있다. 그러나 지금 급하고 중요한 것, 급하지 않지만 중요한 것은 모두 공부일 것이다. 체력 시험이 있는 경우를 제외하면 운동을 하거나 취미 생활을 하는 것들은 모두 '공부에 비해서는' 중요하지 않은 영역에 속할 수밖에 없다. 질문에 대한 답은 스스로가 알 것이다. 다만 더욱 중요한 것은 그 답에 따라 행동을 하기에 앞서 무엇의 우선순위가 더 높게 고려되어야 하는지는 반드시 생각을 해보아야 한다는 점을 이 자리를 통해 강조하고 싶다.

나는 난이도와 중요성, 긴급성을 고려했음에도 동순위에 놓이는 일이 여러 개 있다면 그중에서 일을 해결했을 때 심리적 만족감이 가장 큰 일을 더 우선순위에 둔다. 공부나 일이라는 것은 결국 내 즐거움과 행복을 위한 것이 되어야 하기 때문이다. 이것을 판단하기 어려울 때는 내 인생에서 중요한 가치와 해야 할 일을 모두 종이에 적어보고 하나씩 대조해가며 판단하는 것이 좋다. 다음의 예시를 참고해 여러분도 한번 적어보기 바란다.

같은 순위의 일들만 적은 목록	
내 인생에서 중요한 가치	해야 할 일
가족	○○○ 책 읽기
친구	회계특강 수업 듣기
자산 늘리기	○ 일 기획하기

만족감을 고려해서 순서를 매긴 경우	
내 인생에서 중요한 가치	해야 할 일
1. 가족	1. ○○○ 책 읽기
2. 친구	3. 회계특강 수업 듣기
3. 자산 늘리기	2. ○ 일 기획하기

기상 시간보다는
에너지 분배를 고려하라

앞서 이야기한 시간 관리 방법들이 어렵고 복잡해 보이는가? 물론 시간 관리가 단순하게 이루어져야 하는 것은 맞다. 생활적인 부분에서 단순함을 추구해야만 시간 관리가 몸에 배고 내가 만든 루틴이 나를 끌고 가게 할 수 있다. 그런데 단순함을 추구한다고 하면 언뜻 수험생의 경우 '공부-식사-공부-식사-공부-잠-공부' 이런 식의 루틴을 떠올리는 것이 일반적일 것이다. 그러나 여기서 말하고자 하는 것은 그런 '항목의 단순함'이 아니고, '에너지 분배의 단순함'이다.

• • •
몇 시에 일어나고 자는지는 전혀 중요하지 않다

사람은 누구나 잠에서 깨서 하루를 시작하고 자리에 누워 하루를 마무리한다. 이 점은 누구에게나 공통적인 것이다. 그러나 언제 자리에 눕고 언제 자리에서 일어나는지는 사람마다 다르다. 이는 개인의 건강 상태나 공부에 대한 집중도, 환경 등 다양한 요인에 따라 다르게 나타날 수 있다. 특히 직장을 다니는 사람의 경우에는 무언가 새롭게 공부를 하려고 해도 예측하기 어려운 회의나 회식 등으로 인해 시간을 내 마음대로 쓸 수 없다. 지난 주의 나와 이번 주의 나, 다음 주의 나의 기상과 취침 시간이 모두 달라진다. 이처럼 사람마다, 특정 기간마다 하루의 시작과 끝이 달라지는데 어떤 원칙을 가지고 시간을 관리해야 할까?

이에 대한 답은 내 몸의 에너지 흐름에 따라 시간을 쓰는 것이라고 할 수 있다. 몇 시에 자고 몇 시에 일어날 것인지는 별로 중요하지 않다. 나는 개인적으로 '아침형 인간' '저녁형 인간' 같은 것들은 조잡한 상술의 하나라고 생각을 한다. 그렇게 따질 경우 '아점형 인간' '점심형 인간' '점저형 인간' '밤형 인간' '새벽형 인간'도 존재해야 할 것이다. 그런 규칙적인 생활, 숫자에 따른 효율성 추구는 실은 심리적인 유도에 불과하다. 누구보다도 일찍 일어났다는 것에, 바람직하다고 생각되는 인간상에 나를 끼워 맞춤으로써 만족감과 고무감을 느끼고 그에 따라 남은 하루를 기분 좋게 보내는 것에 불과하다.

- 아침에 일찍 일어나면 → 시간을 효율적으로 잘 쓸 수 있다 (×)
- 아침에 일찍 일어나면 → 스스로 만족을 느껴서(기분이 좋아져서)
  → 일이 잘된다
  → 시간을 잘 쓴 것처럼 느낀다. (○)

실제는 적립식으로 시간을 사용했기 때문에 효율이 높은 것

그런 측면이라면 나는 새벽형 인간을 추천하겠다. 오후부터 밤, 새벽을 지나 아침까지 공부를 하고 오후에 잠깐 자고 일어나면 모두가 자는 시간에 나홀로 깨서 시간을 거의 세 배로 쓴다는 착각을 하며 공부를 할 수 있기 때문이다. 요컨대, 몇 시에 자고 몇 시에 일어날지는 스스로 적절하게 결정을 하면 되는 문제이고, 그보다 중요한 것은 현재 내 몸에 있는 에너지에 따라 일을 배분하는 것이다.

• • •

몸을 저전력 모드로 쓰는 법

나는 공부를 할 때나 일을 할 때나 몇 시에 자고 몇 시에 일어날지에 전혀 구애받지 않는다. 최소한 공부해야 하는 시간을 16시간으로 정하거나, 최소한 일해야 하는 시간을 12시간으로 정하는 등 나름의 할당량을 가지고 하루를 살 뿐이다. 다만 그 과정에서 지금 내게 부담을 주지

않으면서 전체적으로 일의 가속도와 효율이 붙는 것들을 처리한다.

공부를 할 때는 잠을 3시간 정도로 적게 잤었기에 전날 공부 복습을 기상 후 공부로 삼았다. 큰 에너지가 필요하지 않으면서도 전날의 공부를 완결 지어주는, 기억의 틈을 조여 암기력을 높여주는 방식이었기 때문이다. 그리고 점심을 먹고나서는 통상 새로운 공부로 나아갔다. 이때도 소화를 하는 데 몸의 에너지를 쓰고 있다는 점을 고려해서 해당 공부의 전체적인 내용, 뼈대를 잡는 것을 목표로 삼았다. 그리고 늦은 오후부터 본격적으로 세부적인 내용, 종적으로 공부를 하기 시작했다. 저녁이 되어 머리가 잘 돌아가고 몸이 완전히 깨었을 때 문제를 풀고 틀린 부분을 점검했다. 내 몸이 깨어나는 시간을 경험적으로 기억 해두었다가 그에 따라 일의 난이도나 경중을 고려해서 배치를 한 것이다.

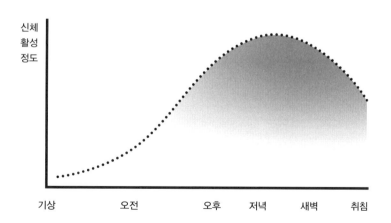

내 몸을 컴퓨터라고 하면 잠에서 깬 직후에는 '저전력 모드'로 CPU 나 RAM을 별로 쓰지 않는 것들을 처리하다가, 이후에 신체적으로 충전이 되면 에너지를 많이 필요로 하는 것들을 처리한 것이다. 대부분의 수험생은 비슷한 에너지 그래프를 가지고 있을 것이기 때문에 큰 무리가 없으리라 생각되고, 여기서 소개한 내용 정도로도 효율적인 공부 루틴을 짤 수 있을 것이다.

* * *

시간 계획 단위

그러나 직장인의 경우에는 수험생과는 다른 접근이 필요하다. 먼저 수험생이 하루를 단위로 시간 계획을 세우는 것과 달리, 직장인의 경우에는 조금 더 넓은 단위로 시간 계획을 세워야 한다. 즉, 하루하루가 예측이 안 된다면 한 주 동안 가용할 수 있는 시간을, 한 주 한 주가 예측이 안 된다면 2주 또는 3주, 더 크게는 한 달을 기준으로 가용할 수 있는 시간을 계산하는 것이다.

예를 들어, 이번 주나 다음 주에 회식을 어느 정도로 어느 타이밍에 할지 예측하기 어려운 직장인들이 많다. 그런데 만약 회식 횟수가 한 달에 4번은 넘지 않는 것이 지금까지의 통계라면, 회식이 있는 날은 아예 공부를 하지 않고 휴식을 취하는 것이 좋다. 대신 공부하지 못한 날을 다음 주로 이월해두고 2주를 한 단위로 시간 관리를 해야 한다. '이

1주를 단위로 계획을 세운 경우

2월 1주   **평균 10시간 가능** → 강의 5강 수강하기

2월 2주   **평균 13시간 가능** → 강의 6강 수강하기

2월 3주   **평균 9시간 가능** → 강의 4강 수강하기

2월 4주   **평균 10시간 가능** → 강의 5강 수강하기

2주를 단위로 계획을 세운 경우

2월 1·2주   **평균 18시간 가능** → 강의 7강 수강하기

2월 3·4주   **평균 15시간 가능** → 강의 5강 수강하기

번 주는 회식을 해서 공부를 못해도 좋지만, 다음 주까지 합쳐서 20시간은 공부를 해야겠다.' 이런 식으로 계획을 세우는 것이다.

이처럼 가용할 수 있는 단위 시간이 산출된 후에는, 주말을 포함하여 그중에 언제가 공부하기에 가장 좋은 시간인지, 언제가 새로운 지식을 습득하기에 에너지를 가장 충분히 확보할 수 있는 시간인지를 파악한다. 통상은 주말이나 회식 혹은 잔업이 없는 날의 퇴근 후 저녁 정도가 될 것이다. 이런 날에 새로운 지식을 입력하는 일을 배치한다.

•••
인풋, 아웃풋, 복습의 배치를 다르게

그리고 하루 중에서도 퇴근 직후에는 새로운 지식의 입력이 아니라 전날 공부한 것을 복습하는 것이 좋다. 이는 회사에서 일을 하는 과정에서 느리지만 조금씩 아웃풋을 할 수가 있다는 점과, 퇴근 직후 에너지가 많이 남아 있지 않으므로 새로운 공부를 하기 전에 휴식을 취하는 게 좋다는 점을 고려한 것이다. 즉, 일반적인 수험생이 기상 직후 복습을, 이후 오후까지 인풋을, 저녁이나 밤에 아웃풋을 한다고 하면, 직장인의 경우에는 자기 전에 인풋을, 출퇴근길이나 회사에서 (가능한 범위에서) 아웃풋을, 퇴근 직후 그 내용을 점검하고 복습하는 것이다. 정리하면, 직장인의 하루 중 공부는 수험생과 달리 밤에 시작하여 퇴근 직후 끝나는 것이라고 할 수 있다.

유튜브 채널에서 무료 1:1 공부법 상담 프로그램을 운영하고 있는데, 특히 직장인분들이 많이 신청을 해주고 있고, 반드시라고 해도 좋을 만큼 시간 관리에 대한 질문이 꼭 있다. 그런데 그 과정에서 그동안 왜 시간 관리가 안 되었는지, 효율이 나오지 않았는지를 분석해보면 '아침에 일어나서 공부를 시작해야 한다'는 고정 관념에 사로잡혔기 때문인 경우가 많았다.

적립식
시간 사용법

시간 관리의 구체적 실행 방법으로 또한 중요한 게 적금을 들듯이 적립식으로 시간을 사용하는 것이다. 이 방법의 특징을 말하자면 시간적으로 조금 더 여유가 있고 압박감을 덜 느끼는 상황에 빠르게 미리 해야 할 일을 처리해두는 것이다. 이는 수험생에게 있어서는 특히 시험장에서 큰 힘을 발휘하고, 직장인들에게 있어서는 멈추어 있던 자기계발의 시계가 다시 움직이게 하는 원동력이 된다.

수험생의 적립식 시간 사용

먼저 수험생의 경우에는 특히 시험장에서 이 방식을 꼭 사용해볼 것을 권한다. ① 시험장에 가서 시험지를 받으면 곧바로 문제를 풀지 말고 일단 문제 전체를 한 번 훑어본다. 어느 문제를 풀 수 있고, 어느 문제를 풀 수 없는지를 가려보는 것이다. 전체적으로 보면서 시간이 오래 걸릴 것 같거나 평소에 공부할 때부터 힘들었던 부분을 동그라미를 치고 넘어간다. 이때 동그라미의 개수를 세는 것이 중요하다. 문제 숫자에 따라 짧게는 1분에서 길게는 5분 정도의 시간이 걸릴 것이다. ② 이후 동그라미를 친 것 외의 문제를 풀면서 넘어가는데, 모르겠거나 시간이 많이 걸릴 것 같은 문제는 또 동그라미를 치고 넘어간다. 이렇게 일단 아는 문제를 빠르게 풀고 넘어간다.

③ 이후 동그라미 친 문제들을 푸는데, 이는 앞서 말한 에너지 효율을 고려한 것이다. 시험장에서는 쉬운 문제를 먼저 풀어서 굳어 있는 머리를 아웃풋에 적합한 상태로 만들고 어려운 문제는 두 번 봄으로써 풀 수 있는 상태로 만드는 게 좋다. 이때 동그라미 친 문제 중에서도 잘 모르겠는 경우 일단 나머지를 풀면서 또 넘어간다. 다만 이번에도 모르는 문제는 동그라미 밑에 숫자를 적는다. ④ 이렇게 숫자를 적은 동그라미 개수를 통해서 내가 잃을 점수와 내가 목표로 하는 점수를 비교한다. 만약 숫자가 적힌 문제를 모두 틀리더라도, 즉 모두 버리더라

1	시험지 전체를 넘기면서 어려운 문제 숫자에 O 표시
2	동그라미 안 친 문제부터 풀기 어려운 것이 나오면 또 O 표시하고 넘어가기
3	1, 2에서 동그라미 친 문제들 풀기 어려운 것이 나오면 또 O 표시하고 넘어가기 못 풀거나 어려워서 동그라미 친 것 아래에 숫자 적기
4	숫자가 적힌 O 개수를 세서 합격에 필요한 점수만큼 얻었는지 확인하기
5	점수가 부족하다면 숫자가 적힌 O 문제 풀기

도 목표 점수에 도달할 수 있다면 이미 풀었던 쉬운 문제를 다시 검토한다. 대부분 얻어야 할 점수는 계산도 하지 않은 채로 어렵고 헷갈리는 문제에 시간을 더 쏟는데, 여기서 합격할 확률을 높이는 것은 이미 풀었고 맞혔다고 생각하는 문제에서 실수를 만들지 않는 것이다. ⑤ 만약 앞의 단계에서 목표 점수에 미달하겠다는 판단을 내렸다면 이제는 동그라미에 숫자를 매긴 문제들을 풀어야 한다. 목표 점수을 넘을 정도만 풀면 되고 나머지는 버려도 된다.

과정을 글로 적다 보니 다소 길어졌는데, 핵심은 내가 반드시 취득해야 하는 점수에 먼저 시간을 사용하고, 구체적인 판단 기준을 두어서 그 다음으로 중요한 부분에 시간을 사용하는 것이다. 막연하게 정해진 시간에 많은 문제를 풀어서 많이 맞히겠다는 전략과 반드시 얻을 점수에 시간과 에너지를 먼저 투자하겠다는 전략은 결과에서 큰 차이를 가져온다. 나는 이 방식으로 사법시험 1차의 객관식 8지선다 40문제를 총 시험 시간 70분 중 30분씩을 남기고 여유 있게 모두 풀 수 있었다.

이런 설명 뒤에는 으레 '제가 치는 시험은 한 번에 많은 문제를 풀어야 해서 그렇게 스크린을 할 시간이 없어요'라는 푸념이 종종 따라온다. 하지만 연습을 하지 않으면 시간이 오래 걸릴 수 밖에 없고 그 효과를 알 길이 없지 않을까?

• • •

직장인의 적립식 시간 사용

직장인의 경우에는 새로운 분야를 공부하고 자기 계발을 하려고 해도 시간이 잘 나지 않는 경우가 많다. 이런 경우를 위해 출퇴근 중에 책을 보기도 하고 일하는 중의 자투리 시간을 활용하기도 하는데, 별로 효율적이지 못하다. 직장 생활에서는 출근 후 15분에서 20분 정도가 공부에 있어 황금 시간이다. 물론 아침에 조금 더 일찍 출근하는 것이 쉽지는 않지만, 모든 성취에는 어려움이 동반되는 것이 당연하다.

일을 하다 보면 실제 자투리 시간이 날지 어떨지는 예측할 수 없는 경우가 대부분이고, 보통 두뇌가 업무를 처리하는 프로세스를 가동 중이기 때문에 자투리 시간이 나더라도 뭔가 공부한 내용이 머리에 잘 남지 않는다. 따라서 출근 직후의 시간에 공부를 하면 좋다. 이 시간만큼은 하루 중 시간의 부담을 가장 받지 않는 때이다. 특히 평소의 출근 시간보다 조금 더 일찍 나와서 공부를 하는 경우는 더욱 그러하다. 다

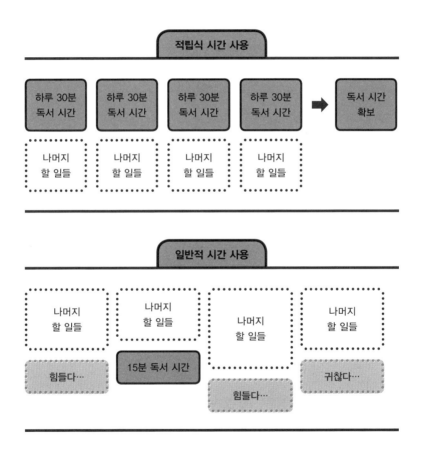

른 업무에 앞서 내가 해야 할 공부에 최우선적으로 시간 분배를 하는 것은, 많은 시간 중 일부를 떼어내어 그 공부에만 우선적으로 적립을 하는 것과 같다. 이처럼 하루하루 공부 시간을 모으다 보면 시간이 지나 굉장한 양의 공부가 쌓여 있는 경험을 하게 될 것이다.

실제로 나는 변호사 사무실 외에 유튜브 채널 관리 등의 일을 하기 위해 별도로 사무실을 두고 있는데, 출근 직후 직원과 함께 20분 정도 영어 공부와 다른 외국어 공부를 한다. 하루 5~6문장 정도를 외우고 분석하는 정도여서 크게 부담이 없는 편인데, 일주일이면 약 35문장, 한 달이면 140문장을 공부하고 외우는 셈이다. 140문장 정도야 며칠 걸리지 않고 공부를 할 수 있는 양이라고 생각할 수도 있지만, 지금 그 것이 잘 되고 있지 않기에, 내 이상과 현실이 너무도 다르기에 여기 시간 관리 부분을 읽고 있다는 점을 다시 되돌아보자.

여기서 말하는 적립식 시간 사용을 통한 공부는 최소한 확보되는, 언제 어떤 일이 있어도 적립이 되는 최소한의 공부를 의미한다. 자투리 시간이나 퇴근 후 등 많은 시간에 더 가속도를 붙여 공부를 할 수 있고 성과를 낼 수 있다는 것은 당연하다.

시간 관리의 본질은
아웃풋에 있다

앞서 효율적으로 시간을 사용할 수 있는 여러 방법에 대해서 설명했다. 그런데 여기서는 그런 방법론에서 시각을 조금 달리해서 좀 더 넓은 시각에서, 성과와 연결해 시간 관리란 어떠한 의미를 갖는지를 되돌아보고자 한다.

• • •

시간 관리 그 자체가 목적이 되어서는 안 된다

많은 사람들이 멀티 플레이어를 꿈꾼다. 물론 수험생이라면 멀티 플레이어 대신 단기 합격을 꿈꿀 것이다. 이는 어느 경우나 시간을 효율적으로 사용한 결과라는 점에서 공통점이 있다. 그러나 이 결과, 즉 어떤 일을 함에 있어 멀티 플레이어가 되는 것이나 시험에 단기 합격하는 것은 과연 시간을 효율적으로 쓰는 것만으로 달성할 수 있을까? 나는 그것만으로는 충분하지 않다고 생각한다.

시간 관리의 본질은 어디까지나 성과를 내는 것에 있다. 즉, 시간 관리 그 자체가 목적이 되어서는 안 되고 반드시 어떠한 결과, 아웃풋을 내는 것에 목적이 있어야 한다. 왜냐하면 어떠한 공부나 일을 하는 것이 단순히 자기 만족을 위한 게 아니라면 반드시 그 일의 결과가 나와야 하고, 그 결과를 통해 평가 받고 경쟁에서 살아남아야 하기 때문이다. 앞서 효율성을 추구함에 있어서는 순진함보다는 교활함이 미덕이라는 얘기를 한 적이 있다. 나는 여기서 교활하게 시간을 사용하는 방법에 대해 말하고자 한다.

· · ·

기준은 내가 아닌 상대방

먼저 한정된 시간 내에 다양한 일에서 성과를 내는 멀티 플레이어를 꿈꾸는 사람들에게는 열심히 해도 빛이 나지 않는, 성과가 나지 않는 일은 뒤로 미루어두고 조금만 해도 빛이 나는 일을 먼저 처리하라는 조언을 해주고 싶다. 한 분야에서 장인이 되는 것과 다양한 분야에서 일정한 성과를 내는 것은 목표와 수단에 있어 완전히 다른 차이가 있다.

멀티 플레이어가 되고 싶다고 할 때의 목표는 무엇일까? 그것은 바로 여러 가지 일을 일정 수준 이상으로 다룰 수 있는 지점이다. 그렇다면 그와 같이 여러 가지 일을 일정 수준 이상으로 할 수 있는 지점은 누가 판단하는 것인가? 여기서 기준을 나 자신이 아닌 상대방에 두는 것이 핵심이다. 멀티 플레이어가 아니라 장인만이 일의 성과를 자신의 기준에 따라 가늠한다. 멀티 플레이어가 되고자 하는 사람은 지극히 '상대방의 시각에서' 일이 된 것과 같은 결과를 만들면 되는 것이다.

극단적으로는 실제 여러 일을 심도 깊게 하지 않더라도 일이 처리된 것 같은 결과만 만들면 된다고도 말을 할 수 있겠다. 물론 다시 반복하거니와 그것이 내 일의 결과를 평가하는 상대방의 시각에서 일정 기준을 넘어야 함은 물론이다. 그 기준을 넘지 못한 채로 여러 일을 하는 것은 그냥 아마추어에 불과하다.

. . .

시간 관리를 잘하는 사람이 성과를 잘 내는 것이 아니다

나는 공부를 할 때에도 이런 방식을 지향했다. 내가 법학을 이해하고 사법시험에 합격할 수 있는 실력을 갖는 것은 당시의 시간적 제약 속에서는 도저히 불가능했기 때문에 내게 주어진 도구들을 이용해서 마치 내가 해당 부분을 알고 있는 것처럼 채점자가 느끼게 하는 것을 목표로 삼았다.

객관식 시험에서는 8지선다인 점이 오히려 내게 큰 도움이 되었다. 모든 선지의 정오를 가리지 않더라도 확률적으로 답을 고를 수가 있었기 때문이다. 8지선다로 시험이 바뀐 것은 내가 시험을 치른 해 전년도부터인데, 이로 인해 수험생들은 패닉에 빠졌다. 하지만 나는 애초에 시험을 잘 치는 것을 목표로 삼았기에 선지의 정오를 아는 것보다는 정답에 제대로 마킹할 수 있는가에만 초점을 맞추었다.

주관식 시험에서도 모범 답안과 기출 문제를 분석하여 어느 과목에서든 통하는 만능 답안 틀을 만들었다. 어차피 출제 시비를 피하기 위하여 시험 문제는 판례를 바탕으로 출제될 수밖에 없다는 점을 알고 있었고, 모범 답안을 수도 없이 분석해본 결과, 문제 풀이의 전제가 되는 이론이나 법리들은 모두 시험장에서 주어지는 법전을 바탕으로 충분히 해결할 수 있다는 결론에 도달했다.

따라서 당시 내게 공부의 대상이 된 것은 판례의 구체적인 문구가 아니라, 어떤 판례가 어떻게 시험 문제로 바뀌게 되는지 그 연결 고리였다. 거의 모든 수험생이 판례의 단어와 문장 하나하나를 외우고 있을 때 나는 내게 주어진 것들을 변형해서 마치 그것을 모두 알고 있는 것처럼 답을 쓰는 방법을 연습한 것이다.

중·고등학교 공부에서도 마찬가지이다. 예를 들어 영어단어장을 외우고 문법을 모두 공부한 후에 독해 공부를 하는 것은 엄청난 시간이 든다. 그러나 처음부터 독해집의 해석 부분을 보면서 '내가 마치 그 단어와 문법을 모두 아는 것처럼' 공부하면 시간과 노력을 크게 아낄 수 있다. 단어나 문법은 예문을 통해 공부하라는 말을 흔히 하는데, 이렇게 공부를 하면 가장 생생한 예문을 통해 단어 공부를 하면서 관련된 문법과 독해까지 함께 공부할 수 있기 때문이다. 이렇게 사고를 바꾸면, 애초에 독해집이 나만의 단어장이 되는 셈이다.

공부를 잘하는 사람이 시험에 합격하는 것이 아니라, 시험에 합격한 사람이 공부를 잘한다는 평가를 받는다. 이렇게 적고 보니 아무 기초적인 지식도 없이 시험에 합격한 것은 아닌지 생각하는 분들도 있을 수 있겠지만, 사법시험이라는 것이 그렇게 호락호락한 시험은 아니다. 나는 단지 주어진 시간 속에서 최대로 효율을 내기 위해 다른 사람과 지향점 내지 목표가 달랐다는 점을 이야기하고 싶은 것이다.

이것을 시간 관리의 측면으로 바꾸어 말해보자면, 시간 관리를 잘하는 사람이 성과를 내는 것이 아니라, 짧은 시간에 성과를 낸 사람에게 시간 관리를 잘했다는 평가가 따라온다고 할 수 있겠다.

chapter
05

×

노력하지 않아도
저절로 되는
집중의 기술

집중은 노력이 아니라 기술이다

어느 정도 공부 기술도 익혔고 자신감을 얻어갈 때쯤 부딪치게 되는 문제가 하나 있다. 바로 집중력이다. 분명 방법이 틀린 것도 아니고 공부가 하기 싫은 것도 아닌데 뭔가 자꾸 딴 생각이 나고, 기록된 공부 시간을 볼 때마다 마음이 우울해진다면, 그것은 내 집중력에 뭔가 문제가 있는 것이라 생각해도 좋다.

그러나 집중력은 노력이나 의지의 문제가 아닌 기술 또는 방법의 문제이다. 집중할 수 있는 방법을 배우고 익히면 누구나 집중을 할 수 있는데 그것을 모른 채로는 아무리 노력을 해도 집중을 할 수 없다. 이는 비단 집중에 한정되는 것은 아닐 것이다. 어떤 목표를 달성하는 데 문제가 있다면 자신의 기존 방법을 점검하고 좀 더 효과적인 방법부터 찾아야 함은 어느 일에서나 마찬가지이기 때문이다.

· · ·
출발은 거꾸로 생각하는 것

어떻게 하면 집중을 잘 할 수 있는지를 설명하기에 앞서, 집중의 개념에 대해서 먼저 짚고 넘어가기로 한다. 이 점을 명확하게 의식하는 것이 무엇보다 중요하다. 먼저 나는 집중력이라는 것은 실은 없다고 생각한다. 왜냐하면 집중이라는 것은 내가 어느 하나의 일에 몰두를 하고 있는 상태를 나타내는 것일 뿐, 행위를 나타내는 말이 아니라고 생각하기 때문이다. 어떤 이유나 동기에서든 특정한 한 점에 내 모든 에너지를 집중하고 있다면 그것이 바로 집중이다. 나아가 의식적으로 집중해야겠다고 마음을 먹고 노력하는 것 역시 집중이 아니라고 생각한다. 집중이란 실은 내 무의식이 한 곳으로 모인 상태를 말하는 것으로, 의식적으로 노력하는 것과는 큰 관련이 없기 때문이다.

이 점을 인지하는 게 별것 아닌 것 같아도 이렇게 생각을 전환하는 것만으로도 큰 도움이 된다. 내가 의식적으로 노력을 해서 집중을 하는 것이 아니라, 내 무의식이 어느 한 방향, 어느 한 점으로 향하도록 그 주변 상황을 컨트롤하는 기술을 쓰기만 하면 되기 때문이다.

어차피 집중력은 올라가지 않는다

이와 관련해서는 생각나는 일화가 하나 있는데, 내가 중학생 시절의 이야기이다. 당시 크게 유행을 한 기계가 하나 있었다. MC스퀘어라고 하는 것인데, 이어폰을 끼고 특수 안경을 쓴 채로 15분 정도 앉아 있으면 누구나 집중력이 배로 향상되고 성적이 오른다고 광고했다. 나도 공부를 잘하고 싶은 마음에, 정확히는 공부를 적게 하고도 성적을 올리고 싶은 마음에 부모님을 졸라 한 대 구입해서 사용해보았는데, 성적은 오히려 더 떨어졌던 기억이 있다. 돌이켜 생각해보건대 진짜 그렇게 편리하고 신통방통한 기계가 있다면 지금까지도 그 인기를 이어갔을 것이고 모두 그 기계에 의존해 집중력으로 고통받는 일은 전혀 없을 것이다. 그러나 앞서 말한 바와 같이 집중력 그 자체를 높이려는 시도는 어리석은 것이다. 주변 상황을 컨트롤하는 것이 훨씬 쉽고 바람직하다.

여기 집중의 기술 6가지를 소개하고자 한다. 앞으로 소개할 기술들만 영리하게 활용해도 그토록 원하던 집중력을 내 것으로 만들 수 있을 것이다.

목표가 분명하고
단순해야 한다

집중을 잘하기 위해서는 무엇보다도 목표가 분명하고 단순해야 한다. 이 점과 관련해서 집중에 대한 나의 인식을 바꾸어준 것은 어느 고시 합격자의 합격 수기였다. 합격 수기의 내용을 일부 옮겨본다.

"목표를 세울 때는 구체적으로 세워야 한다. 막연한 목표는 달성하기 힘들다. … 설사 하게 되더라도 흐지부지된다. 이렇게 목표에 대해 확신이 없고, 목표를 의심하는 사람은 집중을 할 수 없다. … 집중을 잘하는 것은 벼락치기 하는 것이다. … 이렇게 할 수 있는 이유는 목표가 분명하기 때문이다. … 목표가 분명하면 항상 긴장되고 집중을 잘할 수 있다."

이 합격 수기에서는 어떻게 하면 집중력을 높일 수 있는지에 대해서는 전혀 언급하지 않는다. 대신 목표를 분명하게 세워야 한다고 얘기하고 있을 뿐이다. 내게는 이 지점이 큰 인식 전환을 가져왔다.

• • •

물이 아니라 물통을 컨트롤하라

목표가 분명할 경우 어떤 방향으로 에너지를 투입하더라도 반드시 그목표로 수렴할 수밖에 없다. 예를 들어 물을 아래가 모두 뚫린 원통에부으면 그대로 흩어져서 통과할 것이다. 하지만 그 원통의 끝이 막혀있고 작은 구멍 하나만이 나 있을 뿐이라면 물을 어떤 방식으로 넣고흘리든 반드시 그 구멍으로만 물이 빠져나오게 된다.

물을 정신이라고 하면 집중도 이와 같다. 정신이라는 물이 다른 불필요한 곳으로 새지 않도록 잘 막고 목표라는 조그만 구멍을 뚫는 노력을 기울이는 것만으로도 충분히 상황을 내 마음대로 컨트롤할 수 있게 된다. 이처럼 나의 정신이 특정 지점으로 향할 수 있게 만드는 것이집중력을 높이는 첫 번째 방법이다.

● ● ●
집중력이 안 좋다는 것은 지금 뭘 해야 할지 모른다는 것

따라서 공부를 할 때는 반드시 계획을 세부적으로 수립해야 한다. 앞서 말한 것을 뒤집어 보면, 집중이 안 되고 있다는 것은 무엇을 해야 할지 잘 모른다는 의미이고, 무엇을 해야 할지 잘 모른다는 것은 그 상황에서 세부적인 계획이 존재하지 않는다는 의미이기 때문이다.

나는 단순하게 한 시간 동안 몇 페이지부터 몇 페이지까지 공부한다는 식으로 계획을 세우지 않았다. 그렇다고 하여 미리 분 단위로 무엇을 할지도 계획을 세우지 않았다. 내 개인적 동기에 따라 그때그때 공부 계획을 세우되, 실현 가능한 것으로, 강하게 집중할 수 있는 것으로 구체적으로 세웠다. 그리고 최대한 집중력을 유지한다고 느껴지는 시간으로 짧게 짧게 나누어 계획을 만들었다. 예를 들어 '지금부터 20분간은 각 단락을 요약하고 연필로 밑줄을 그어야겠다'라든지, '지금부터 3분간은 이 페이지에 있는 틀린 문제들을 분석해야겠다'라는 식으로 계획을 세운 것이다. 익숙하지 않은 경우에는 미리 해야 할 일들을 연습장에 적어두고 순서대로 실행에 옮겨보는 방식도 좋다.

좋아하는 일로
바꾼다

집중을 잘할 수 있는 두 번째 방법은 좋아하는 일을 하는 것이다. 좋아하는 만화나 영화를 보거나 게임을 하다가 밤을 샌 경험이 누구에게나 한 번씩은 있을 것이다. 그것이 바로 집중을 한 상태이다. 반면에 스스로 좋아하지 않는 일을 하면서 그에 집중을 하는 것은 사실상 불가능하다.

그런데 좁은 의미이든 넓은 의미이든 공부가 내가 좋아하는 일인 경우는 매우 드물다. '나는 공부가 좋아 죽겠어!'라는 경우는 찾기가 어렵다. 물론 예외적으로 공부가 너무 재미있고 즐거운 경우도 있겠지만, 그 경우에는 이 책 내용을 보고 있지 않으리라 생각한다. 그렇다면 내가 별로 좋아하지 않는 일인 공부는 정말 집중하기 어렵기만 한 것일까?

드라마는 정주행이 되는데 공부는 왜 안 그럴까?

이 경우에도 집중을 할 수 있는 방법은 있다. 바로 공부를 세부적인 부분으로 나누어 보는 것이다. 예를 들어 앞서 '목표 설정의 기술'에서 말한 것과 같이 나의 개인적 욕구는 수집욕과 정리욕인데, 인풋 과정에서는 정리욕을 이용했다. 인풋에서 궁극적인 목표는 교과서를 읽고 내 머릿속에 집어넣는 것이다. 그런데 나의 정리욕이라는 것은 일종의 강박과 같은 것으로 어느 하나가 불완전한 상태를 잘 견디지 못한다. 그렇기에 나는 책 정리를 전략적으로 활용했다. 어느 한 부분에 형광펜을 칠하고 밑줄을 긋고 지식을 머릿속에 집어넣는 상태를 만들면, 그와 같이 하지 않은 다른 부분도 똑같은 상태로 균일하게 정리해야 직성이 풀렸다. 그 과정에서 자연스럽게 집중을 하고 공부를 하게 되었음은 두말할 필요가 없겠다. 그런데 지금 이렇게 보면 나는 공부를 한 것이 아니라 단지 내가 좋아하는 정리를 했을 뿐이다. 공부를 좋아하지는 않지만 정리는 좋아하기에 그와 같이 집중할 수 있었던 것이다.

아웃풋 과정에서는 수집욕과 정리욕을 모두 동원했다. 먼저 기출 문제를 모두 수집하고 정리한 것은 기본이다. 그리고 이에 더해서 시중에 나와 있는 모든 문제집을 수집해서 공통되는 부분만을 따로 정리했다. 중요도라는 것이 있다고 한다면 그 부분이 당연히 기출 문제 다음으로 중요한 부분이라고 판단했기 때문이다. 역시 이번에도 나는 공부를 한 것이 아니라, 내가 좋아하는 수집을 한 것 뿐이고 그 과정에서 당연히 집중을 할 수 있었다. 나아가 문제를 풀고 교과서에서 그 해답을 확인하고 지식을 보충하는 과정에서는 다시 정리욕을 이용했다. 이 부분을 공부가 아니라 책 정리로 바꾸면 아까 인풋 부분에서 사용했던 방법과 동일하게 집중을 할 수 있기 때문이다.

· · ·

승부욕이 있는 사람이 공부를 잘한다?

여기서 한 가지 오해를 짚고 넘어가고자 한다. 바로 승부욕이 있는 사람이 공부를 잘한다는 믿음이다. 주변에서, 특히 어린 자녀를 둔 부모님들이 '우리 애는 승부욕이 없어서 큰일이에요. 이렇게 해서 어떻게 공부를 잘할 수 있을까요?'라고 걱정을 하는 경우를 많이 보았다. 하지만 승부욕이 있는 사람이라고 해서 공부를 잘하는 것은 아니다. 공부, 그것도 특정 과목에 있어 내가 남보다 잘하고 싶고 뒤처지는 것이 싫다는 심리가 있을 수가 있고, 그것이 내가 그 일에 몰두하게 해주는 좋은 계기가 될 수는 있다. 즉 내가 승부욕을 느끼는 특정 일에 대해, 그렇지 않은 일보다는 더 집중력을 발휘하기 좋은 상황이라는 의미이다. 하지만 결과가 좋지 않거나, 또는 내가 별로 관심이 없어 결과가 어떻게 되든 상관없는 일이라고 생각하는 분야에 대해서는 승부욕을 느끼지 않을 수 있고, 따라서 집중하지 않을 수 있다. 이런 걱정은 어린 자녀를 둔 부모님들뿐 아니라, 장수를 하는 수험생들에게서도 굉장히 많이 들을 수 있었다. 이 책을 읽는 독자분들 중에서도 자신이 시험에 연거푸 떨어지는 이유가 승부욕이 없기 때문이라는 말을 들었을 수 있다. 그러나 이제는 그러한 말은 잘못 되었다는 것을 알 수 있을 것이다. 승부욕이 없어서 공부를 못하는 것이 아니라, 내가 어떤 일에 흥미를 느끼지 못해 집중을 하지 못하는 것이고, 그와 같이 집중을 하지 못한 만큼 안 좋은 결과로 이어진 것에 불과하다.

내가 법무부에서 일을 하는 동안에도 가장 집중해서 할 수 있었던 일은 리서치이다. 그 이유는 더 이상 적지 않아도 쉽게 추측할 수 있을 것이라 생각한다. 리서치를 하고 보고서를 작성하는 것이 수집욕과 정리욕을 가장 직접적으로 충족시켜주는, 즐거운 일이었기 때문이다. 기대에 부응하는 욕구가 큰 사람은 피드백을 잘 받는 방법을 연구해보고, 나만의 개성을 부여하는 욕구가 큰 사람은 보고서의 스타일을 가

잘못된 생각	올바른 생각
승부욕이 있는 사람 → 공부를 잘함 승부욕이 없는 사람 → 공부를 잘 못함	어떤 일에 흥미나 욕구를 느끼지 못함 → 집중을 하지 못함 → 그만큼 결과가 나오지 않음
솔루션: 승부욕을 기르자	솔루션: 이 일에서 내가 좋아할 수 있는 요소가 무엇이 있을지 고민하자

능한 선에서 한번 바꿔보라.

　물론 일의 전체 과정을 보면 내가 좋아하지 않는 일들이 많을 수 있다. 그러나 몰입할 수 있는 몇 가지만 있어도, 그 몇 가지에서만이라도 집중할 수 있다면 나머지 일이 좀 더 수월해진다. 이는 직장생활을 해본 이들이라면 누구나 공감할 지점일 것이다. 미국의 심장 전문의 로버트 엘리엇의 "피할 수 없다면 즐겨라"라는 말도 있다. 즐겁게 할 수 있는 포인트를 찾아내는 것은 생각보다 어렵지 않다.

방해 요소를
제거하라

집중을 잘할 수 있는 세 번째 방법은 집중 상태로 가는 길에 방해되는 요소들을 제거하는 것이다. 방해 요소에는 내적인 것과 외적인 것이 있다.

• • •
만족감을 충분히 갖는 게 더 낫다

먼저 내가 지금 해야 하는 일보다 더 하고 싶은 일이 있을 때는 쉽게 지금의 일에 집중할 수 없다. 내 마음, 내적인 부분에서 더 개인적인 동기를 자극하는 일이 존재하는 게 다른 일에 집중해야 하는 상황에서는 큰 방해가 되는 것이다. 이럴 때는 오히려 미리 그 일을 함으로써, 나의 개인적인 욕구를 충족시킴으로써 제거할 수 있다. 예를 들어 시험 기간인데 만화가 너무 보고 싶다거나 새로 개봉한 영화가 보고 싶다면 그 마음에 시간을 낭비하지 말고 빨리 보고 오는 것이 좋다. 그리고 조금은 넉넉하다고 싶을 정도로 충분히 만족감을 느끼는 것이 좋다. 대부분의 공부가 망하는 이유 중 하나가 '어설프게 쉬고 어설프게 노는 것'이다.

나도 특히 대학 생활 내내 이 점을 경험해보았다. 명목상으로는 고시생이었기 때문에 한 시간 덜 피시방에 앉아 있고 속히 기숙사로 가자는 결심은 당시로는 내 양심의 가책을 덜기 위한 것이었지만, 실은 별로 현명한 처사는 아니었다. 그런 마음으로 자리에 앉아 있어 봐야 아무것도 머리에 들어오지 않았기 때문이다. 한 번은 당시 함께 공부를 하던 사람과 도서관에 가서 책을 펼쳐 놓고는 공부는 전혀 하지 않고 연습장에 몰래 게임 전략을 적고 연구를 한 적도 있었다.

물론 내 본능이 이렇게 강하게 작용할 때 그것을 컨트롤하는 방법으로 최대한 이성을 발휘해 본능을 억제하는 것도 있다. 나의 경우에는 이성을 통해 컨트롤하는 방법이 도저히 먹히지 않았기에 4학년이 되어서야, 그것도 제적과 입영 통지로 인한 위기감이라는 약간의 이성 발동을 통해서 공부를 제대로 시작할 수 있었지만, 이성적인 독자라면 그런 지경에 이르지 않더라도 현명하게 컨트롤할 수 있으리라 생각한다.

피자를 앞에 두고 다이어트를 하는 꼴

외적인 요소로 방해가 되는 것은 무엇보다도 공부 장소와 환경이다. 요새는 태블릿을 이용해서 공부를 하는 경우가 많지만 스스로 절제가 안 되는 사람에게는 그조차 방해물이 될 뿐이다. 공부를 방해하는 외적 요소들을 확실하게 제거해야 내 정신이 다른 곳으로 분산되지 않는다. 코로나 시대에 부득이 집에서 공부를 하는 경우가 많은데, 반드시 공부를 하는 공간에서는 컴퓨터를 치우라는 조언을 하고 싶다. 컴퓨터로 수업을 듣거나 해야 한다면 딴 짓을 할 수 없도록 거실이나 가족의 눈길이 닿는 곳으로 컴퓨터를 옮겨두자. 그리고 침대나 이불, 베개도 마찬가지이다. 피곤하면 바로 눕고 싶어지는 것이 사람의 본능이다. '잠깐만 누웠다 일어나야지' 하고 생각하지만 '잠깐만'을 지키는 사람은 거의 없다. 다만 침대를 방에서 치울 수는 없으므로 거실이나 다른 방, 식탁 등으로 이동해서 공부를 하는 것이 더 나을 수 있다. 어디서든 공부에 방해되는 것이 없고 책을 놓을 수 있는 자리만 있으면 된다.

일을 할 때도 마찬가지이다. 집중을 해서 처리해야 하는 일이 있을 때는 반드시 스마트폰을 멀리 해야 한다. 컴퓨터로 일을 하는 경우가 많기에 컴퓨터 자체를 끌 수는 없겠지만 유튜브나 포털, 온라인 커뮤니티, 카톡 같은 것들을 자주 들여다 보지 않을 수 있도록 장치를 해놔야 한다. 예를 들어 일정 시간 동안은 접속이 차단되게끔 프로그램을 설치해도 좋다. '몸이 멀어지면 마음도 멀어진다'는 말은 어디에나 진리이다. 스마트폰의 소리를 켜두거나 어플이나 단체 카톡방의 알람 설정을 끄지 않는 것도 굉장한 방해가 된다. 무엇이 더 중요한 일인지에 대해서 냉정하게 판단하고 그렇지 않은 것들, 방해되는 것들은 엄격하게 제거해야 목표를 달성할 수 있다.

아웃풋의
비중을 높여라

집중을 잘하기 위한 네 번째 방법은 인풋보다는 아웃풋의 비중을 높이는 것이다. 예를 들어 설명해보기로 한다. 공부를 하던 중에 자신의 눈이 계속해서 같은 페이지를 맴돌거나 뭔가를 보기는 했는데 전혀 머릿속에 남지 않고 그저 활자 위를 지난 것 같은 경험을 대부분 해보았을 것이다. 또는 몇 개월에 걸쳐 '기본 강의'와 같이 매우 많은 분량의 인강을 듣는 것으로 계획을 세웠는데 도무지 공부가 되지 않다가 문제 풀이에 들어가서야 정신을 차리고 공부를 할 수 있게 된 경험도 아주 빈번할 것이다. 일의 경우에는, 어떤 새로운 일을 하기 위해 전임자가 남긴 인수인계서를 읽다가 그 방대한 양이나 어려운 용어들에 지쳐 커피를 마시러 나간 경험이 있을지도 모르겠다.

이러한 상황에서 대부분의 사람은 내가 집중력이 부족하기 때문이라고 진단을 한다. 그러나 그 진단은 잘못되었다. 이는 인풋과 아웃풋의 비율을 잘못 설정하였기 때문에 생긴 문제이지, 타고난 집중력과는 관계가 없다.

인풋과 아웃풋의 비율을 잘 설정하는 것은 성취와 효율이라는 측면뿐 아니라, 집중력을 높이는 측면과도 관계가 있다. 즉 집중력을 높이기 위해서는 아웃풋의 비중을 높여야 한다. 그 이유는 크게 세 가지 정도를 들 수 있다.

· · ·
뇌는 아웃풋을 할 때 더욱 활발해진다

먼저 집중이 내 무의식을 한 점에 모이게 하는 것이라고 해도 그 바탕은 정신인지라 내 두뇌가 활발하게 작동을 해서 정신상태가 능동적인 경우에 더욱 집중이 잘 되는 것은 두말할 필요가 없다. 이러한 점을 생각해보면, 공부를 할 때는 인풋보다 아웃풋을 할 때 더욱 집중이 잘 된다는 것을 가늠할 수 있다. 아웃풋은 간단히 말하면 문제를 풀거나 보고서를 쓰는 것 등을 말한다. 아웃풋을 하기 위해서는 바탕이 되는 지식이나 정보를 머릿속에서 탐색하고 부족한 경우에는 추론을 통해 이를 채워야 하는데, 그 과정에서 뇌가 활발하게 작동을 하기 때문이다. (일을 하는 사람들은 보통 이 부분에서 제대로 된 인풋을 바탕으로 하지 않고 주관적인 추론에 바탕하여 아웃풋을 하기 때문에 상사에게 깨지게 된다.)

· · ·
목표가 단순해진다

또한 집중이라는 것은 구체적인 목표가 보일 때 더욱 강해진다고 할 수 있는데, 인풋 단계에서는 어떻게 하더라도 아웃풋이라는 그 다음 단계가 남아 있기 때문에 집중력이 상대적으로 높아지기 어렵다. 즉 인풋은 목표 자체가 상대적으로 추상적인 경우가 많은데, 아웃풋은 '현재 보고 있는 문제의 답을 찾는 것'으로 목표 자체가 명확하기 때문에 인풋을 하는 경우보다 집중력을 높게 가져갈 수 있다. 이 강의도 들어야 하고 저 강의도 들어야 하고, 이 책도 봐야 하고 저 책도 봐야 하고, 여러 가지 보고서나 관련 서적들을 읽고 정리해야 하는 그런 정신 없는 상황이 아니라, 그냥 한 문제, 한 장의 보고서를 쓰는 일에만 온 정신을 몰두하면 된다.

· · ·
보상에 더욱 가까워진다

나아가 아웃풋의 비중을 높이면 집중이 잘 되는 것은 공부나 일의 결과, 즉 보상과도 관련이 있다. 아웃풋 과정을 통해 앞으로의 결과에서 얻는 만족감도 미리 가늠해볼 수가 있기 때문이다. 줄곧 강의만을 듣거나 일을 배우기만 할 때는 대체 그것을 언제 어떻게 활용할 수 있는지, 합격이나 불합격 또는 결재와 반려 중 어떤 결과가 나올지 가늠할 수 없지만, 문제를 풀어보거나 보고서를 작성해보면서 가진 지식을 다듬다 보면 대략적으로 어떤 결과가 나올지를 예상할 수 있다. 좋은 결과가 나올 것 같다면 그것을 꼭 얻기 위해, 나쁜 결과가 나올 것 같다면 그것을 피하기 위해 현재의 일에 집중을 하게 된다.

결국 처음에 공부나 일의 계획을 짤 때부터 아웃풋의 비중을 조금 더 높게 잡는 것이 공부에 있어 집중력을 높이고 나아가 공부의 효율을 높이는 방법에 해당한다고 할 수 있다. 그리고 공부나 일을 하던 중이라도 집중이 잘 안 된다고 느껴진다면 하고 있던 인풋을 멈추고 아웃풋으로 전환하는 것도 한 방법이다.

머리에 넣을 것을
구별하라

집중의 다섯 번째 방법은 뇌의 처리 절차를 분별하는 것이다. 이는 앞서 설명한 시간 관리의 기술과도 관련이 있다. 예를 들어 쉬운 일을 하던 중에 어려운 일을 발견했다면 어려운 일을 뒤로 미루고 쉬운 일부터 처리해야 한다. 우리 몸을 컴퓨터라고 생각해보자. 그러면 나의 뇌는 CPU에 해당할 텐데, 동시에 여러 가지 프로그램을 동시에 실행했을 때 그 중에 굉장히 많은 메모리를 요구하는 일이 섞여 있다면 어떻게 될까? 당연히 랙이 발생할 수밖에 없다. 서로 다른 프로세스를 요구하는 것들을 동시에 처리하기에는 연산의 속도나 용량이 뒷받침되지 않은 경우에 이런 일이 일어난다.

내 두뇌에서 랙이 발생하는 이유

공부를 하는 과정도 이와 마찬가지이다. 읽어서 쉽게 이해할 수 있는 부분과 그렇지 않은 부분은 똑같은 활자로 똑같은 페이지에 쓰여 있나고 하더라도 내 눈만이 그것을 구별하지 못할 뿐, 뇌는 그것을 서로 다른 정보처리 대상으로 인식한다. 쉽고 어려운 공부뿐 아니라, 서로 다른 관점에서 이해해야 하는 공부를 섞는 경우도 마찬가지이다. 이해와 암기의 과정을 동시에 가져가는 것보다는 이해는 이해대로, 암기는 몰아서 나중에 하는 것이 훨씬 높은 집중을 보장한다. 이 서로 다른 정보를 처리하는 과정에서 뇌에 잡음이 생기고 랙이 발생하기 때문이다. 그 랙이 발생하는 순간 순간이 내게는 집중이 깨지는 순간이다.

따라서 공부를 하는 과정에서 현재의 집중도에서 처리하기 어려운 대상을 발견했다면 반드시 뒤로 미루어 프로세스를 분리하여야 한다. 나중에 그 어려운 일들을 위한 뇌의 프로세스가 가동되었을 때 모아놓은 일들을 처리하면 두뇌의 회전속도에 차이가 생기지 않게 되고 중간중간의 공백, 즉 집중의 결여도 발생하지 않게 된다.

일에서는 '절차 진행도'를 그리는 것이 중요

이렇게 절차를 나누는 것은 무엇보다도 효율적이어야 하는 일에서 더 핵심적인 기술이라고 할 수 있다. 사실 수험 공부는 공부해야 할 지식의 깊이나 양에서 어려움이 있는 것이지, 공부를 하는 동안 해야 할 일의 개수가 많은 것은 아니다. 하지만 업무, 일에 있어서는 공부에 있어서보다 훨씬 다양한, 동시다발적으로 일어나는 일들을 제한된 시간 내에 처리해야 한다. 똑같은 일이 두 사람에게 주어졌는데 어떤 사람은 빠르게 끝내고 퇴근을 하고, 어떤 사람은 야근을 한다. 그 이유는 다양할 수 있지만, 여기서 설명하고 있는 집중과 관련해서 본다면, 일의 처리 절차가 구별되어 있지 않기 때문일 수 있다.

비슷한 정도의 노력으로 한 번에 처리할 수 있는 일들을 모아서 하는 것이 매우 중요하다. 그러기 위해서는 무엇보다도 전체적인 '절차 진행도'를 잘 그릴 수 있어야 한다. 어떤 일을 급히 해야 한다고 해서 대뜸 그 일에 착수하고 집중하는 것이 아니라, 대체 몇 가지의 절차를 거쳐야 일이 완성되는지, 그리고 그 절차마다 세부적으로는 또 몇 개의 절차가 필요한지를 나누는 것이다. 예를 들어, 내가 강의안을 만들거나 책을 쓸 때는 크게 뼈대 잡기, 내용 채우기, 인용되는 자료 리서치하기, 점검하기, 수정이 필요한 부분 체크하기, 다시 수정하기(여기서 처음으로 돌아간다), 이런 식으로 단계를 잘게 나누어서 순차적으로 처리를 한다. 보고서를 쓰는 경우도 예로 들어보면, 보고서 전체의 초안, 꼭지를 구상하는 것이 첫 번째 단계이고, 세부적인 내용을 넣는 것은 그 다음이다. 여기서 통계자료를 찾거나 외국 자료를 리서치 하는 것은 그 다음에 해당한다. 그리고 내용에 오류가 있는지 점검을 한다. 수정할 부분이 있다면 체크만 해두고 바로 고치지 않는다. 고칠 부분이 생긴다면 다시 2번째 단계로 돌아간다. 여기까지 온 후에 보고서 문안을 다듬는다. 다듬은 문안에 맞추어 문서를 보기 좋게 한 장에서 두 장으로 편집을 하고, 이후에 강조할 부분을 강조하고, 마지막으로 오탈자를 점검한다. 만약 여기서 내가 한 단락을 쓸 때마다 그 꼭지와 문장을 모

보고서를 쓰는 경우 프로세스 분할 예시	
1	구성 – 주요 소제목(꼭지), 전체 보고서 틀 잡기
2	구체적인 내용 줄글 형식으로 채우기
3	인용되는 자료나 통계 등 리서치 하기
4	내용 점검하고 수정이 필요한 부분 체크만 해두기 (고칠 부분이 있다면 2로 돌아감)
5	보고서 문안 다듬기(2의 내용 축약하기)
6	문서 형식 편집하기
7	강조할 부분 표시하기
8	오탈자 점검하기

두 다듬으면서 형식까지 전부 점검하고 자료를 다 찾아서 집어넣는다면, 뇌는 지나친 피로감을 느끼게 될 것이고, 보고서의 한 꼭지도 쓰지 못한 채 자리를 박차고 일어나게 될 수도 있다.

피드백도
집중의 요소이다

집중의 마지막 방법은 바로 정확한 피드백이다. 즉 피드백도 집중의 한 요소에 해당한다는 사실을 인식해야 한다. 나는 집중력 콘테스트에 나가는 것이 아니라, 단지 공부나 일을 효율적으로 하기 위한 방편으로 높은 집중을 필요로 하는 것일 뿐이다. 즉 어떤 경우든 집중이라는 상태는 공부나 일의 결과를 위해 쓰여야 한다.

이런 측면에서 성과에 따라 내 집중력에 등급을 매기고 다음에는 더 강하게 집중하도록 만들 수 있다. 어느 경우나 무의식으로 한 점에 모이는 상태에는 차이가 없다고 여길 수도 있겠지만 구체적인 결과를 통해 그 집중력의 질을 구별해보는 것이다.

집중력에 등급을 매겨라

나는 예전부터 공부를 할 때는 반드시 공부한 시간을 매일매일 기록하고, 거기에 자체 평가를 상·중·하로 적도록 권하고 있다. 똑같이 10시간을 집중해서 공부했다고 하더라도 내가 느끼는 성취가 상이 아니라 중이나 하라고 한다면, 내일 내가 어떤 식으로 공부를 해야 할지 스스로 그 방향성과 구체적인 방법을 더 다듬을 수 있고 더 강하게 집중할 수 있기 때문이다.

월	화	수	목	금	토 · 일	합계
10	9	9	10	11	10+1	60
下	上	中	上	下	中	中
감기				체력 저하		

　중·고등학생처럼 학교나 학원을 다니기 때문에 하루 여러 과목을 공부해야 하는 경우에는, 시간별·과목별로 집중력의 등급을 매기는 것이 좋다. 이를 통해 어느 과목에서, 어느 시간대에, 어느 요일에 내 집중력이 떨어지는지를 알 수 있게 되고, 어느 부분을 보완해야 점수가 올라가는지 알 수 있게 된다. 특정 요일이나 시간대에 집중력이 떨어

지기 때문에 그 과목이 공부가 안 되는 것인지, 그 과목이 싫거나 공부법을 몰라 집중력이 떨어지는 것인지를 정확하게 판단할 수 있게 되는 것이다.

- - -

OKR의 원리

일을 하는 경우에는 일일 계획표나 평가표 대신 OKR 방식을 참조할 필요가 있다. OKR(Objectives & Key Results)은 구글에서 사용하기 시작해 지금은 많은 기업에서 널리 사용하고 있는 방식이다. 맨 오른쪽 칸에는 핵심 성과에 대한 평가를 색깔로 기록하도록 되어 있는데, 내가 해당 프로젝트에 얼마만큼 집중을 해서 일 처리를 하고 결과를 만들어 냈는지를 자체적으로 평가하여 다음에 유사한 일을 할 때는 더욱 높은 정도의 집중을 유도할 수 있다. 예를 들자면 다음처럼 말이다.

DREAM SCHOOL OKR | Yunkiu Lee

Objectives	Key Results	Grade
일반 구독자에게 CLV 주기	케어받는다는 느낌, 채널 운영자와 직접 소통한다는 느낌, 지식보다는 따뜻함을 얻어가는 느낌, 의지할 수 있는 버팀목이 있다는 느낌 주기 • 가능한 모든 댓글에 답글 달아주기 • 라이브 최소 월 2회 진행 • 설문조사를 통한 니즈를 충족시키는 영상 제작	

chapter
06

×

흔들리는 멘탈을
잡아주는
마음 관리법

모든 순간이
나 자신이다

대한민국에서 가장 어려운 시험이라는 사법시험에 합격하고 사법연
수원에 들어갔지만, 그 당시 나는 되려 굉장히 큰 열등감에 시달렸다.
수능 점수를 원하는 만큼 받지 못해 내가 목표로 하던 대학에 가지 못
한 것도 있고, 사법연수원 동기들의 엄청난 학력과 스펙을 접하다 보
니 나 스스로 위축되는 느낌이 컸다. 그리고 판사를 목표로 열심히 공
부했으나 생각만큼 시험을 잘 치르지 못해 그 꿈을 떠나보내야 하기도
했다. 그동안 누구에게도 얘기를 해본 적은 없지만, 한 2~3년간은 그
열등감을 이겨내지 못해 매우 힘든 시기를 보냈다.

　그리고 학창 시절에도 공부뿐 아니라 모든 면에서 뛰어난 친구들
을 보면서 나는 왜 저렇지 못할까 한탄하고 시기하고 미워한 적도 있

다. 아마 중학교부터 고등학교 때까지는 거의 이런 열등감에 시달렸던 것 같다. 대학에 들어가서도 마찬가지였는데, 내가 공부를 열심히 하지 않고 다른 짓에 몰두한 이유도 주변에 너무도 탁월한 실력의 사람들이 많았기에 그 속에서 내가 과연 잘될 것인가 하는 무력감을 느꼈기 때문이다.

사실 이 글을 적으면서 과거를 돌아보아도 내가 어떻게 그 열등감들을 극복해냈는지, 명확하게 한마디로 말을 하기는 어려운 것 같다. 하지만 지금의 나는 내적인 확신으로 가득 차 있다. 그것은 열등감을, 더 정확히는 과거의 나를 내 삶의 일부로 받아들였기 때문이다.

• • •

내가 나를 인정하지 않을 때 일어나는 일

열심히 노력했지만 결과를 내지 못했던 시기, 애초에 열심히 하지 않아 후회만 남았던 시기, 노력과 성취와 무관하게 내 인생에서 지워버리고 싶은 시기. 지나온 과거를 회상할 때 그 자체가 하나의 아픔으로 다가오거나 힘든 감정을 불러일으키는 순간들이 있다. 예전에 나는 그런 기억들을 외면했다. 그 기억들이 나를 약하게 하고 앞으로 나아가지 못하게 할 것이라 생각했기 때문이다. 아니, 더 솔직히는 그런 내 과거의 모습들을 부끄러워했다. 누군가가 그런 기억이나 모습들을 들춰낼까 봐 노심초사했다.

하지만 그 모든 순간 역시 나였음을 알게 되었다. 어떤 과정과 결과였든, 어떤 모습이었든 그것이 나의 일부분임은 부정할 수 없다. 그렇게 생각을 하고 보니 내가 나 자신의 일부를 안아주고 사랑하지 못한다면 누가 과연 나를 인정하고 받아들여줄 것인지 생각하게 되었다. 내가 스스로의 가치를 부성하는데 다른 사람이 그 가치를 알아줄 리는 없지 않은가.

• • •

나는 계속 성장해나가고 있다

그리고 과거에 그렇게 깨지고 부서지며 성장하는 과정이 있었기 때문에 그나마 현재의 내가 있을 수 있다는 생각을 하게 되었다. 이것은 곧 지금 내가 아무리 힘든 시기를 지나고 있더라도 훗날 돌이켜 보며 '그때의 내가 있었기에 지금의 내가 있는 것이다'라고 생각하게 되는 순간이 반드시 온다는 것을 뜻한다. 그 점을 생각하면 현재의 힘듦은 견딜 수 있는 것이 되지 않겠는가.

기회와 성취가 오는 시기는 사람마다 다를 것이다. 그리고 그 성취가 내가 원하던 그 모습이 아닐 수도 있다. 그렇지만 삶은 계속된다. 그 계속되는 삶 속에 무엇보다도 중요한 것은 어느 곳을 목적지로 설정해 두었는가 하는 점이다. 내가 나의 밝은, 긍정적인 미래를 꿈꾸는 한, 지금의 아픔과 좌절은 모두 나를 성장케 하는 밑거름이 되어줄 것이다.

나부터 나를 믿고
나아가야 한다

나는 사실 크게 미워하거나 싫어하는 사람이 없다. 누군가에게 싫은 말도 잘 하지 못하고 사람들과 충돌하는 일 없이 나름대로 둥글둥글하게 살아가려고 노력한다.

그러나 이런 내게도 별로 가까이하고 싶지 않은 사람이 있다. 바로 '나는 번번이 잘 안 돼' '이번에도 나는 안 될 거야'라는 식의 부정적인 말을 입에 달고 다니는 사람이다. 실제 결과라는 것은 내 마음가짐에 달려 있다기보다는, 내가 지금까지 쌓아온 노력에 달려 있다고 생각한다. 그런데 내가 부정적인 마음을 먹으면 먹을수록 결국 객관적인 노력 자체를 할 만한 동기가 깎여나가게 되고, 아웃풋으로 나올 것들도 적어질 것이다. 그냥 가볍게 하소연하는 의미에서 그와 같이 말을 하고 넘기는 것이 아니라, 스스로의 아웃풋에 부정적인 영향을 줄 정도의 마음가짐을 가진 사람은 정말 그 결과가 안 좋게 나올 수밖에 없다. 사람은 계속 배우고 또 성장해가는 존재이다. 이건 어느 누구나 마찬가지이다. 그럼에도 나는 안 된다는 부정의 메커니즘을 가진 사람은 자신의 삶에 대한 존중이나 애착 자체가 부족하다는 생각까지 든다.

• • •

과감하게 실패와 결별하라

자기 자신을 좀 믿어보자. 나는 생각보다 그렇게 부정적인 시선으로 볼 사람이 아닐 수 있다. 내가 내 한계를 규정 짓고 그 테두리 안에 갇혀 있으면 어느 것도 바뀌지 않는다. 내가 무언가를 새롭게 시작할 때, 그리고 그 시작점에서 과거의 실패의 역사가 나의 발목을 붙잡을 때, 과감하게 그로부터 결별하여야 한다. 과거로부터 배우는 것이 부정적인 사고뿐이라면, 그 어떠한 것도 새로이 이룰 수 없다.

나는 무언가를 이루지 못하는 사람이 아니다. 다만 내가 그동안 좋은 방법을 찾지 못했었기에, 이제 좋은 방법을 찾아 도전하는 것이 다른 사람들에 비해서는 조금 늦어 보일 수 있기에 두려움이 들 뿐이다. 나는 '아직' 이루지 못한 것에 불과하다. 나의 가능성을 믿고 과감하게 나아가자. 새로운 성취의 경험들을 통해 나 자신을 증명하고 새로운 동력을 얻자.

· · ·

정말 두려워해야 할 것은 실패가 아니라 멈춤

우리가 두려워해야 할 것은 안 좋은 결과나 실패가 아니다. 우리가 가장 두려워하고 경계해야 할 것은, 걸어가는 것을 멈추고 아무것도 하지 않는 것이다. 그대로 그 자리에 멈춰 있으면 더 이상 실패를 하지 않을 수 있다고 생각할 수도 있겠다. 하지만 그것은 동시에 내가 성공할 수 있는 가능성도 스스로 닫아버렸다는 의미도 된다. 내가 나라는 사람의, 나의 미래에 투자하기를 멈췄다면 그 누가 그것을 대신할 수 있을까.

한편으로 이 지점에서는 우리가 스스로를 너무 과대평가하는 면도 없지 않은가 하는 반성을 해볼 필요도 있다고 생각한다. 물론 겪고 싶지 않지만 내가 아직 삶의 모든 고통을 맛보지 않았음에도 지레 겁을 먹고 종전에 내가 겪은 고통만이 크고 힘든 것이었다고 생각하는 것은, 너무 섣부른 판단이지 않을까. 만약 그와 같은 섣부른 판단이 내 삶에 있을 수많은 기회를 차단했다는 사실을 알게 된다면 후회하게 되지 않을까.

이와 관련해서는 독자들과 함께 나누고 싶은 말이 있다. 바로《고도를 기다리며》로 잘 알려진 아일랜드 태생의 프랑스 작가, 사무엘 베케트가 한 말이다.

"실패에는 연습이 필요하다. 더 나은 실패를 연습하다 보면 결국 실패를 뛰어넘는 성공의 빛을 맞이하게 될 것이다."

이처럼 나의 미래는, 나라는 사람의 잠재적인 가치는 어쩌면 아주 사소하게 작을지도 모르는 고통 때문에 덮히기에는 너무도 크고 밝게 빛나는 것일 수 있다. 누구에게나 두려움은 있다. 하지만 성취하는 사람, 성공하는 사람은 그 두려움을 마주하는 용기를 가진 사람들이었고, '이제는 한계'라고 느낄 때 '한 번 더 힘을 낸' 사람들이었다.

내가 나를 불안하게
만드는 것은 아닌가?

변호사로 일하면 아무래도 굉장히 많은 분들과 상담을 하게 된다. 그런데 그중에는 실은 아무런 법적인 문제가 없음에도 어떤 이유에서인지 불안함을 느껴 상담을 하는 분들도 상당수 있다. 왜 그와 같이 불안함을 느끼게 되었는지를 물어보면 상당수가 인터넷을 통해 자신의 문제를 찾아보았는데 굉장히 큰 법적 어려움에 빠져 있다는 사실을 알게 되어 불안해지게 되었다거나, 인터넷에서 답을 주는 여러 변호사들의 생각이 달라 불안해지게 되었다거나, 당장 이 문제를 해결하지 않으면 자신의 인생에 큰 해를 끼칠까 겁이 났다거나 하는 대답이 압도적으로 많았다.

그런데 애초에 자신의 법률문제를 정확히 진단하는 것 자체가 굉장히 어려운 일이다. '팩트'가 어떻게 되는지, 즉 사실관계가 어떻게 되는지를 확인하는 것에만 수개월이 소요되는 것이 일반적이다. 그리고 그 사안에 법을 적용하여 판단하는 것도 꽤 경험이 있는 사람이 아니면 상당한 고민의 시간이 필요하다. 그럼에도 혼자 자신의 문제를 진단하여 인터넷이나 지인들의 의견을 통해 '답'을 찾아본다는 것은 크게 바람직한 일은 아니라고 생각된다. 나도 때로 몸이 안 좋거나 하면 인터넷에서 증상과 병명을 찾아보고 불안한 마음에 병원에 가기도 하지만, 실제 병원에서 같은 답을 준 적은 별로 없었다. 그와 같은 상황이라고나 할까?

. . .

불안함을 느끼는 것은 지극히 정상

법률문제를 먼저 예로 들었지만, 이는 넓은 의미의 공부에 있어서도 마찬가지이다. 아니, 이 분야에서는 더 큰 어려움도 있다. 왜냐하면 법이나 의료 쪽은 그래도 문제점들이 어느 정도 유형화가 되어 있고 그에 대한 솔루션도 —그것이 정확한 것인지와는 별개로— 많이 공개되어 있다. 하지만 공부와 일에 있어서는 그러한 것들이 존재하지 않는다. 언제나 내가 느끼는 불안함은 '나만 그렇게 느끼는' 개인적인 것으로 느껴질 수밖에 없다.

먼저 우리의 뇌는 끊임없이 불안을 조장한다는 것을 기억해두면 좋겠다. 미지의 영역과 그것을 개척하는 고통에 대한 두려움이 나를 공부를 하지 않는 편안한 상태로 이르게끔, 도망치게끔 유도하는 것이다. 절벽에 올라 서 있는데 불안하지 않다면 언젠가는 떨어져 죽을 위험이 와도 못 알아챌 수 있다는 뜻이다. 그와 마찬가지로 위험을 감지한다면 불안함을 느끼는 것이 정상이다.

• • •

다만 상한과 하한은 알아야 한다

그렇기에 우리는 이 불안함을 내가 거쳐야 할 과정의 일부로 받아들여야 한다. 당연히 그와 같이 느끼는 것을 하나의 '디폴트'로 생각하자는 것이다. 여기서는 내 감정의 진폭만을 측정하면 된다. 내가 어느 정도로 불안한지 차곡차곡 기록해보자. 그리고 한 걸음 멀리 떨어져서 그 불안이 위아래로 요동치는 곡선인지 아니면 쭉 뻗은 직선에 가까운지를 확인해보자.

만약 그 불안이 그와 같이 그은 한계를 넘는다면 내가 그와 같이 느끼는 것이 정당한지를 확인해보아야 한다. 다만 전문가가 아닌 주변 사람들에게 이에 대해 조언을 구하는 것은 앞서 언급한 예시들과 별반 차이가 없다. 반드시 그 과정을 겪어보았고 또 성취를 이룬 사람에게 조언을 구해야 한다. 그리고 나름의 답을 알게 되기 전까지는 스스로 불필요한 불안을 조장하지 않아야 한다. 더 불안해한다고 하여 달라지는 것은 현재로서는 아무것도 없기 때문이다. 어쩌면 공부 전반을 관통하는 문제인 듯도 한데, 나의 이성으로 나의 본능을 어떻게 다스릴 것인가. 그것이 공부에 있어 가장 중요하다.

불안을 불러일으키는
외부 요소를 차단하는 법

무언가에 불안함을 느낄 때, 그것은 내 내면으로부터 시작된 것일 수도 있고 외부로부터 온 것일 수도 있다. 앞서 얘기한 불필요한 불안을 조장하지 않는 것은 말하자면 내 내면으로부터의 불안을 다스리는 방법이라고 하겠다.

여기서는 외부로부터의 불안을 차단하는 방법에 대해 이야기를 해보고자 한다.

역시 가장 큰 영향을 주는 것은 인간관계

일을 할 때, 그것도 팀을 이루어 일을 할 때, 특히 그 구성원인 경우에는 외부로부터의 불안을 상대적으로 적게 느낀다. 그러나 그 중 리더이거나 아니면 홀로 일을 할 때, 수험 생활을 할 때에는 내가 상황을 이끌어나가고 문제점들을 주도적으로 해결해나가야 하기 때문에 더 큰 불안을 느끼게 된다.

여기서 말하는 불안함이라는 것은 결과를 얻지 못할지도 모른다는 두려움을 의미한다. 그리고 이러한 두려움을 불러 일으키는 외부적 요소는 주로 '사람'인 경우가 많다. 그외의 외부적 요소들은 결과 그 자체를 만들어내는 방식이나 과정에서 발생하는 문제점들이어서 결국은 그것을 수행하는 나의 내적 불안의 문제로 귀결되기 때문이다. 즉 불안을 불러일으키는 외부적 요소를 차단하는 법은 내게 불안을 주는 사람을 차단하는 것과 같은 말이라고 하겠다.

그런데 나는 믿음을 주었는가?

친구나 부모님, 함께 공부하는 사람들이 이런 불안함을 줄 수가 있다. 그들은 어떻게 보면 선의로 나의 결과에 대해, 나의 미래에 대해 걱정하고 염려해주는 것일 수 있다. 그러나 나의 공부와 나의 일을 그들이 직접 하고 있는 것은 아니다. 당사자가 절대 아니라는 말이다. 이 경우에는 먼저 혹시 내가 상대방을 불안하게 한 것은 아닌지를 생각해보아야 한다. 객관적으로 정말 내가 노력이 부족하거나 방법이 좋지 않아 상대방으로 하여금 걱정을 하게 만들었고, 그로 인해 상대방이 나를 불안하게 만드는 데 일조한 것은 아닌지 생각해보아야 한다. 그리고 그 과정에서 반성하고 수정해야 할 부분이 있으면 적극적으로 고쳐야 한다. 이를 통해 불안의 요소를 제거할 수 있다.

이런 상황이 아님에도 상대방이 나를 너무 걱정하여 내가 그로 인해 불안에 빠진다면 전략적으로 멀어지는 방법을 택할 필요가 있다. 관계를 전면적으로 끊으라는 의미가 아니라, 적어도 내 일이나 공부에 대한 얘기는 당분간 하지 않도록 확실하게 얘기를 해둘 필요는 있다는 것이다.

• • •
'전략적 고독'이 필요하다

이와 관련해서 수험 생활에서 특히 주의할 점 한 가지를 더 적어두기로 한다. 수험 생활에서 함께 공부하는 사람들은 실상 공부의 적인 경우가 대부분이다. 제대로 된 정보를 주는 경우는 거의 없을 뿐 아니라, 실은 경계하고 시기한다. 때로 내가 보는 책부터 공부 방법까지 사사

건건 간섭하며 걱정을 가장한 방해를 하는 경우가 허다하다. 다른 사람이 잘 되는 것을 진정으로 바라는 관계가 되기에는 수험의 길이 순탄하지 않다. 게다가 함께 시험에 떨어지는 사람들끼리는 좋은 마인드를 공유하기 힘들다. 따라서 수험 생활에서는 '전략적인 고독'을 택하는 것이 확률적으로 훨씬 바람직하다. 물론 서로 도움되는 스터디원들이나 함께 합격하는 연인들도 있을 수 있지만 극히 드문 경우에 속한다. 요컨대, 불안함을 주는 동료는 아예 보지 않는 것이 상책인데, 그러지 못하는 것은 외로움과 고독함 때문이다. 그러나 그것을 어떤 의미에서는 즐길 수 있어야만 결과로 가는 과정이 단축된다는 것은 많은 합격자들이 수긍하는 점이다.

아무리 해도 변화 없는
정체기를 버티는 법

열심히 무언가를 배우고 아웃풋을 내기 위해 연습했음에도 눈에 띌 만한 성과가 나오지 않는 경우가 많다. 객관적으로 좋은 평가를 받지 못하면 개인적으로도 굉장한 침체에 빠지게 된다. '내가 과연 이것을 할 수 있을까?'라는 생각이 점차로 '계속 해도 될까?'라는 생각으로 바뀌게 되는 것이다.

그런데 '공부는 계단식'이라는 말이 있다. 일정량 이상의 공부가 쌓이기 전까지는 결과가 잘 나오지 않는다는 것이다.

물론 이것은 먼저 같은 길을 가본 사람들의 말을 모은 것, 다시 말해 경험적이고 귀납적인 것에 불과하다고 생각할 수도 있겠다. 그러나 나는 이러한 결론이 일리가 있다고 생각한다.

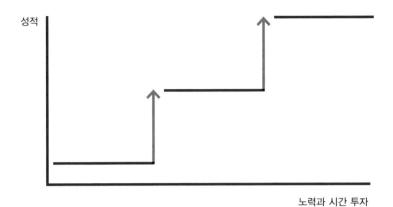

· · ·

정체기? 축하할 일

먼저 내가 변화가 없고 정체되었다고 느끼는 이유에 대해서 한 번쯤 생각을 해보면 좋겠다. 그것은 왜일까? 정말로 변화가 없고 정체되어 있다고 하더라도 공부나 일에 대한 욕심이 없는 사람에게는 그런 감정 자체가 발생하지 않는다. 오르고 싶어 하는 사람에게 평지는 괴롭게 느껴지겠지만, 애초에 그런 생각이 없는 사람에게는 평지는 평지일 뿐인 것이다. 따라서 정체기가 왔다는 느낌이 들 때에는 먼저 자기 자신을 칭찬해주어야 한다. 내가 그와 같은 감정을 느낄 정도로 열심히 몰두하고 있다는 의미이기 때문이다.

· · ·

혹시 다른 사람과 비교해서 내린 결론은 아닌가?

그리고 이후에는 냉정하게 한번 되돌아볼 필요가 있다. 혹시 내가 느끼는 감정이 조바심은 아닌지, 본래 그 일이나 공부가 진행되어야 하는 속도를 내가 아니라 남을 기준으로 잡은 것은 아닌지를 말이다. 만약 다른 사람의 기준으로 내 속도를 평가하였다면 그것은 단순한 조바심에 불과한 것이다. 내가 나를 위한 개인화된 방법을 찾아내고 그 효용을 알게 되는 것 역시 지금 하고 있는 배움의 과정에 포함되어 있다. 나를 남과 비교할 것이 아니라, 어제의 나와 오늘의 나를 비교해야 한다.

· · ·

내 노력의 가치를 믿어야 한다

만약 그러한 조바심도 아니고 내가 나의 속도로 가고 있음에도 정체기를 겪고 있다고 판단된다면, 이제 내가 할 수 있는 것은 내 노력의 가치를 믿는 길밖에 없다. 내가 모든 일의 성취 과정을 가늠하고 그것을 더 앞당길 수 있는 능력을 가지고 있는 것이 아닌 이상, 묵묵히 그 과정을 수행하고 앞으로 나아가려고 노력하는 것 외에는 더 할 수 있는 것이 없기 때문이다. 그리고 그 노력에 값하여 성취와 결과가 주어질 것이기에 내가 할 수 있는 것은 역시 부단히 노력하는 것 외에는 없다.

이렇게 보면 내가 하고 있는 공부나 일에 있어 가장 중요한 것은 나의 노력이라고도 할 수 있겠다. 나는 내가 하는 노력의 가치에 합당한 평가를 내리려고 노력해야 한다. 정체기를 겪고 있다는 것을 인지하고, 그것으로부터 빠져나오기 위해 발버둥치고 괴로워한다는 것은 내가 나의 발전 가능성을, 나의 꿈과 미래를 믿는다는 의미이다. 달리 말하면 나는 나의 꿈과 미래를 위해 이 정체기의 순간 속에서도 여전히 노력을 하고 있는 것이다. 그렇다면 지금의 이 노력이 적어도 내 인생에서는 가장 값지지 않을까? 이 노력이 적어도 내 인생에서는 가장 고귀하지 않을까?

시작부터 끝까지
준비 시기별 불안 관리법

앞서 언급한 불안을 없애고 마음을 다스리는 방법들을 아래에서는 공부나 일의 시기별에 맞춰서 정리해보고자 한다. 공부나 일이 시작되는 단계에서 본격적으로 진행되어 점검하는 단계, 그것을 마무리하는 단계, 성취 이후에 새로운 공부나 일에 착수하는 단계가 일반적인 진행 과정이라고 생각되어 이와 같이 나누었다.

· · ·

공부와 일의 시작 단계

먼저 공부나 일을 시작하는 단계에서의 가장 큰 불안함은 '과연 내가 이것을 할 수 있을까' 하는 마음이다. 이런 불안함은 다른 사람과 나를 비교하는 것, 구체적으로는 나의 실패의 역사 때문에 발생하는 것이다. 이 시기에 필요한 것은 무엇보다도 '용기'이다. 내가 한 걸음도 내딛지 않으면 불안을 느낄 필요도 없는 것 아닌가 생각되겠지만, 더 넓은 시각에서 보면 내 삶에는 전혀 변화나 성취가 없다는 불안이 닥치고 있다. 보폭을 작게 해서 내가 해낼 수 있는 부분에서 조금씩 성취를 이루어내고 성취의 역사를 쌓아가는 것으로 하나씩 불안함을 없애나가자. 그러기 위한 용기, 그것이 이 단계에서 필요하다.

• • •

진행과 점검의 단계

일을 진행하고 점검하는 과정에서는 내가 과연 올바른 방향으로 가고 있는 것인지 하는 생각이 가장 많이 들게 된다. 이 과정에서 불안함을 제거하는 방법은 '성실함'이다. 내가 그동안 투입한 노력과 에너지를 헛되이 쓰지 않는 방법은 내가 느끼는 불안함의 이유를 하나 하나 적어보고 객관적으로 그것을 해결해줄 수 있는 솔루션을 면밀히 찾아보아야 한다. 이 과정에 부리는 용기는 만용이 될 가능성이 높다. 여기서는 한 걸음을 내딛는 것 자체에 의미를 두어서는 안 된다. 그것이 안전한 걸음인지, 올바른 방향으로 좋은 결과를 향해 나아가고 있는지를 성실하게 검증하는 것에 의미를 두어야 한다. 때로 번거로움 내지 귀

찮음이 나를 괴롭히겠지만, 그런 감정들에 잘 양보를 하지 않는 것이 매우 중요하다. 다시 말해 이 단계에서의 불안함은 객관적인 근거와 자료로 없애는 것이고 그것을 하나하나 찾아내는 성실함이 나의 무기가 된다.

• • •
마무리 단계

마무리 단계에서는 아이러니하게도 열심히 노력한 사람만이 불안함을 느낀다는 점을 정확하게 인식해야 한다. 가진 사람만이 잃는 것을 불안해하기 때문이다. 따라서 내가 불안함을 느끼는 것은 내가 그동안 한 노력의 가치를 인정받을 순간이 되었다는 것을 의미한다고 봐야 한다. 이렇게 자신이 올바른 방향으로 나아가고 있고 노력해왔기 때문에 지금의 불안함까지 온 것을 알게 되었다면 이제부터는 '기본적인 것에 집중'을 해야 한다. 너무 많은 요소들을 통제하지 못해서 불안함에 빠질 수 있기 때문이다. 최초에 내가 중요하다고 생각했고 달성하기로 한 것, 그리고 그에 필요한 최소한의 방법 그것들을 남기고 다른 것들은 과감히 버리는 결단이 필요하다. 즉 이 단계에서 불안함을 없애는 방법은 중요하지 않은 것들을 버릴 줄 아는 용기를 갖는 것이다.

● ● ●
새로운 공부와 일에 착수하는 단계

결과를 얻은 이후에 새로운 공부나 일에 착수하게 될 때 가끔 불안함
이 찾아오기도 한다. 내가 종전에 이룬 것은 우연히 얻은 것에 불과했
다거나 별것 아니었다는 생각을 하게 되는 것이다. 그러나 그 운조차
내 실력이 준비되어 있지 않았다면 찾아오지 않았을 것이라고 생각하
자. 내 노력에 정당한 가치를 부여하고 나 스스로의 삶을 사랑해야 한
다. 그 과정에서 새로운 동력을 얻을 수 있을 것이다. 그리고 내가 이룬
것들이 작아도 상관이 없다. 무언가를 이루었다는 사실, 종전의 '이루
지 못한 나'에서 '이룬 나'로 바뀌었다는 그 사실 자체가 큰 의미를 갖
는다. 그렇기에 이 과정에서의 불안함을 극복하는 방법은 과거와 현재
의 나를 비교하고 그 달라진 점을 알아차리는 섬세함을 갖는 것이다.

chapter
07

✕

바로
써먹을 수 있는
정리·인출법

지식의 변비에 걸린
우리

우리는 지식의 정글, 정보가 범람하는 시대에 살고 있다. 지식을 습득하는 과정 자체에 대해서는 —실제 그것이 효율적으로 이루어지고 있는지와는 별개로— 굉장한 익숙함을 느끼고 있는 것이다. TV나 유튜브, 각종 SNS 등은 세상의 모든 지식과 정보라 해도 과언이 아닐 정도로 많은 양을 쏟아내고 있고 우리는 무의식적으로 그것들을 흡수하고 있다.

• • •

머릿속에는 있는데 인출이 안 되는 상태

그런데 여전히 우리는 앎에의 갈망을 느낀다. 그것은 왜일까? 사실 지식이라는 것은 습득 그 자체에만 중점을 두어 내적으로 만족을 하려는 것이 아닌 이상 반드시 쓰이는 것, 즉 아웃풋을 목적으로 한다고 할 수 있다. 그리고 어떤 특별한 상황에 의해 TV나 유튜브, 인터넷 등을 보는 것이 아니라면 내가 그 지식을 보는 목적(아웃풋의 목적)도 굉장히 뚜렷한 편이라고 할 것이다. 그러나 우리는 우리가 습득한 지식들을 제대로 쓰지 못하고 있다. 그렇다면 아웃풋의 방법을 제대로 모르기 때문일까?

그게 아니다. 말하자면 지식의 변비에 걸렸다고 할 수 있는 상황에 있기 때문에 제대로 된 방법으로 아무리 머리에 힘을 주어도 지식이 튀어나오지 않는 것이다. 이러한 과정에 익숙하지 않은 사람들은 대개 '내가 잘 모르는구나'라고 생각을 해버린다. 실제 지식을 흡수했고 그것을 아웃풋하는 방법을 알고 있음에도, 그 지식들이 제대로 정리되어 있지 않아 엉겨 붙어 덩어리가 되는 바람에 머릿속에서 빠져나오지 못하는 상황임을 인식하지 못하는 것이다.

· · ·

핵심은 사고의 정리

그렇다면 어떤 방식으로 이러한 지식의 변비를 해소할 수 있을까? 그답은 '사고의 정리'이다.

얼마 전 아이들에게 각종 직업군을 소개해주는 내용의 예능 프로그램에 출연할 기회가 있었다. 진행자가 변호사, 판사, 검사 등 법조인이 되기 위해서 필요한 중요한 덕목 내지 능력은 무엇이냐고 물었다. 법조인이 되기 위해 필요한 능력으로는 여러 가지가 있을 수 있지만 나는 정리 능력이 매우 뛰어난 사람들이 선택하는, 선택할 수 있는 직업이 법조인이라고 생각한다고 대답하였다. 법조인이라고 하면 무언가를 잘 외우고 말을 잘하는 직업이라는 편견이 있지만, 실은 어떤 지식들을 잘 정리해서 머리에 넣고 꺼내기 좋게 만드는 것을 잘하는 사람들이다. 실제 암기력은 크게 특출하지 않은 경우들도 많다. 나는 이러한 사고 정리법이 비단 법조인뿐만 아니라, 현대를 살아가는 사람들이 지식을 잘 활용하는 데 꼭 필요한 능력이라고 생각한다.

"어떻게 하면 변호사님처럼 말을 잘할 수 있나요?" 이런 질문들도 굉장히 많이 받는다. 내 채널의 유튜브 영상들은 대부분 10분 전후의 길이인데 거의 원테이크로 촬영을 해 내보내고 있다. 그리고 라이브 방송에서도 그때그때 나오는 즉흥적인 질문들에 막힘없이 대답하는 편인데 그 모습을 보고 '말을 잘한다'고 느끼는 것 같다. 이런 질문을 하는 분들은 대개 프레젠테이션이나 토론, 면접시험을 앞두고 있는 분들인데, 나는 이런 답을 드리고 싶다. 말을 잘하는 여러 다양한 기술들은 크게 상관이 없고, 다만 머릿속에 사고를 잘 정리해두는 게 우선되어야 한다고 말이다. 사고가 잘 정리되어 있으면 자연스럽게 말도 잘할 수 있기 때문이다.

이렇게 상대방을 두고 말을 해야 하는 상황이 아닌 경우에도 사고의 정리는 매우 중요하다. 사람은 사소한 것부터 사소하지 않은 것까지 항상 보고 듣고 배우며 살아간다. 그것들을 통해 더 유의미하게 사고와 행동을 바꾸고 가치 있는 삶을 살아갈 수 있다. 그런데 내가 습득한 무엇인가가 내게 영향을 줄 수 있을 정도로 정리가 되어 있지 않으면 사실 그 지식을 아예 습득하지 않은 것과 같은 결과가 된다. 내가 에너지와 시간을 투자했는데 점차로 그것이 0으로 수렴한다면 그것은 어떤 의미에서든 낭비이다. 그러나 반면에 그 습득한 지식들을 조금만 잘 머릿속에 정리하는 습관을 가지고 있으면 그것은 언제든 쓸 수 있는 실용적인 지식으로 바뀐다. 처음 내가 그 지식을 습득한 목적에 값하게 되는 것이다.

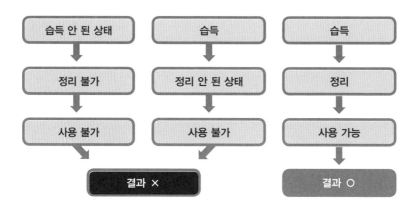

아웃풋이 쉽게 되도록 정리하라

수험생의 경우도 예로 들어보자. 분명히 강의도 열심히 듣고 책도 열심히 읽었으며 문제도 열심히 풀었는데, 막상 실전에 가면 생각만큼 점수가 잘 나오지 않는 경우가 많다. 그런데 억울한 것은 나중에 해답을 보면 분명히 몰랐던 문제가 아니고 충분히 풀 수 있는 문제였는데 틀린 것이다. 이는 한정된 시간 내에 내가 지식을 끄집어내 쓰지 못했기 때문이다. 그리고 그 결정적 이유는 머릿속에 지식이 아웃풋의 용도에 맞게 정리가 되어 있지 않아서이다. 그래서 공부를 잘하는 사람들은 수험 공부 막바지에 교과서를 한 페이지당 2~3초 정도의 속도로 빠르게 읽고 넘어가면서 머릿속으로 아웃풋을 해보고 필요한 지식들을 그때그때 쓸 수 있도록 정리하는 작업을 해둔다. 유명한 '8-4-2-1 공부법'이라는 것이 있는데, 이는 수험생들 사이에서는 누구나 써오던 방법으로 교과서를 읽는 데 드는 시간을 1과목당 8일에서 4일로, 그리고 이틀, 하루로 점차로 줄여가며 아웃풋에 필요한 지식만을 정리하는 방법이다. 물론 방법은 이에 한정되지 않는다. 다음에서 좀 더 구체적으로 실용적인 사고 정리법을 설명하기로 한다.

정리의 목적을
의식하라

예를 들어 내 머리를 컴퓨터라고 생각해보자. 그리고 그 속에는 엄청
나게 많은 파일이 있다. 대략 500개 정도가 있다고 해보자. 그런데 그
파일 중 딱 하나의 파일을 찾아야 하는 일이 생겼다. 외부에서의 요청
때문일 수도 있고 개인적인 필요에 의해서일 수도 있다. 전자가 시험
문제를 풀 때에 해당하고, 후자가 평소 '아 그거 뭐였더라'라며 기억이
나지 않는 때에 해당한다. 가까스로 그 파일을 찾아냈을 때는 이미 제
한 시간이 지난 경우가 많고 이러면 점수를 얻기 힘들고 제때 쓰지 못
해 무용지물이다. '에이 나중에 생각나겠지 뭐'라고 가볍게 넘길 수 있
는 상황들이 있겠지만 그 지식을 위해 쏟은 에너지가 아깝지 않겠는
가. 상대적으로 적재적소에 이야기를 잘하는 사람과 대화하고 난 후

'아 그거 나도 아는 거였는데' 하는 아쉬운 경험이 쌓이다 보면 어느 순간부터는 자괴감이 들 수밖에 없다.

• • •

머릿속 폴더의 이름을 정하라

그런데 그 500개 가량의 파일이 10개의 폴더별로 나뉘어져 들어가 있고, 폴더에는 이름이 붙어 있다고 생각을 해보면 어떻겠는가. 폴더는 내가 나중에 문제를 풀 상황을 생각해서 문제 이름으로 또는 내가 어디선가 말을 하거나 기타의 용도로 사용하는 경우를 상정해 질문 이름으로 정리되어 있다면 어떨까. 아까보다는 훨씬 빠르게 정보를 찾을 수 있을 것이다.

사고 정리에서 가장 핵심이 되는 것은 바로 그것의 사용 목적이다. 시험을 잘 친다든가 말을 잘 한다든가 뭔가 많은 정보를 머릿속에 넣고 있는 것처럼 보이는 사람은 실은 사용 목적에 맞게 정보를 잘 정리해둔 사람일 가능성이 높다. 머리에 500개의 지식을 넣어두고 사용하지 못하는 사람과 50개의 지식이 있지만 필요한 경우에 바로바로 쓸 수 있는 사람 중에서 후자의 사람이 평가자를 비롯해 소통하는 상대방에게 훨씬 더 '많이 알고 있는 것처럼' 보인다. 기대하는 정보가 그때그때 나오기 때문이다. 이 점을 거꾸로 의식하면 결국 사고의 정리는 '상대방이 원하는 바에 따라 정리하는 것'이 1차적인 기준이 된다고 할 수 있다.

2021001.txt   2021011.txt   2021021.txt
2021002.txt   2021012.txt   2021022.txt
2021003.txt   2021013.txt   2021023.txt
2021004.txt   2021014.txt   2021024.txt
2021005.txt   2021015.txt   2021025.txt
2021006.txt   2021016.txt   2021026.txt
2021007.txt   2021017.txt   2021027.txt
2021008.txt   2021018.txt   2021028.txt
2021009.txt   2021019.txt   2021029.txt
2021010.txt   2021020.txt   2021030.txt

폴더로 정리되어 있는 정보

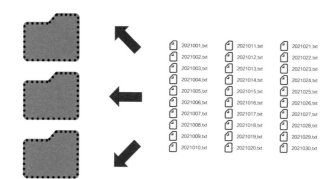

218

문제에 끌려가는 사람, 문제를 핸들링하는 사람

구체적인 경우를 예로 들어 조금 더 상세히 설명해보겠다. 먼저 수험 공부의 경우, 객관식 시험의 문제들은 대부분 다음과 같은 형식을 취하고 있다. "다음 중 ○○○와 관련된 설명으로 옳은/틀린 것은?" 이러한 문제를 접했을 때 문제와 선지를 모두 읽고 그 정오를 하나씩 판단하는 식으로 풀면 좋은 점수를 받기 힘들다. 더 좋은 점수를 받는 사람들은 바로 선지를 보고 질문 자체를 추측해내기 때문이다. 그리고 그 선지들간의 관계를 통해 문제를 읽지 않고도 바로 답을 골라낸다. 이는 평소 공부가 단순히 책을 읽고(입력), 문제를 푸는 과정(출력)에서 그친 것이 아니라, 실제 시험에서 나올 문제를 예상하며 즉 내가 지금 머릿속에 집어넣고 있는 지식이 어떤 상황에서 사용될지를 예상하며 정리하는 과정을 한 단계 더 거쳤기 때문이다.

조금 더 구체적으로 예를 들어보자. 동물의 종류에 대해서 공부를 해야 하고 책에는 포유류, 양서류, 파충류, 조류, 어류 등이 써 있다고 하자. 그리고 5년 연속으로 시험에서 포유류와 그 나머지 동물들을 구별하는 문제가 출제되었다고 하자. 그렇다면 이 경우의 정리는 포유류인 동물들을 묶어두는 것이다. 만약 이런 식의 정리를 해두지 않은 사람은 예를 들어 "다음 중 포유류가 아닌 것을 고르시오"라는 문제와 "① 호랑이, ② 사자, ③ 토끼, ④ 상어"라는 선지를 읽고 그제서야 머릿속에서 포유류가 무엇이었는지, 그 속에는 무엇이 있었는지 그리고 ①, ②, ③, ④의 선지를 머릿속 지식과 하나 하나 비교해가며 정답을 찾으려 한다. 하지만 애초부터 문제를 예상하고 지식을 정리한 사람은 문제를 읽는 것이 아니라 선지에서 ①, ②까지만을 읽고 '이 문제는 종전과 같이 포유류가 아닌 것을 고르는 문제구나'라고 생각하고 곧바로 어류나 파충류, 양서류를 찾기 시작한다. 답이 상어가 되든 이구아나가 되든 그것이 답이라는 점, 그것을 찾게 될 것이라는 점에는 변함이 없다.

문제 예시

문제.　다음 중 '포유류'가 아닌 것은?
　　　　　… … … ④꽁치
문제.　다음 중 원숭이에 대한 설명으로 옳은 것은?
　　　　　… … ③포유류 …

정리가 잘되어 있는 경우

포유류　쥐, 원숭이, 개, 고양이, 호랑이, 양, 말…

어류　상어, 고등어, 꽁치, 정어리, 참치…

정리가 되지 않은 경우

쥐, 꽁치, 원숭이, 고등어, 사자, 정어리, 개, 참치, 고양이, 호랑이, 양, 도마뱀, 말…

실제 이런 류의 문제를 잘 푸는 사람들은 '문제를 읽고 생각하면 이미 틀렸을 가능성이 높다'고 얘기들을 한다. 물론 문제마다 난이도의 차이가 있기 때문에 모든 문제를 이렇게 풀 수는 없다. 다만 가장 낮은 난이도의, 즉 누구나 맞히는 문제로 해마다 나오는 것들에서는 이런 식으로 시간을 아껴야 정말 어렵고 변별력이 있는 문제에서 점수를 얻을 수 있다.

요컨대 문제를 잘 못 푸는 사람에게는 모든 문제가 같은 방식으로 보이겠지만, 문제를 잘 푸는 사람에게는 1초 만에 답이 나오는 문제와 그렇지 않아서 시간 투자를 해야 하는 문제가 구별되어 보이는 것이다. 그리고 이는 지식을 바로 쓸 수 있는 형태로 정리해두었기 때문에 가능한 것이다.

· · ·
실용적인 공부만이 의미가 있다

업무에서는 어떤지 살펴보자. 비교적 시간적 제약이나 아웃풋의 압박으로부터 자유로운 보고서 등 문건을 작성하는 경우에는 그때그때 필요한 지식을 찾아쓰는 방식으로 일을 하면 된다. 실제 여기서는 풍부한 리서치와 검토, 적재적소에 정보를 넣는 것이 더욱 중요한 기준이 되기 때문에 바로 지식을 빼서 쓸 수 있는가는 2차적인 기준이 된다고 할 수 있을 것이다. 하지만 발표나 대면 보고 등 제한된 시간 내에 필요한 정보만을 전달(아웃풋)하는 경우에는 마찬가지로 지식의 정리가 중요하다. 이때는 상대방으로부터의 질문에 어떻게 잘 대처하는가가 내 업무의 결과를 평가하는 기준이 되기 때문에 지식을 미리 사용 가능한 형태로 정리해두어야 하는 것이다. 무엇보다 예상되는 질문을 추출해 보고 그에 대한 답을 스스로 미리 내려보는 것으로 지식의 정리가 충분히 이루어져야 한다.

이런 관점에서 보면 얼마나 많은 수험생들이 인풋에만 치중하고 아웃풋이나 지식을 사용 가능한 형태로 만들어두는 것에 무관심한지 모른다. 오히려 업무를 하는 사람들은 모든 것이 실전이기 때문에 이러한 방식의 사고에 훨씬 익숙하고 공부를 실용적으로 접근하고 있는데, 공부를 업으로 삼는 수험생들은 어떻게 보면 더 공부를 실용적으로 접근해야 함에도 그러지 못하고 '공부만' 하고 있는 경우가 많다. 아이러니가 아닐 수 없다.

정리의 타이밍도
중요하다

다음부터는 이미지로 정리를 하는 법이라든가 사고의 방아쇠를 만드
는 법, 즉 정리의 구체적인 방법에 대해서 설명을 할 것인데, 그러한 구
체적인 정리법에 앞서 어느 시기에 정리를 해야 적합한지에 대해 먼저
설명을 하기로 한다. 앞서 시간의 개념에는 템포와 타이밍이 있고, 빠
른 템포의 공부를 기본으로 적절한 타이밍의 공부가 이루어져야 성과
가 난다고 했다. 그 연장선에서 '정리'를 살펴보자.

입력과 동시에 정리하라

일반적으로는 새로운 지식이나 정보를 입력하고 이해를 한 후에 정리를 한다고 생각할 것이다. 나도 앞서 서두에서 공부 테크트리에 대해 설명하면서 이해와 정리를 같은 항목에 배치했다. 하지만 이는 내용에 대한 이해를 돕기 위해 편의상 배치한 것일 뿐, 정확한 것은 아니다.

결론부터 말하자면 정리는 지식의 입력 순간부터 그 입력된 지식을 출력하여 사용해보고 점검하는 전체 과정에 있어 지속적으로 이루어져야 한다. 즉 정리의 시작점은 지식을 입력하는 그 순간부터라는 것이다.

다시 한번 비유해서 설명해보겠다. 내 머리를 컴퓨터, 하드 드라이브라고 한다면 어떤 책을 읽는 것은 텍스트 파일을 머리로 복사하는 행위에 해당한다. 그리고 강의를 듣는 것은 음성 파일을 머리에 저장하는 것이고, 복습을 하거나 교재를 읽는 것은 그것을 텍스트 파일로 바꾸어 저장하는 것이다. 강의를 열심히 들었는데 복습을 하지 않으면 실제 지식이 날아간다기보다는 찾을 수가 없게 되는 것이라는 점을 기억해두자. 강사의 음성이나 변환이 쉬운 농담은 바로 기억이 나지만(=찾을 수 있지만), 어려운 이론이나 설명 등이 잘 기억나지 않는 것은(=찾을 수 없는 것은) 이런 이유 때문이다.

그런데 더더군다나 텍스트 파일이나 음성 파일을 컴퓨터에 복사할 때 아무런 하위 폴더를 만들어놓지 않고 그대로 전체 폴더에 저장하면 나중에 필요할 때 원하는 파일을 찾기가 매우 어렵다. 여행을 다녀와서 사진첩 정리를 하는 경우에 느꼈던 고통을 떠올려 보면 쉽게 이해될 것이다. 반면에 미리 컴퓨터에 폴더를 만들어두고 그 폴더별로 파일을 저장한다면 나중에 수고를 훨씬 줄일 수 있다.

• • •
목차가 바로 폴더명

그렇다면 폴더는 미리 어떻게 만들어두어야 하는가? 넓은 의미로 예습을 하는 작업이 이에 해당한다. 예습이라고 하면 지식을 입력하기 위한 준비 작업 정도로 생각을 하는 경우가 많은데 실제 그것이 어느 정도로 어떤 범위에서 이루어져야 하는지에 대해서는 누구도 속시원하게 설명을 하지 못한다. 수험 공부를 예로 들어보면 교과서를 미리 읽어보고 가라는 식으로 얘기를 하는데, 성향에 따라 차이는 있겠지만 이미 수업 시간에 할 것을 다 공부해오는 경우도 있고, 그야말로 활자만 읽고 들어가는 경우도 있다. 예습의 개념을 하나로 정하는 것은 불가능하고 불필요한 일이겠지만, 적어도 공부의 전반적인 과정에서 '미리 지식을 저장할 폴더를 만들어두는 것'으로 이해하고 있으면 좋다.

그리고 이 폴더를 미리 만들어두는 것은 교재의 경우에는 이미 주어져 있는 목차를 활용하는 방식이 가장 쉽다. 어떤 세미나나 토론회,

회의 등에 참가하는 경우에도 미리 안건이나 세부 주제 등을 파악하고 항목을 만들어가면 된다.

• • •

'필기=정리'는 큰 착각

예습 단계를 넘어 본격적으로 지식을 획득하는 단계에 들어가서는 미리 폴더만 잘 만들어져 있다면 지식을 배치하는 데 큰 어려움이 없다. 이 단계에서 오히려 중요한 것은 지식을 잘 걸러내는 것이다. 학교나 학원에서 선생님이나 강사님이 강의 중에 끝도 없이 가지를 뻗어나가는 식으로 설명을 하는 경우가 있다. 이 중에서 어떤 부분을 정리해야 할까? 해답은 '책에는 나와 있지 않은 것'이다. 책이라는 텍스트 파일과 강의라는 음성 파일이 중첩되지 않도록 미리 분별을 해두는 것이다. 책에 나오는 것들을 다시 읽는 과정에서는 에너지를 소모하지 않는 것이 좋다. 에너지와 시간은 한정되어 있기에 이 부분에서 가장 중요한 것은 '지식의 중복'을 막는 것이다. 그리고 그 방법으로 '텍스트와 중복되는 음성을 걸러내는 것', 즉 그 부분을 필기하거나 해서 시간과 에너지를 낭비하지 않는 것이 핵심이다.

일본에는 학창 시절부터 모든 시험에 1등을 한 공부계의 전설이 있다. 야마구치 마유라는 일본의 변호사인데, 그 분이 쓴 책에 이런 취지의 말이 나온다.

"수업 시간에 열심히 듣고 필기하는 것은 사실 선생님에게 잘 보이기 위한 행동에 불과하다."

나는 이 말에 전적으로 동의한다. 학창 시절을 되돌아 보거나, 현재 내 법학 강의를 듣는 학생들을 살펴봤을 때 책에 나오는 말을 불필요하게 다 필기하는 사람들이 있었다. 하지만 그것은 '정리'라는 과정의 중요성을 인식하지 못했기 때문에 불필요하게 에너지를 낭비하는 것에 불과하다.

그리고 이러한 정리 습관은 토론이나 회의, 대화에서 상대방의 말을 정확하게 이해하는 데 있어서도 큰 도움이 된다. 나는 대화를 할 때 항상 상대방의 말을 요약해서 듣는 습관을 가지고 있다. 굳이 외국어 듣기 시험 같은 것을 떠올리지 않아도 한국말조차 그것을 모두 기억하는 것은 불가능에 가깝다. 따라서 나는 대화의 목적에 따라 조금씩 차이는 있겠지만 애초에 상대방의 말 중에 중요한 부분을 제대로 이해하고 머리에 남기려고 한다. 뭔가 얘기를 들었는데 무슨 말인지 모르겠다는 것은 상대방이 이야기를 잘못한 원인도 있겠지만, 내가 제대로 머릿속에 정리를 하며 듣지 못한 원인도 있는 것이다.

· · ·
더하는 것이 아니라 덜어내는 것

이 이후의 단계에서의 정리, 즉 어느 정도 지식이 머릿속에 들어온 이후의 정리가 우리가 생각하는 정리의 개념에 들어맞는다. 이 단계에서는 다음부터 살펴 볼 이미지로 정리하는 방식이나 사고의 방아쇠를 만드는 방식으로 정리를 하면 된다.

그리고 마지막으로 점검 과정에서의 정리는 한 번 더 불필요한 정보를 걸러내고 지우는 방식으로 이루어져야 한다. 평가 과정을 미리 상정해서 필요한 정보들을 꺼내어 보는 연습을 하고, 불필요한 정보를 지워나가는 것이다. 내가 알고 있는 한 사법시험 합격자는 시험 막바지에 불필요한 내용을 화이트로 지워가며 공부를 했다고 한다. 물론 각자 공부 스타일에 따라 이런 방식을 취하지 않을 수는 있겠지만, 그 목적과 원리는 같다. 예상되는 아웃풋과 관련이 없는 정보를 최대한 지울 수 있을 만큼 지우는 게 중요하다.

텍스트보다 이미지로
정리하라

우리가 흔히 말하는 기억력이란 사실 재현 능력에 해당한다. 정말로 무언가를 완벽하게 기억하는 것이 아니라, 마치 그것을 기억하고 있는 사람처럼 재현해내는 것이 더욱 중요하다는 뜻이다. 이쯤 되면 모든 인풋은 아웃풋을 목적으로 해야 함을 알게 되었을 것이다. 마찬가지다. 무언가를 머릿속에 반드시 기억하려 애쓰기보다 평가를 받을 때 마치 기억하는 것처럼 잘 재현한다면 그것을 실제 기억하는 사람처럼 좋은 평가를 받을 수 있다.

그 평가를 하는 사람이 외부인인 경우에는 특히 평가 자체도 제한된 시간을 가지고 한정적으로 이루어질 수 밖에 없다. 그 평가자가 내 머릿속으로 들어와 정말로 그 지식을 취득하고 입력했는지 볼 수 있는 방법은 적어도 현재로는 전혀 없기 때문에 '으레 이 부분을 알고 있다면 맞힐 수 있는 것'을 질문으로 바꾸어 평가를 한다. 그렇기에 실제 무언가를 외우는가가 중요한 것이 아니라, 외우는 것처럼 재현해내는 게 훨씬 중요한 것이다.

• • •

가장 쉬운 기억법은 이미지로 재현해내는 것

무언가를 재현해내는 것에는 여러 가지 방식이 있다. 무엇보다도 이 다음에 살펴볼 '사고의 방아쇠'가 중요한 도구이지만, 이미지를 통해 기억하고 재현해내는 방식 역시 중요하다. 활자를 외우는 것보다는 어떤 형상이나 색깔 등의 이미지를 기억하는 것이 훨씬 간편하고 효율적인 방법이기 때문이다.

옆 페이지에 실린 코끼리 그림을 기억하는 것과 코끼리에 대해서 설명하는 글을 외우는 것 중에 무엇이 더 쉬울까? 대부분의 사람이 그림을 기억하는 것이 쉽다고 느낄 것이다. 그런데 우리가 활자를 외우는 것을 고집하는 이유는, 어떤 지식을 습득할 때 그 책의 저자가 당연히 나보다 전문가일 테니, 내 방식으로 정리하는 것보다 더 완성도 있고 아웃풋에 맞게 정리했으리라 생각하기 때문이다. 예를 들어 그냥 코끼리 그림만을 기억한 사람에게 무엇인지 설명해보라고 하면 '이빨이 엄청 크고 덩치가 크고 회색 동물이다'라는 정도로 설명을 할 것인

"코끼리의 몸 표면에는 굵은 털이 전체에 조잡하게 나 있으며, 꼬리 끝에는 줄 모양의 긴 털이 나 있다. 몸을 지탱하기 위한 다리는 굵은 원기둥 모양이며 특히 무릎이 아래쪽에 있기 때문에 무릎을 꿇고 앉을 수 있다. 발에는 두툼한 판이 있어서 쿠션 구실을 한다. 코끼리 발은 몸무게 때문에 디디면 펴지고, 들면 오그라든다. 그래서 진흙땅에서도 쉽게 발을 옮길 수 있다. 발굽의 수는 앞발 뒷발 모두 5개의 발가락 수와 일치하지 않아서 앞발이 4~5개, 뒷발이 3~4개이다."

데, 그것이 예를 들어 논술이나 구술시험에서의 평가 또는 상대방을 전문적으로 만족시켜야 하는 경우엔 적합하지 않다고 느끼는 것이다.

그러나 무언가를 머릿속에 '저장'하는 것과 그 저장된 기억을 바탕으로 '설명'하는 것은 전혀 다른 차원의 문제이다. 즉 전자는 인풋에, 후자는 아웃풋에 해당한다. 따라서 코끼리 그림을 기억하면서 동시에 '① 코끼리의 색깔을 이 책에서는 '짙은 회색'이라고 하는구나 ② 코끼리의 큰 이빨을 '상아'라고 하는구나 ③ 코끼리의 몸은 몸통이라고 하는구나' 이런 식의 아웃풋 방식을 함께 기억해두면, 머릿속에 코끼리를 떠올리고 적절한 단어를 통해 아웃풋할 수 있게 된다. '코끼리는 매우 짙은 회색의 매우 큰 몸통을 가지고 있는 동물로, 한 쌍의 상아를 가지고 있다'라는 식으로 표현을 할 수 있는 것이다.

그렇기에 무언가를 기억할 때 일단 이미지로 기억해두고 그것을 적절하게 아웃풋해낼 수 있는 방법을 동시에 기억해둔다면 인풋과 아웃풋을 동시에 잘할 수 있게 될 것이다.

간단한 일화를 하나 소개하기로 한다. 나는 사람 이름을 잘 외우지 못하는 편이다. 그런데 내가 친한 연수원 동기의 남편과 한 직장에서 일할 기회가 있었고, 그분의 이름을 외워야 했었다. 그분의 이름은 '우용'이었는데, 나는 빗속에서(雨) 용이 날아다니는 이미지로 기억을 했다. 물론 그분의 이름에 이런 한자를 쓰지는 않을 수도 있겠지만, 내게 필요한 아웃풋은 그분의 이름을 정확하게 발음하는 것이었지 그 뜻까지 알아서 기억하는 것은 아니었다.

· · ·

목차간의 관계를 이미지로 만들 것

이런 방식은 책을 읽을 때에도 마찬가지로 적용할 수 있다. 나는 학창 시절 공부를 할 때부터 이렇게 이미지로 정리하는 방식을 적극적으로 활용해왔고 이제는 습관이 되어 문학책을 제외하면 어떤 책을 읽어도 이렇게 이미지를 만들어 기억하는 습관을 갖게 되었다. 가장 손쉬운 방법은 일단 책의 뼈대를 추출하는 것이다. 책의 뼈대란 저자의 전체적 생각의 중심, 즉 목차에서 드러난다. 목차가 있는 부분은 형광펜이나 볼펜으로 표시를 하고, 없는 부분은 해당 단락을 요약해서 만들어

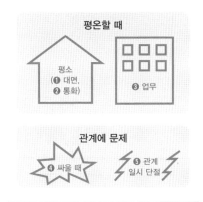

1. 품위 있게 말하는 방법
❶ 일상 대화에서
❷ 통화 중에
❸ 회의 중에
❹ 불가피하게 싸우는 경우
❺ 오랜만에 만난 경우

낸다. 그리고 이 목차들의 상관관계를 생각해서 간단한 이미지로 만든 다. 가장 쉽게 활용할 수 있는 이미지가 바로 '원칙'과 '예외'이다. 많은 글에서 쓰이는 전개 방식이기 때문에 이것만 잘 기억해두어도 웬만한 글들은 쉽게 정리를 할 수 있다.

참고로 이상에서 설명한 이미지로 기억하는 방식은 고대 그리스 시절부터 활용되어 온 '기억 궁전법'이다. 머릿속에 기억 궁전이라는 가상의 공간을 만들어두고 새로운 지식들을 내가 익숙한 이미지로 바꾸어 기억하는 방식으로, 세계 기억력 챔피언십에서 수상하는 사람은 모두가 활용하는 방식이다. 관심이 있는 분들은 이에 관한 전문 서적 등을 찾아보면 되겠고, 내 첫 번째 책에도 수험 과정에 적용하는 방법을 소개하고 있으니 참고할 수 있기 바란다.

정리의 주체는
내가 되어야 한다

대부분 시간적인 제약 때문이겠지만, 내가 어떤 지식이나 정보를 직접 정리하기보다는 이미 존재하는 다른 사람들의 정리물을 활용하는 경우가 많다. 하지만 어느 경우든 정리의 주체는 내가 되어야 한다. 그래야만 그 지식이나 정보가 진정으로 내 것이 된다.

이는 앞서 말한, 기억력은 사실 재현력이라는 것과도 관계가 있다. 누군가가 재현하기 쉽게 만들어둔 것을 취득하는 것이 중요한 것이 아니라, 내가 스스로 나중에 그 지식이나 정보를 재현할 과정을 생각하며 그 중 필요한 것을 추리고 이미지로 만드는 정리 과정이 있을 때에만 제대로 재현이 되기 때문이다.

일을 하다 보면 전임자의 인수인계서나 업무 관련 메모 등에 접하게 되는 경우가 있는데, 실제 그 내용을 알게 되는 것은 내가 직접 그 일을 해보고 마찬가지의 카테고리로 사고를 할 수 있게 된 때부터이다. 그 경우에 타인이 해둔 정리는 내가 정리를 함에 있어 방향 지시를 해준 것에 불과하고 역시 지식과 정보를 정리하는 것은 다름 아닌 내가 된다.

$$\bullet \; \bullet \; \bullet$$

정리가 잘된 얇은 책, 정말 좋을까?

정제된 지식이 사용되고 수시로 아웃풋이 일어나는 업무의 경우보다 내가 정리의 주체가 되어야 한다는 명제의 중요성은 수험 공부에서 더욱 도드라진다. 두꺼운 교재로 공부하는 경우에는 대체로 그것을 스스로 요약하는 방식으로 정리를 하게 되는데, 이때 다른 사람이 내어 준 정리 자료(예를 들어 밑줄 자료)만 이용하거나 수업 시간에 선생님이나 강사님이 중요하다고 줄 치라고 한 부분만 정리하는 행동만 하지 않으면 된다. 이 부분은 뒤의 '사고의 방아쇠' 부분에서 조금 더 설명을 하기로 한다.

반면에 좀 더 일반적인 경우, 학원 교재나 요약서와 같이 양이 매우 적은 교재를 사용하는 경우에는 쓰여 있는 말들을 다시 한 번 생각해서 내 머릿속에서 재정리하는 방식과 책에서 빠진 정보들을 보충하는 방식으로 이루어져야 한다. 이 경우에 요약서만을 달달 외우려고 하는 것은 공부에 있어 큰 아이러니를 초래한다. 이 경우는 내가 지식을 정리한 것이 아니기 때문에 그 얇은 것을 아무리 외워도 잘 외워지지 않는, 정확히는 재현이 되지 않는 문제가 발생하기 때문이다. 즉 '요약서가 얇다고 생각해서 선택했는데 너무 외울 것이 많다'는 자체 모순에 빠지게 된다. 따라서 요약서로 공부를 할 때에는 반드시 문제 풀이나 다른 지식과의 비교 등을 통해 다시 그 지식을 내면화시키는 작업이 필요하다. 대부분 공부가 악순환에 빠지는 이유는 아웃풋 과정을 통한 지식 체화가 없이 이 얇디 얇은 책을 제대로 기억하지 못하는 자기 자신에게 실망해서 인풋만을 무한하게 반복하기 때문이다.

· · ·

남이 정리한 것은 절대 내 것이 되지 않는다

특히 앞서 설명한 이미지로 정리하는 방식과 관련해서 꼭 주의를 주고 싶은 것이 하나 있다. 수험가, 특히 공무원 시험 분야에는 책의 거의 모든 사항이 표로 만들어진 책들이 있다. 하지만 앞서 내가 말한 내용을 주의 깊게 읽은 분들은 그러한 책들이 사실 효용성은 제로라는 사실을 쉽게 알 수 있을 것이다. 표나 이미지라는 것은 실상 그것을 압축하고 기억하는 과정에서 내가 이미지를 선정하고 그 이미지를 풀어서 재현해내는 방식을 함께 기억했을 때에만 재현의 도구로 사용될 수 있기 때문이다. 쉽게 말하자면, 그 표를 만든 사람은 그 표를 기억할 수 있지만, 그 표만을 나중에 본 사람은 그 표를 기억하기가 어렵다.

이상을 간단히 정리해보자. 정리의 주체는 내가 되어야 하고 그 과정에서 타인이 정리한 결과물을 참고할 수는 있다. 그러나 그 경우에도 내가 그 정리물을 재차 머릿속에 정리하면서 나의 경우에도 마찬가지로 정리가 되는지를 비교해보아야 한다. 그렇지 않은 경우에는 그저 다른 사람의 정리물을 보아 마음이 만족스럽다는 결과만이 남을 뿐임을 기억하자.

한 곳으로 모아
정리한다

성인 수험가에서는 단권화라는 것이 있다. 수능 공부를 하는 분들이나 수험생이 아닌 분들에게는 생소한 개념일 것이다. 이 단권화라는 것은 쉽게 말하면 여러 권의 교재 중 한 권으로 모든 지식을 모으는 것을 의미한다.

왜 그렇게 해야 하냐고 반문할 수도 있겠다. 하지만 성인을 대상으로 한 수험가에서는 EBS 문제집과 같은 책들이 존재하지 않는다. 어떤 책을 기초로 시험이 출제되는지에 대해서는 전혀 공인된 바가 없다는 것이다. 따라서 시험에 나올 수 있는 것들을 모두 모을 필요가 있고, 그 과정에서 단권화라는 개념이 쓰일 수밖에 없다.

그러나 단권화를 이렇게 물리적인 개념으로만 좁게 이해할 것만은 아니고, 수능 준비를 하거나 수험과 관련이 없는 경우에도 단권화의 개념은 유용하고 또 필요하다. 여기서 중요한 것은 단권화라는 단어가 아니라, 어느 한 지점에 지식이 모여 있는 상태를 만드는 게 핵심이다. 즉 '사고를 한 지점으로 모으는 것'이 훨씬 중요한 개념이다.

• • •

같은 것을 여러 곳에 나누어 기억하는 것은 비효율적

어떠한 교재를 보고 그 교재를 기본으로 하는 강의를 듣는데, 강사님이나 선생님마다 표현이 조금씩 다르거나 없는 부분을 설명하는 경우가 있다. 그 표현이 다른 게 실은 같은 것을 달리 설명한 것에 불과하다면, 하나의 기준에 따라 정리가 되어야만 불필요한 지식이 중복되어 쌓이는 것을 막을 수 있다. 그리고 책에 나오지 않는 부분들도 내가 다시 그 강의를 열어서 음성을 확인하는 게 얼마나 비경제적인지 안다면, 그때그때 내가 주되게 볼 교재에 '모아두어야' 하는 것이다.

이것은 강의를 들을 때뿐 아니라 문제집을 풀 때에도 마찬가지이다. 수능을 준비하는 학생들을 비롯해서 대부분의 수험생은 이 부분을 제대로 하지 못하기 때문에 공부를 아무리 많이 해도 점수가 나오지 않는다. 문제를 풀고 나서는 반드시 내가 주되게 삼은 교재나 지식을 통해 다시 그 문제 해설을 분석해야 한다. 내가 즐겨 쓰는 표현으로, '색이 다른 정육면체를 서로 다른 방향에서 보는 것이 교재와 문제집이

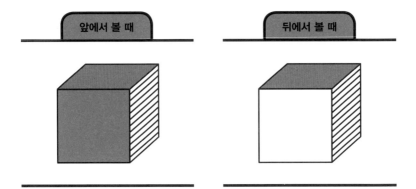

다'라는 것이 있다.

　사실은 교재의 핵심 정리와 문제집의 해설은 같은 것을 서로 다른 각도에서 본 것에 불과한데, 이것들을 이어주는 작업을 하지 않는 경우에는 같은 지식이 머릿속에 흩어져서 저장이 되고, 결국 사고의 변비를 불러일으키게 된다.

　불필요한 정보를 취득한다는 것은 서로 다른 정보 중 불필요한 것이 섞여 있다는 의미일 수도 있지만, 하나의 정보를 불필요하게 다르게 인식하였다는 의미일 수도 있다. 특히 요약서 같은 것들을 통해 공부를 오래한 분들, 지문집 같은 것들을 교재로 삼아 공부한 분들이 이런 문제를 자주 겪고, 해설을 제대로 읽지 않고 문제만 풀고 틀렸는지 여부만을 체크하는 분들, 그 해설에 적힌 것과 핵심 정리 등을 일치시켜 이해하려는 노력을 하지 않은 분들이 대부분 이런 부분에서 어려움을 느끼고 악순환에 빠지게 된다.

가장 쉽게, 자주 접하는 곳에 정리하라

책을 쓰지 않고 컴퓨터나 노트북, 태블릿을 쓰는 경우에는 어떤 식으로 사고의 집중이 이루어지면 될까? 이 경우에는 바탕화면이나 잠금 화면을 적극적으로 활용하라고 권하고 싶다. 내가 공부해야 할 내용들, 습득해야 할 내용들을 이미지로 만들어 언제나 가장 쉽게 접근할 수 있고 가장 빈번하게 접근하는 곳에 심어두는 것이다. 컴퓨터나 노트북, 태블릿의 경우 어떤 화면을 가장 자주 볼까? 이에 대한 답을 생각해보면 그곳이 바로 지식과 정보를 집중하기에 적당한 곳이라는 사실을 알 수 있다. 바로 컴퓨터나 노트북을 사용하는 경우는 바탕 화면이 될 것

이고, 태블릿의 경우에는 잠금화면이 될 것이다. 실제 나는 회사에서 직원들과 함께 외국어 공부를 하면서 공부하고 정리한 내용들은 이미지 파일로 만들어 바탕화면으로 쓰도록 권하고 있다(악독한 사장님인가?). 이를 통해 무의식적이고 자연스러운, 그러면서도 빈도가 높은 공부를 할 수 있기 때문이다.

여기서 사용한 도구는 바탕화면이라는 공간이지만, 그 바탕에는 내가 공부한 것들 중에서 반드시 기억에 남겨야 할 것을 한 곳으로 모은다는 '사고의 집중'의 개념이 깔려 있다.

사고의 방아쇠를
만들어둘 것

사고의 정리와 관련된 가장 핵심적인 전제는 바로 인간의 두뇌, 지식을 저장할 수 있는 공간이 유한하다는 것에 있다. 물론 정확히는 어떠한 지식이 정말로 저장되어 있다는 것과 그것을 빼내어 쓰는 것은 구별되기 때문에, 지식의 저장 공간이 유한하다는 의미라기보다는 아웃풋의 속도와 분량이 유한하다는 의미로 바꾸어 이해할 수 있을 것이다.

앞서 예고를 몇 번 했는데, 지식의 변비를 해소하는, 아웃풋을 빠르게 만들어내는 가장 핵심적인 방법은 바로 '사고의 방아쇠'를 만들어 두는 것이다(방아쇠는 영어로 '트리거(trigger)'라고 하므로 이하에서 혼용해서 쓰는 경우에도 마찬가지로 이해하길 바란다).

머릿속에서 원하는 정보를 빠르게 찾아내는 방법

예를 들어서 설명하기로 한다. 빨간색의 동그란 원이 하나 있다고 해보자. 무엇이 떠오르는가?

빨간색 동그란 원

어떤 사람은 신호등의 빨간 불을 떠올릴 것이고, 어떤 사람은 루돌프의 빨간 코를 떠올릴 것이다. 이 두 사람은 '빨간 동그라미'라는 매개체를 통해 서로 다른 기억에 접근했다.

즉 '빨간 동그라미'가 내 머릿속에 저장된 기억을 더듬어 그와 관련된 정보를 찾아내는 사고의 방아쇠가 된 것이다.

수많은 정보들 중에서 빠르게 원하는 정보를 찾아내기 위해서는 이 사고의 방아쇠를 선별해서 기억하는 습관을 만들어두어야 한다. 머릿속에 저장되어 있는 많은 정보 중에 이 '사고의 방아쇠'를 건드리면 그와 관련된 정보들이 쭉 따라 나오게끔 만들어두는 것이 중요하다.

• • •
구조화 독서법의 '컬러링'과 '트리밍'

그렇다면 이 '사고의 방아쇠'는 어떻게 만들면 될까? 이는 지식을 습득하고 가상으로 아웃풋을 내보는 과정을 반복함으로써 얻을 수 있다. 어떤 서술이나 말, 음성이 있을 때 어떤 부분을 떠올리면 관련된 정보들이 연결되어 나오는지 스스로 시간을 들여 정제하는 작업을 반드시 거쳐야 한다는 말이다. 이는 어떤 지식을 머릿속에 집어넣은 직후에는 잘 되지 않고, 반복해서 내 사고를 테스트해보고 재현하는 과정을 거친 후에야 비로소 정제가 된다.

책을 가지고 공부를 하는 경우를 예로 들면, 책을 읽은 이후에 밑줄을 치거나 형광펜으로 표시하는 과정이 바로 이 사고의 방아쇠를 만드는 과정에 해당한다. 내가 만든 5단계의 '구조화 독서법'에서는 '트리밍'이나 '컬러링'에 해당하는 부분이다. 따라서 이 부분에서 다른 사람이 밑줄 그은 것을 책으로 만든 이른바 '밑줄 자료'나 선생님이나 강사님이 중요한 곳이라며 줄을 치게 한 부분은 적어도 사고의 방아쇠를 만든다는 측면에서는 전혀 효용이 없다. 그것을 제대로 활용하고자 한다면 그 밑줄을 바탕으로 나도 같은 밑줄을 치게 되는지 반드시 점검해보는 과정이 필요하다. 사고라는 것은 사람마다 모두 다르기 때문에 그것을 끄집어내는 사고의 방아쇠도 각자 다를 수밖에 없는 것이다.

• • •

사고의 방아쇠를 만드는 방법

좀 더 구체적으로, 내가 책을 읽으면서 사고의 방아쇠를 만드는 과정을 간단하게 설명해보기로 한다. 나는 공부를 위한 교재를 읽든 자기 계발서를 읽든 항상 이런 식으로 정리를 하며 읽는 습관을 가지고 있다.

① 먼저 읽고자 하는 부분의 큰 목차 개수를 센다. 이 과정을 통해 내가 머릿속에 넣을 지식이 몇 개의 폴더에 담기는지를 확인한다. ② 이후에 세부적인 내용을 읽으며 요약을 한다. ③ 내가 요약한 부분을 저자가 본문에서 어떻게 표현하고 있는지를 찾고, 해당 부분에 연필로 밑줄을 친다. ④ 만약 긴 글임에도 소목차가 존재하지 않는 경우, 즉 내 요약의 결과가 책에 표현되어 있지 않은 경우에는 내가 요약한 것을 적어서 목차로 만든다. ⑤ 이렇게 읽을 부분을 다 읽은 후에 머릿속으로 전체 구조를 생각한다. 반드시 머릿속으로만 생각을 해야 한다는

또 중국에서는 남첨북함南甛北咸이라는 표현도 있습니다. 남방에서는 달게 먹고, 북방에서는 짜게 먹는다는 뜻입니다. 일조량이 많아 사탕수수가 많이 나는 남방 지역에서는 제당 기술이 발달하였고, 여러 음식에 설탕을 많이 넣어 먹습니다. 부의 과시였죠. 지금도 장쑤, 상하이, 광둥 지역의 요리는 단맛이 강하기로 유명합니다.

_《참을 수 없는 중식의 유혹》 중에서

머릿속의 사고

(1) 사고의 정리

남쪽 → 달게 먹음 → 왜? → 사탕수수 많음 → 비싼 설탕 많음 → 부자 동네 ○
북쪽 → 짜게 먹음 → 왜 → (추측) 사탕수수 없음 → 비싼 설탕 적음 → 부자 동네 ×

(2) 사고의 방아쇠와 결과물 나누기

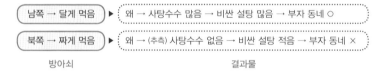

남쪽 → 달게 먹음 ▶ 왜 → 사탕수수 많음 → 비싼 설탕 많음 → 부자 동네 ○

북쪽 → 짜게 먹음 ▶ 왜 → (추측) 사탕수수 없음 → 비싼 설탕 적음 → 부자 동네 ×

방아쇠   결과물

사고의 방아쇠 표시

또 중국에서는 **남첨북함**南甛北咸이라는 표현도 있습니다. 남방에서는 달게 먹고, 북방에서는 짜게 먹는다는 뜻입니다. 일조량이 많아 사탕수수가 많이 나는 남방 지역에서는 제당 기술이 발달하였고, 여러 음식에 설탕을 많이 넣어 먹습니다. 부의 과시였죠. 지금도 장쑤, 상하이, 광둥 지역의 요리는 단맛이 강하기로 유명합니다.

의미가 아니라, 머릿속에 정리된 바를 남기되 책을 수시로 앞뒤로 넘겨가며 커닝을 해도 좋다는 의미이다. ⑥ 이후에 방금 읽은 부분을 한마디로 무엇이라고 설명할 수 있을지 스스로에게 묻는다. ⑦ 거기서 나온 답이 밑줄 친 부분 중 또는 가필한 부분 중에 있는지를 찾는다. ⑧ 그렇게 찾은 것이 여러 개가 될 경우 다시 그것들을 묶을 수 있는 단어가 무엇인지를 생각한다. ⑨ 그렇게 생각한 단어에 형광펜을 칠해서 사고의 방아쇠로 만들어둔다.

보통 이러한 과정을 모두 포함해서 공부를 하는 것이 특히 고등고시 준비에서 많이 사용된 '회독법'이다. 앞서 설명한 '8-4-2-1' 공부법도 이 회독법에 속하는데, 포인트는 한 번 책을 읽는 과정에 소요되는 시간을 줄여나가며 지식을 정제하고 그 중에 사고의 방아쇠가 되는 부분을 남기는 것이다. 일본에서는 이 방식을 '기억 꺼내기'라고 부르는 경우도 있는데, 마찬가지의 원리를 바탕으로 한 것이다.

· · ·
말하기에 활용하는 방법

활자화된 교재나 책을 중심으로 사고의 방아쇠를 만드는 방법을 주로 설명했는데, 이것은 논술이나 구술시험 또는 말하기에서도 굉장한 효과가 있다. 실제 나는 유튜브 채널을 운영하기도 하지만 외부에서 방송 출연을 하는 경우도 종종 있다. 그때마다 대본을 거의 통째로 외워서(정확히는 그렇게 보이게끔 재현해서) 작가나 피디 분들이 그 방법이 무엇인지를 물어보는데, 이 역시 사고의 방아쇠를 잘 정리하는 습관 때문이다.

세부적인 방식은 설명을 해두었으므로 어떤 식으로 바꾸어 적용하는지를 간단히 설명하기로 한다.

① 대본을 전체적으로 훑으며 같은 주제나 단어로 묶을 수 있는 것들을 찾는다. 책과 달리 열악한 방송 현장에서 비교적 짧은 시간에 쓰여진 대본에 완벽한 체계나 지식의 정서를 기대하는 것은 비현실적이다. 따라서 그것을 같은 것은 같은 것끼리, 다른 것은 다른 것끼리 정리를 해보는 것이다. ② 이후 질문과 답변 내용을 천천히 읽어본다. ③ 모두 읽은 후에는 질문만을 읽는다. 이 과정에서 답이 제대로 떠오르는 것은 넘어가고 그렇지 않은 것은 답변 중 핵심적인 부분에 밑줄을 쳐둔다. ④ 다시 한 번 질문만을 읽고 답변을 떠올려본다. 이때 머릿속으로 서로 다른 표현을 써서 말을 해보더라도 반복되는 낱말이 있다면 그것이 사고의 방아쇠가 된다. 그것들만을 따로 볼펜으로 동그라미를 쳐두거나 형광펜으로 표시한다.

이렇게 사고의 방아쇠를 잘 정리해 두고, 충분히 나머지 연결 부분을 꺼내는 연습을 하였다면, 금세 말하기를 잘하는 사람이라는 평가를 받을 수 있을 것이다.

정리가 다 되었다고 생각될 때
두 번 더

항상 지식을 정리하는 과정에서는 자기 자신에게 끊임없이 질문을 해야 한다. 그 질문은 내가 이 부분을 잘 재현해낼 수 있는지에 대한 것을 기본으로, 어떤 부분이 아웃풋에 필요할지, 그 과정에서 내가 정리한 지식이 필요한 것인지, 현재 정리한 형태대로 쓰일 수 있는지가 되어야 한다.

그래서 나는 무언가가 정리되었다는 생각이 들 때 반드시 두 번 더 정리하는 습관을 가지고 있다. 그것이 책에 이미지로 정리한 것이든, 표로 정리한 것이든, 밑줄을 그어 정리한 것이든, 형광펜으로 칠한 것이든 정리가 되어서 쓸 수 있는 형태가 된 경우에도 나는 내 첫 번째 정리를 신뢰하지 않고 점검하고 다시 그것을 정리한다.

정리를 위한 정리를 하지 말 것

다만 사고의 방아쇠를 설명할 때도 언급했지만, 추가적인 정리는 시간적인 간격을 두고 한다. 지식이 머릿속에 정착되지도 않았는데 재차 그것을 정리하는 것은 효율적이지도 않고, 기억이란 재현을 위한 것인데 어느 정도 재현이 되는 상황일 때에만 다시 그것을 정리하며 재현 과정에서 발생하는 문제를 해결할 수가 있기 때문이다.

이러한 과정이 결여되면 정리는 했지만 쓸데가 없는 경우가 발생한다. 내가 가르친 학생 중에는 필요하지도 않은 것들을 모두 아주 바르고 예쁜 글씨로 책의 여백에 적는 사람이 있었다. 물론 정리를 한다는 만족감, 시각적인 미감을 충족시켜줄지는 몰라도 그 방식에는 커다란 결점이 있다. 정리라는 것은 결국 사고의 방아쇠만을 남기고 모두, 적어도 밑줄이나 형광펜 색칠 등이 표면상으로는 제거되어야 한다. 쉽게 말하자면 쓸데없는 것에 밑줄을 긋거나 형광펜을 칠하면 오히려 정리에 방해가 된다는 것이다. 그런데 이처럼 책의 여백에 볼펜으로 무언가를 적었는데, 나중에 그것이 필요없다고 밝혀지면 어떻게 할 것인가? 다시 그것을 지우면 되는 것인가? 이미 그 과정에서 또 한 번의 시간과 에너지 손실이 발생한다. 책이 더러워지는 것은 오히려 부수적인 부작용에 불과하다. 따라서 책에 무언가를 추가해서 적을 경우에는 점검 과정에서 불필요하다고 판단되었을 경우 언제든 떼어내어 버릴 수 있도록 포스트잇에 적어서 붙이는 것이 바람직하다.

내가 가르친 학생 외에도 주변을 둘러보면 정말 예쁘게 수업 내용을 필기하는 친구들이 있는데, 그 친구들도 마찬가지이다. 그 친구들은 어느 순간 그 정리 과정에 몰두하고 심취하여 정리의 결과물을 만드는 것에 매몰된다. 정말로 그것이 필요한지 점검을 하려고 하면 이미 예쁘게 정리하는 것에 모든 에너지를 쓰고 난 후인 경우가 많다. 참 안타까운 것은, 그렇게 예쁘게 정리한 친구보다 그 친구의 노트를 빌려 복사해서 공부하는 친구가 점수가 훨씬 잘 나오는 경우가 많다는 것이다. 그 친구는 정제된 활자를 자신이 정리하는 과정에서 공부가 되었기 때문이다. 다시 한 번 반복하지만 공부에서는 교활함이 훨씬 미덕인 경우가 많다.

결국 이렇게 보면 점검이 없는 정리에서 가장 문제가 되는 것은 그로 인한 주객의 전도, 즉 심리적인 미감의 충족이 지식의 실용적인 정리를 압도하게 되는 것임을 알 수 있다. 정리 그 자체가 목적이 될 수는 없다. 정리라는 것은 언제나 지식을 바로 뽑아내어 쓸 수 있는 상태, 즉 아웃풋을 위해 봉사하는 도구이기 때문이다.

• • •

한 번 생각한 것을 끝까지 남김없이 다시 생각할 것

공부에서는 조급함이 큰 적이 된다. 특히 정리하는 과정에서 이 조급

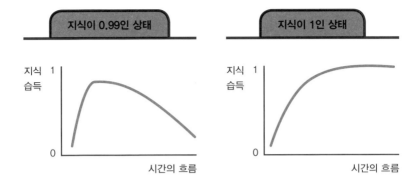

함이 공부를 그르치는 경우가 많다. 애써 지식을 머리에 입력하고 예쁘게 정리했다 하더라도, 그 정리가 완전하지 못한 경우에는 결국 지식을 0으로 수렴하게 된다. 내가 애초에 머리에 집어넣은 지식의 형태가 정리의 불완전성으로 인해 1이 아니라 0.99인 채 멈추었기 때문이다.

이처럼 무언가를 끝냈다는 생각이 들 때 조금 더 에너지를 쏟고 신경을 쓰는 것은 단순히 집중력을 유지한다는 측면 뿐 아니라, 이처럼 실질적인 지식 습득의 측면에서도 큰 의미를 갖는다. 내가 고시 공부를 할 때부터 귀감으로 삼던 것으로, 좋아하는 말 중 한마디를 여기에 남겨 이번 챕터를 마무리하고자 한다. 양창수 전 대법관의 말이다.

"한 번 생각한 것을 끝까지 남김없이 다시 생각하라."

'인출을 위한 정리'가 되었는지
확인하는 방법

이처럼 잘 정리해두었다고 하더라도 그 지식이 제대로 아웃풋이 되는지를 반드시 확인해보아야 한다. 이 테스트에는 두 가지 방법이 있다.

• • •

트리거 방식

먼저 하나는 트리거를 주고 시작하는 것이다. 실제 시험을 보면 실은 모두 트리거를 주고 정답을 물어보는 형태이다. '다음 중 ○○○에 대한 설명으로 옳은/틀린 것은?'이라는 문제가 나왔다고 하면, 여기서 ○○○가 트리거가 된다. 물론 공부를 효율적으로 하지 않는 사람들은 시험장에서 별도의 트리거를 머릿속에서 처음으로 찾기 시작하거나 잘못 설정한 트리거를 버리고 새롭게 기억을 떠올려보기도 한다. 그리고? 그 문제는 보통 틀리게 된다. 따라서 트리거가 정확하게 작동하는지, 기억이 제대로 인출되는지를 확인하는 가장 좋은 방법은 마찬가지의 형태로 위 문제에서의 '○○○' 부분만을 정리해서 공부가 끝날 때쯤 자신에게 물어보며 인출 여부를 확인하는 것이다. 영어 단어를 외울 때 쓰는 암기 카드나 어플, 내가 공부할 때 쓴 '쟁점 노트'가 이에 해당한다.

· · ·

백지 방식

다른 하나는 아무런 트리거 없이 공부한 것을 백지에 쓰는 방식이다. 이 방식이 가장 두뇌에 자극을 많이 주는 방식으로 인출 그 자체만을 보면 굉장한 효과가 있다. 하지만 이 방식은 매우 짧은 단위의 정보를 대상으로 할 때만 가능하다. 예를 들어 하루 종일 공부한 것을 모두 백지에 써보는 방식은 정말로 머리가 특출난 사람이 아니고서는 불가능하다. 그리고 이 방식은 실제 시험의 형식과는 맞지 않다. 실제 시험에서 내가 공부한 것을 모두 쓰거나 그와 부합하는 것을 가리는 문제는 나오지 않기 때문이다. 이 방식은 어느 정도 공부가 되었고 세부적인 부분의 인출이 잘 되는 사람이 자신의 지식 체계 전체를 놓고 빠진 부분이 없는지를 세밀하게 점검할 때만 사용하는 것이 바람직하다.

chapter
08

×

아직
바꿀 수 있는 기회,
점검의 기술

자체 피드백
: 평가자의 시각에서 생각하라

공부나 일에 있어서 가장 가혹한 순간은 내가 쏟아 부은 노력의 결과물이 상대방에 의해서 평가절하를 당할 때일 것이다. 밤을 새가며 애써 한 것을 몰라주는 상대방이 때로 너무 냉혹하다고 느껴지기까지 한다. 일에 있어서는 매정한 상사를 욕하고 동기나 선후배끼리 모여 술한 잔을 기울이며 풀어버리고 다시 일할 에너지를 되찾을 수 있다. 그러나 수험 공부에 있어서는 이런 것도 힘들다. 누가 평가를 하는지 구체적으로 알기도 어렵고, 대부분의 시험을 차지하는 객관식은 채점을 컴퓨터가 하므로 결국은 공부를 제대로 하지 못한 자신에게 화살을 돌리게 되어 있다.

그런데 이런 사람들의 공통점이 있다. 바로 내 기준에서 생각하고 내 기준에서 결과물에 대해 만족을 한다는 것이다.

$\bullet\ \bullet\ \bullet$

혹시 훌륭한 불합격생이 되는 게 목표는 아닌가?

수험 공부를 먼저 예로 들어보자. 특히 공부를 오래 한 사람들이 이런 경우가 많다. 실제 시험에서는 나오는 부분이 거의 정해져 있다. 합격률에 따라 나올 게 확실한 문제 외에 어려운 문제를 더 맞혀야 하는 시험이 있겠지만, 점수의 대부분은 항상 나오는 부분을 맞힘으로써 얻는다. 그런데 철저하게 내 기준에서 그 과정을 이행하는 사람들이 있다. 그저 아침에 일찍 일어나고 규칙적으로 생활하고 다른 사람들이, 특히 내 근처의 합격자들이 본 교재를 따라서 열심히 보고 학원 커리큘럼을 충실히 따라가는 것만으로, 그것만으로도 공부를 다했다고 착각하는 사람들이 많다. 이런 사람들은 해가 거듭해도 점수가 오르지 않는다. 아니, 오히려 떨어지는 경우들도 있다. 이렇게 되면 다른 사람과의 공부머리 차이를 탓하거나 운이 없었을 뿐이라고 위로 아닌 위로를 하게 된다. 그런데 정말 그럴까?

사실은 이렇다. 이 사람들은 실제 평가자가 무엇을 원하는지에 대해서는 공부를 하지 않은 것이다. 그건 잘 모르는 상태에서 불안함을 없애기 위해서 다수의 사람들에 나를 편입시키고 동화되는 것을 공부라고 여겼다. 그 결과는 합격생이 아니라 '모범적인 불합격생'이다.

기출, 그렇게 보면 백날 봐도 소용없다

시험의 경우에는 평가자가 원하는 것이 통계의 형태로 정리되어 있다. 바로 기출 문제이다. 평가자가 중요하게 생각하는 부분과 질문의 형태가 대부분 통계화되어 있다는 말이다. 수험생의 입장에서는 이 부분을 먼저 공부하는 것이 가장 중요한데, 의외로 오랜 기간 공부를 한 사람들도 이 부분에 대한 공부가 잘 안 된 경우가 많다. 따라서 어느 정도 지식이 습득되었다고 생각되는 단계라면 더더욱 평가자의 시각에서, 다시 말해 기출 문제가 어느 정도로 풀리는지를 확인하며 그동안의 공부를 점검해보아야 한다.

여기서 오해하는 점들이 많아 한 가지를 더 적기로 한다. 내가 점검을 해야 하는 것은 '기출 문제가 풀리는지'가 아니다. 정확히는 '기출 문제를 참고로 내가 알고 있는 바, 즉 내 머릿속의 지식에서 답안 도출까지 가는 과정이 올바른지'를 점검해야 하는 것이다. 앞서 '새로운 접근법 – 단기 테크트리' 부분에서 설명한 것처럼, 내 기존 지식을 수정해서든 상대방의 지식 자체를 받아들이든 그와 같은 '새로운 문제 풀이 기준'에 따라 문제가 정확하게 풀리고 항상 같은 결과가 나오는지를 먼저 테스트해보아야 한다. 그리고 문제는 같은 유형, 즉 같은 원천을 바탕으로 나오기는 하지만 완전히 똑같은 것이 나오지는 않으므로 다른 유형의 문제가 나올 때도 맞힐 수 있는지를 확인해보아야 한다.

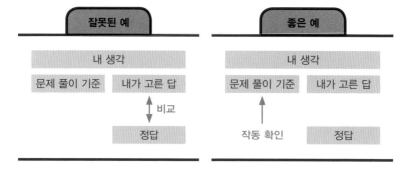

즉 출제가 예상되는 문제에도 그 기준이 그대로 적용되어 마찬가지 결론이 나오는지를 테스트하는 것이다. 이 부분은 내가 개인 지도를 하면서 가장 크게 강조를 하는 부분이다. '정답을 가르는 판단 기준'이 정확하게 작동하는지와 '단지 정답이 무엇인지를 외운 것'은 모두 내가 고른 답이 해답과 일치하는지 여부로만 가릴 수 있기 때문에 이와 같은 혼동이 발생한다.

정리를 해보자면, ① 내가 이 문제를 모른다고 가정하고 풀었을 때 답이 무엇인지 찾을 수 있는지, ② 그 답을 도출하는 과정까지 어떠한 에러도 발생하지 않는지, ③ 만약 이 부분에서 문제가 다르게 출제된다면 어느 범위에서 다르게 출제될 것이고 그것 또한 지금의 내 사고로 맞힐 수 있는지, 이 세 가지를 점검해야 하는 것이다. 기출 문제를 많이 풀어서 거의 답을 외우고 있음에도 점수가 잘 나오지 않는 것은 이처럼 풀이 과정을 익힌 것이 아니라, 기출 문제의 활자를 외운 것에 불과하다.

인풋의 핵심은 지식을 머리에 넣는 것이 아니라, 그 지식을 바탕으로 자기 나름의 '문제 풀이 공식(프로토콜)'을 만드는 데 있고, 아웃풋과 점검의 과정은 바로 그 공식이 작동하는지 확인하는 과정이라는 점을 잊지 말자.

업무에서도 마찬가지이다. 대부분의 1, 2년차가 하는 실수가 바로 결재하는 사람의 입장에서 생각을 하지 않고 단지 자신의 관점, 1인칭에서 열심히 일을 하는 것이다. 물론 이 부분에서 나의 창의 내지 개성 발휘와 업무의 원활한 진행 또는 스트레스 감소 중 무엇을 중시할 것인지 큰 갈등이 발생할 수도 있다. 하지만 어떤 회사에 속해서 일을 하든 내 의사대로, 내 관점대로 일을 추진하는 게 온전히 받아들여지는 경우가 많지 않다. 효율적으로 일의 성과를 이끌어내기 위해서는 현명하게 대처해나가는 게 필요하다.

자체 피드백
: 한마디로 설명할 수 있는가

이미 정리된 것을 남김없이 체크하고 사고의 방아쇠도 잘 정리가 되었
다. 그러나 아직 끝이 아니다. 내가 무언가를 정말로 이해하고 있고 내
것으로 만들었는지를 반드시 테스트해보아야 한다. 아무리 지식을 출
력에 용이한 상태로 잘 정리해두었다고 하더라도, 실제로 그것이 잘
출력되는지를 반드시 살펴보아야 한다는 의미이다.

• • •
할머니에게 설명할 수 있을 정도로

이러한 점검 과정에서는 굉장히 유용한 도구가 하나 있다. 인류 최고의 두뇌를 가졌다고 평가받았던 알버트 아인슈타인은 다음과 같은 말을 한 적이 있다.

"당신이 알고 있는 것을 당신의 할머니가 이해할 수 있도록 설명하지 못한다면, 당신이 그것을 진정으로 알고 있다고 할 수 없다."

할머니에게 설명할 수 있다는 의미는 내가 그 정보나 지식의 본질을 정확하게 이해해서 아주 쉬운 말로 바꾸어 설명할 수 있다는 의미이다. 나는 이 말을 다음과 같이 바꾸어서 생각하고 있다.

'내가 아는 것을 쉽게, 한마디로 설명할 수 있는가.'

공부가 많이 진행되고 테스트의 순간이 다가오면 머릿속에 불필요한 지식들이 많이 쌓이게 된다. 아무리 사고의 방아쇠를 잘 정리했다고 하더라도 불안함 때문에 그 방아쇠 개수가 너무 많아지게 되는 경우도 있다. 이때 쉬운 한마디로 내가 공부한 것을 설명하면서 지식의 효율성을 재점검하면 좋다.

유용한 질문법, '그래서 그게 뭔데?'

특히 새롭고 어려운 개념들을 익히게 되었을 때, 그것이 내가 기존부터 가지고 있던 사고 속에 융화되었는지를 반드시 확인해보아야 한다. 그 지식 체계나 책을 쓴 사람의 입장에서는 모두 '아는 것'이겠지만, 공부를 위해 그 책이나 지식 체계에 접근하는 사람 입장에서는 반드시 '본래부터 알던 것'과 '새롭게 알게된 것'이 구별된다. 그러나 앎의 목표는 '아는 것'으로 향해야 하지 않겠는가. 내가 새롭게 취득한 지식이 내 일부가 되었는지, 즉 내가 기존에 알던 단어와 체계로 설명되는지를 확인하는 것은 효율성을 위해 꼭 필요한 작업이다.

이를 위해 나는 공부를 하는 과정에서 수시로 나 자신에게 질문을 던진다. 바로 '그래서 그게 무엇인데?'라는 질문이다. 집중력을 다룬 부분에서도 설명을 했지만 인풋의 과정이 계속되면 뇌는 쉽게 지루함을 느낀다. 별다른 자극이 없고 점차로 뇌가 잠들게 되는 것이다. 마치 컴퓨터를 오랜 시간 쓰지 않으면 마우스나 키보드를 누르지 않고서야 하드디스크가 돌아가는 소리가 줄어들며 '잠자기 모드'에 들어가는 것과 같은 느낌이다. 따라서 나는 그런 상황으로 가는 것을 막기 위해 수시로 위와 같은 질문을 던지고 뇌를 자극한다.

제3자를 통한 피드백
: 신호와 소음의 구별

스스로 문제점을 인지하는 방법 외에도 제3자를 통해 문제점을 인지할 수도 있다. 공부를 하는 경우에는 수험 상담가나 공부를 잘하는 친구들, 합격한 선배들이나 친구들이 이에 해당할 것이고, 일을 하는 경우에는 노하우를 가진 상사나 선배가 이에 해당할 것이다.

• • •
신호와 소음을 구별하는 기준

그런데 이 제3자의 조언들이 언제나 유효하며 그래서 꼭 귀를 기울여야 하는 것은 아니다. 제3자들은 내가 듣고자 하는 말만을 해주는 것이 아니기 때문이다. 때로는 나에 대한 걱정이나 조언 등을 섞어서 피드백을 주는데, 사람은 감정의 동물이므로 내게 정말 필요한 문제점 지적과 그에 대한 솔루션보다도, 때로 그 감정에 기반한 조언이나 걱정에 더 크게 기울기도 한다.

물론 제3자가 내게 도움이 되는 조언을 해줄 수도 있지만, 그것은 내가 애초에 받기 원하던 피드백은 아니다. 애초에 내가 공부나 일의 진행 과정에서 수집하고자 했던 정보, 피드백을 받고자 했던 정보만이 1차적으로 의미가 있다. 그렇기에 정확한 문제점 인식과 해결책 도출을 위해서는 그러한 과잉된 정보나 감정들은 의식적으로 배제하고 무시해야 한다. 이를 '필터링'이라고 한다.

• • •

소음을 '필터링'하라

저명한 통계학자로 〈타임스〉가 선정한 세계에서 가장 영향력 있는 100인 중 한 명인 네이트 실버는 그의 저서인 《신호와 소음(The Signal and the Noise)》에서, 피드백 과정 중 우리가 취해야 할 정보들을 '신호(SIGNAL)'로, 필터링하고 무시해야 할 정보를 '소음(NOISE)'으로 명명했다. 네이트의 표현을 빌리면, 제3자를 통한 문제점 인지 과정에서는 소음을 필터링하고 신호만을 취하여야 한다고 할 수 있다. 내 주변에 있는 제3자들은 어떤가. 그들은 신호를 줬을까, 아니면 소음을 줬을까.

정말 그것이
단점인지 생각하라

문제점을 인지하는 과정에서 또 하나 반드시 생각해야 하는 것이 있다. 특히 수험 공부를 하는 분들 중에는 굉장히 자신의 가치를 낮춰 보는 분들이 많다. 다른 사람과 다르면 거의 무조건 그것을 자신의 단점으로 보고, 그것으로 인해 성과가 잘 나오지 않는다고 생각을 하는 것이다.

그러나 결과를 내는 방식이 하나만 존재하는 것은 아니다. 무엇이 정답이라고 얘기를 할 수도 없다. 정말로 자신이 가진 단점이 단점인지를 점검해보는 것은 굉장히 중요한 점검 포인트 중 하나이다.

장점인지 단점인지는 도대체 누가 판단하는가?

내 생각을 좀 더 실용적인 측면으로 바꾸어준 것은 다름 아닌 전 롯데 자이언츠 야구팀 감독인 제리 로이스터이다.

> "본인이 갖고 있는 능력을 키우기 위해 훈련을 해야 한다. 이대호의 경우 주루 플레이에 대한 연습만 많이 한다면 아마도 큰 발전은 없을 것이다. 감독으로서는 그 선수의 장점을 살려 운영해야 할 책임이 있다. 예를 들면 메이저리그 매니 라미레스 같은 선수는 수비 연습도 하지만 최고의 타자가 되기 위해 타격 훈련을 많이 했다. 팀의 26명이 모두 같은 연습만 해야 하는 것은 아니다."

롯데 자이언츠의 첫 3년 연속 4강행을 이끌고 있던 시기에 한 인터뷰의 내용이다. 이대호 선수는 알려진 것과 같이 매우 큰 몸집을 가지고 있다. 인터뷰에서 말하는 '주루 플레이'라는 것은 야구경기에서 공을 쳐서 베이스(루) 상에 있는 주자가 다음 베이스로 달리는 일, 즉 쉽게 말해 달리기를 말한다. 거구의 이대호 선수가 몸집이 작고 재빠른 선수들에 비해서 달리기를 잘하지 못할 것임은 자명한 사실이다. 그런데 로이스터 감독은 그것을 단점으로 본 것이 아니라 그 거구로는 타격을 훨씬 잘하는 장점이 있다고 바꾸어 본 것이다. 그러한 로이스터

특유의 코칭의 결과로 그해 이대호 선수는 세계에서 최초로 9경기 연속 홈런이라는 대기록을 수립할 수 있었다.

나는 지금도 그렇지만 사법시험을 준비할 당시 매우 천천히 책을 꼼꼼하게 읽는 편이었다. 다른 사람들이 하루에 150페이지씩 읽어가며 공부할 때 많아봐야 20페이지를 읽는 것에 그쳤다. 하지만 당시 나의 생각은 확고했다.

'내가 남들보다 늦게 보는 것은 더 꼼꼼하게, 다음에 또다시 보지 않아도 될 정도로 정확성 있게 보기 때문이야. 그렇기 때문에 내가 여기서 해야 하는 노력은 더 빨리 보는 것이 아니라, 더 정확하고 세밀하게 보는 것이야.'

나는 오히려 잠을 줄이고 책을 읽는 데 들이는 시간을 더 늘렸다. 기왕 본 거 확실하게 완성도를 1로 만들어두어서 다시 볼 때 지식을 복구하는 속도를 높이기 위해서였다. 나는 그러한 공부 습관 덕분에 정말 짧은 기간의 준비로 사법시험 2차도 비교적 쉽게 합격할 수 있었다.

· · ·

다수의 판단이 항상 옳지는 않다

이처럼 본인이 택한 공부 방식에 정말로 단점만 있는지, 그것에 전혀 장점은 없는지를 생각하는 일은 매우 중요하다. 자신에게 전혀 맞지 않는 공부법을 택해서 괜한 우직함을 더해 결과를 내지 못하는 경우를 너무도 많이 보아왔다. 단지 학원의 커리큘럼이 그와 같이 짜여져 있다는 이유만으로, 주변에 다들 책을 빨리 본다는 이유만으로, 자신의 공부법에 문제가 많고 반드시 바꿔야 한다고 생각하는 것은 잘못된 것이다.

내가 법무부에서 근무했을 때의 일화도 하나 소개를 하고자 한다. 나는 서로 성격이 다른 두 팀의 일을 동시에 맡아서 해본 적이 있다. 연말이고 성과를 내야 하는 시점이었기 때문에 부득이한 것이었는데, 재미있게도 각 팀이 서로 개성이 비슷한 사람들끼리 뭉쳐 팀을 이룬 것이었다. A팀은 돌다리를 두들겨 보고 무너지지 않는 것을 확인한 후에 건너지 않는(!) 치밀함을 가진 사람들로만 구성된 팀이었고, B팀은 그와는 정반대로 이렇게 생긴 돌다리는 지금까지 무너진 적이 없었기에 그냥 건너면 되고, 물에 빠져도 별로 깊지 않아 리스크가 별로 없을 것이므로 바로 건너자는 극도의 효율성을 추구하는 사람들로만 구성된 팀이었다.

나는 A팀의 팀장과 B팀의 팀장에게 각각 일을 지금처럼 하는 이유를 넌지시 물었다. 그들의 대답은 모두 같았다. 그것이 자신들이 일을 가장 잘 할 수 있는, 장점을 살린 방식이라는 것이었다. 그런데 놀랍게도 두 팀 모두 거의 같은 방식의 업무 처리 과정을 거쳤고 모두 좋은 결과를 내었다. 이 일을 통해서 느꼈던 것은 어느 정도 일을 하는 방법이나 기준이 확립되어 있다면 자신의 능력과 장점을 믿고 우직하게 밀어붙이는 것이 오히려 일에 가속도를 붙여준다는 사실이다.

정밀하게,
세부적으로 수정하라

점검 결과 지금까지와는 완전히 다른 방향으로 방법 자체를 전환해야 하는 경우도 있다. 하지만 그에 앞서 실행 절차를 매우 잘게 나누어 어떤 부분을 수정하면 전체적인 일의 결과가 좋아질 것인지를 먼저 파악해야 한다. 그 부분만을 수정·보완하는 것으로도 결과의 가치는 급격히 상승하기 때문이다. 만약 이 부분을 정확하게 인식하지 못한다면 보통 공부나 일에 흥미를 잃게 되고 '아무리 노력해도 성적/실적이 오르지 않는다'는 얘기를 하게 된다.

부분 피드백의 기술

예를 들어 연주자의 경우 언제나 곡 전체를 연습하는 것이 아니라, 스스로 실행 과정을 점검한 후에 자신이 잘하지 못하는 부분만을 집중적으로 연습한다. 이는 공부나 일에 있어서도 마찬가지이다.

내가 가르친 학생 중에는 스스로 다른 사람들에 비해 공부를 잘하지 못한다고 생각하는 사람이 있었다. 그런데 내가 문제점을 분석해보니 정말로 그 학생이 공부를 못하는 것이 아니라, 인풋에는 굉장한 능력을 가지고 있음에도 아웃풋, 특히 시간 내에 논술형 답안을 작성하는 부분에서만 문제가 있었다. 만약 이와 같이 문제점을 세밀하게 인지하고 실행 과정을 수정하지 않았으면, 그 학생은 그저 학원 강의만을 반복해서 들으며 공부에 흥미를 잃었을 것이다. 그 학생이 나와 상담을 하기 전에는 수험가의 어느 선생님을 찾아가 상담을 했는데 그 선생님은 도무지 원인을 알 수 없다는 대답을 했다고 한다. 이는 문제점을 인지하고 반영함에 있어 세밀한 눈으로 살피지 못했기 때문이다.

나는 그 학생을 지도하기로 한 이후에 집중적으로 쓰는 훈련만을 반복해 시켰다. 그냥 논술 답안을 써오라고 시킨 것이 아니라, 문제점이 발견된 '논지 전개 능력'과 '문장의 완성도'를 높이기 위해 같은 글을 한 번은 목차까지 써오는 방식으로, 한 번은 목차를 뺀 줄글로 쓰는 방식으로, 또 한 번은 배점을 줄여 같은 내용을 적은 분량으로 써오는 방식으로 계속해서 훈련시켰다. 그 학생은 그 '세부적인 수정'의 결과, 큰 어려움이 없이 변호사 시험에 합격하여 현재는 나와 같은 동료로 일을 하고 있다.

바꿀 것인가 망할 것인가
: 아웃풋 감수성

이상의 점검 과정에서 문제점을 인지했다면, 이를 바탕으로 새롭게 기존의 공부 방법이나 일의 방식을 수정해야 한다. 즉 내가 한 일이 잘 점검되었는지를 확인하는 과정은 실은 프로세스를 점검하는 과정과 그 과정에서 발견한 문제점을 수정하여 다시 프로세스에 반영하는 과정으로 나누어진다. 앞의 과정은 문제점을 '인지'하는 과정이라고 할 수 있고, 뒤의 과정은 문제점을 '수정'하는 과정이라고 할 수 있다.

문제점을 수정하는 과정에서는 종종 중대한 선택의 순간을 맞이한다. 내가 그동안 열심히 해온 방식이 효율적이지 않다는 것을 알게 되었을 때가 바로 그때이다. 여기서 고집을 부려 종전의 방식을 고수할 수도 있고, 즉각적으로 방향 전환을 해 새로운 방식을 택할 수도 있다.

• • •
귀가 얇은 수험생들이 겪는 비극

다만 구체적인 내용을 이야기하기에 앞서 정말 중요한 것은 어떤 '공부 의사'를 만나 진단을 받는지가 중요하다는 것이다. 내가 그 조언을 받고 내 공부법을 바꾸려면 내게 조언을 하는 그 사람이 그에 합당한 사람인지를 잘 판단하는 것이 매우 중요한 전제를 이룬다.

병에 걸렸거나 아플 때에는 국가가 공인한 의사에게 찾아가 진찰을 받으면 된다. 그러면 어디가 왜 아픈지, 어떤 식으로 치료를 하면 될지 비교적 정확한 솔루션이 나온다. 하지만 공부는 그런 식으로 진단을 할 수 있는 전문가가 드물다. 본인이 공부를 잘하는 것과 다른 사람을 잘 진단하는 것은 별개의 문제이며, 애초에 수험생들 주변에는 정말 공부를 잘하는 사람이 많지도 않다.

귀가 얇은 수험생들은 특히 문제이다. 자신이 친한 혹은 알고 지낸 사람 중에 합격한 사람이 있으면 더욱 직접적으로 영향을 받아 자신의 공부법을 깡그리 바꾼다. 하지만 공부는 내 인생의 일부이다. 그렇다면 공부법은 내 인생을 어떻게 살지에 대한 것이 될 수 있는데, 그렇게 쉽게 바꾸어버리면 어떻게 하겠는가. 그 합격한 사람이 만약 보편적이고 객관적인 방법을 제시해주었다면 그나마 다행인데, 문제는 아직 합격하지 못한 사람은 그러한 점을 판단하거나 비판할 수 있는 능력이 없다는 데 있다.

이에 대한 해답은 좋은 방법을 제시하는 공부법 책이나 영상들을 참고하고 전문가와 상담을 하는 것이다. 암에 걸렸는데 의사의 방식이 아니라 옆집 사람의 민간요법을 따를 것인지, 아니면 의사와 직접 만나거나 그 사람이 출연하는 의학 프로그램 등에서 제시하는 방법을 따를지를 고민해보라는 것이다. 어느 경우나 최악의 수는 가까이 있는, 별로 도움 안 되는 친구의 조언을 받아들이는 데 있다.

• • •
고집? 좋다. 그런데 지금까지 결과는 어땠는가?

전제가 충족되었다고 한다면, 즉 전문가에게 조언을 받는 등으로 자신의 공부법이 잘못되었다는 판단을 내리게 되었다면, 이제부터는 과감하게 방향 전환을 하여야 한다. 이 과정에서는 절대로 고집을 부리지 않는 것이 중요하다.

물론 지금까지 투자한 에너지와 시간이 아깝고, 조금만 더 하면 내 방식의 가치를 입증해낼 수 있으리라는 생각이 들 것이다. 또는 지금 와서 방법을 바꾸는 것에 불안함을 느낄 수도 있을 것이다. 그러나 결과를 낼 수 없는 방법으로 결론이 났는데 시간과 에너지를 더 투자하는 것은 아무 의미가 없다.

나는 수년째 수험생들을 상담하고 지도하고 있는데, 오래 공부한 분들이 시험에서 자꾸 고배를 마시는 것은 실력이 부족하기 때문이라기보다는 좀처럼 자신의 고집을 꺾지 않기 때문이라는 생각을 하게 되었다. 자신보다 훨씬 전문가이고 상황을 객관적으로 볼 수 있는 사람의 조언을 하나의 참고 사항 정도로 치부해버리는 것이다. 그런 분들에게 내가 항상 하는 말이 있다. "그 이유로 지금까지 합격하지 못 하신 게 아닐까요?"라고.

. . .
아웃풋 감수성

점검 과정에서의 방향 전환은 수험 공부뿐 아니라 일에 있어서도 굉장히 중요한 의미를 갖는다는 것은 더 설명하지 않아도 될 것으로 생각된다. 그리고 실제로 많은 경우에 애써 작성한 보고서나 힘들게 리서치한 자료들을 한번에 쓰레기통에 넣는 경우가 빈번하다. 이는 대부분의 현안들이 준비 과정보다는 단기의 의사 결정 과정과 업무 수행 과정에 따라 처리되기 때문이기도 하겠지만, 일을 하는 사람들이 가지고 있는 실적이나 결과에 대한 압박, 말하자면 '아웃풋 감수성'이라고 할 수 있는 것이 수험생에 비해서는 훨씬 더 발달되어 있기 때문이라고도 여겨진다.

수험생도 이와 같은 아웃풋 감수성을 좀 더 키울 필요가 있다. 여러 번 언급한 것 같지만, 우리의 공부와 배움에 대한 관념은 너무도 낡았다. 그저 앉아서 지식을 머릿속에 집어넣기만 하면 되는 것이라고 아직까지도 잘못 알고 있는 경우가 많다. 하지만 그런 지식들 모두 쓸 수 없는 죽은 지식들이다. 적어도 수험 공부에 있어서는 모든 지식이 시험장에서 쓰일 수 있을 때에만 그 가치를 가질 수 있다. 서두에도 써두었지만 주변에 분명 공부를 열심히 하는 것 같지는 않은데, 책상에 항상 붙어 있는 건 아닌 것 같은데 신기하게 공부를 잘하는 친구들이 있지 않은가? 그 친구들이 가진 '공부머리'가 바로 여기서 말하는 아웃풋 감수성이다. 그것은 올바른 방향성과 꾸준한 노력으로 충분히 키울 수 있는 것이다. 매우 간단히 내 지식이 어디에 쓰일지만을 잘 인식하기만 해도 향상이 된다.

바꿀 수 있는 것에
집중하라

어느 정도 일이 진행된 후에 점검을 하다 보면 '정말로 큰일났구나. 다 바꾸어야 하는구나'라는 생각이 들 때가 있다. 여기서 조금 멘탈이 안 좋은 사람들은 포기를 해버린다. 그러나 이 경우의 포기라는 것은 실은 도피에 해당한다. 수험 생활을 하는 경우는 대개 그 다음 기회가 있을 수 있지만 그렇지 않은 경우도 있고 직장 생활의 경우에는 애초에 그런 도피가 허용되지 않는 것이 일반적이다.

아이러니한 것은 점검이라는 것이 내가 지금껏 해온 일들이 올바른 방향으로 가고 있는지를 확인하고 그것을 원하는 결과가 맞게 더 향상시키고자 하는 목적에서 이루어져야 하는데, 오히려 일의 추진에 있어 이처럼 내 의지를 꺾고 좌절감을 안겨줄 때가 있다는 것이다.

그러나 이런 상황일수록 이성을 발동시키고 정신을 차려야 한다. 위험을 피하고자 하는 것이 사람의 본능이라는 것은 앞서 설명한 바 있다. 따라서 나의 본능이 이런 위기 상황에서 빨리 도망치게끔 유도하는 것은 당연하다. 시험이나 업무가 생존에 유리한 행동이 될 수는 없기에 그것을 하는 것은 어디까지나 이성의 명령인데 그것에서 지금까지의 노력을 부정하는 정도의 문제가 발생하였다면 더더욱 도망치고 싶어지지 않겠는가.

• • •

바꿀 수 없는 것은 즉시, 쿨하게 포기한다

이런 상황에서 가장 이성적인 방법은 일단 문제점들을 모두 적어보는 것이다. 실제 문제라는 것이 정말로 있는지를 확인하는 것이 첫 번째이다. 실제 문제가 없음에도 문제가 있다고 잘못 인식하는 경우들도 종종 발견된다. 이 역시 생존에의 본능, 불안함이 만드는 착각인데 이성의 작용을 통해 이것을 걸러내보는 것이다.

그리고 파악이 되었다면 남은 모든 에너지는 그 중 바꿀 수 있는 것에만 투입되어야 한다. 당황해서는 눈앞의 것도 제대로 보지 못하는 것이 사람이다. 이런 극한 상황에서는 어디서부터 손을 대야 할지 쉽게 판단을 내리지 못하고 우왕좌왕하기 십상이다. 하지만 결론은 간단하다. 이미 지나가버린 것, 바꿀 수 없는 것은 쿨하게 포기한다. 오로지 바꿀 수 있는 것만이 내 공부나 일의 가치를 높일 수 있는 유일한 방법이기 때문이다.

직장인들은 그래도 그동안의 경험치로 여러 상황에 대한 감수성이 발달해 있고 일에 대한 책임이 있는 터라 속된 말로 '죽이 되든 밥이 되든' 결과를 만들어내는 것이 일반적이다. 그런데 수험생들의 경우에는 여러 가지 원인으로 심리적인 불안함을 많이 겪고 쉽게 포기하는 경우가 많다. 실제 수험생들을 상담해보면 아직 시간도 충분히 많이 남았고 별다른 문제가 없음에도 스스로 문제가 있다고 잘못 진단하여 도망치는 경우가 굉장히 많다. 그리고 바꿀 수 없는 문제에 매달려 고민을 하다가 공부를 그르치는 경우도 상당히 많다.

해마다 있는 일인데 상담을 하다 보면 특히 집안 문제, 부모님간의 불화 또는 자신과 부모님 사이의 불화로 수험 생활에 온전히 집중을 하지 못하는 경우들을 많이 본다. 그런 고민들을 접할 때면 내가 반드시 되묻는 것이 있다. "부모님 사이의 갈등을 본인이 현재 해결할 수 있나요?" 답은 '아니다'이다. 그런데 그렇기에 더욱 고민이라고 한다. 하지만 그것은 적어도 공부의 측면에서는 내가 해야 할 고민거리가 될 수 없다. 내가 그것을 해결할 수 없는데 고민의 대상으로 삼아 봤자 무엇 하겠는가. 물론 심리적 괴로움이 크겠지만, 이 지점에서 다시 한번 목표를 생각해볼 필요가 있다. 훌륭한 자식이 되는 것이 목표인지 아니면 시험을 잘 치르는 것이 목표인지. 만약 전자가 더 중요하다면 부모님의 갈등을 내가 해결하려고 노력하는 것이 의미가 있겠지만, 후자라면 스트레스를 받지 않도록 얼른 자취방이나 친척집으로 공부할 곳을 옮기는 게 훨씬 현명하고 바꿀 수 있는 것에 집중한 결과가 된다.

• • •
덜어내고 또 덜어내라

반면 걸림돌이 되는 요소가 나에게 있는 경우, 특히 아직 공부가 무르익지 않아 시험을 쳐도 안 될 것 같다는 불안함을 느끼는 경우도 마찬가지이다. 이러한 상황은 공부 2~3년차에 접어들었는데 그간의 시험에서 마찬가지 이유로 도망쳤던 사람들에게서 많이 발견된다. 이런 사람들은 '어설픈 완벽주의자'인 경우가 특히 많다. 이들은 통상 너무 많은 양을 공부의 대상으로 설정한 것에서 문제가 발생한다. '장기형 테크트리'에서 봐야 하는 교재, 자료의 양을 지나치게 많이 잡은 것이다. 따라서 이 경우의 솔루션은 '단기형 테크트리'로 빠르게 전환을 하고, 불필요한 것을 버리는 것이다. 쓸데없는 자료나 책들을 다른 방으로 옮겨두고 빠르게 기출 문제의 해설만을 모아서 읽고 문제와 함께 정리하는 것만으로도 좋은 결과를 얻을 수 있다.

2019년 변호사 시험을 일주일 정도 앞둔 시점에 메일을 한 통 받은 적 있다. 자신은 네 번째로 시험을 치는 독학생인데, 올해 시험은 도무지 될 수 없을 것 같아 포기를 할 생각이고 내년 마지막 한 번 남은 기회에(변호사 시험은 총 다섯 번까지 응시할 수 있다) 내 지도를 받아 도전해

보고 싶다는 것이었다. 하지만 나는 남은 기간 동안 지금까지의 7년간 기출 문제를 출력해서 답을 표시하고 그것만을 세 번 반복해 보고 시험을 보라고 조언했다. 그것이 당시 공부의 정도와 남은 기간, 멘탈, 합격 확률 등을 고려할 때 가장 적절한 공부법이라고 판단되었기 때문이다. 그리고 올해 도망치면 마지막에도 도망칠 것이기에 남은 기간에 일단 최선을 다해야 한다고 덧붙였다. 그리고 결과는 합격이었다. 아래에 그분으로부터 받은 이메일을 옮겨본다.

기억하실지 모르겠지만
지난 8회 변시 직전에 멘붕에 빠져서
변호사님께 이런저런 조언을 들었던 4시생입니다.
사실 시험 직전에 많은 것을 까먹었다는 생각에
뭘 잡아야 할지도 모르겠고
눈물만 흘리며 탈락을 예상하고 있었는데
변호사님께서 변시 기출에 정답 체크만 해놓고
2회독 하고 시험장에 들어가라고 말씀하셨고
무작정 그렇게만 따라 하고 시험장에 들어갔는데
기적적으로 객관식도 생각보다 많이 맞출수 있었고
이번 8회 변시 합격증을 손에 넣게 되었습니다.
변호사님이 아니었다면
저는 이번 시험 패배자가 될 것이 정말로 확실했을 것입니다.
정말로 감사드립니다.
직접 찾아뵙지도 못하고 이렇게 글로나마 감사인사 드림을 용서해주세요.

완벽하려는 욕심이
가장 큰 적

공부나 일에 있어서 가장 큰 적 중 하나가 '어설픈 완벽주의'이다. 이와 같이 표현을 하는 이유는 정말로 완벽한 사람들 내지 완벽주의자들은 정해진 시간과 한정된 수단으로도 완벽한 결과물을 만들어내기 때문이다. 반면에 성향은 완벽을 추구하지만 번번히 결과를 만드는 것에 실패하는 사람들은 실은 '어설픈' 완벽주의라고 할 수 있다.

조금 지나친 말일 수는 있지만, 특히 시험에서 합격한 사람과 그렇지 못한 사람을 나누면, 완벽주의 성향을 가졌고 정말 열심히 했는데 불합격한 사람은 어떻게 하더라도 불합격자 중에서 1등을 하는 것일 뿐이다. 결과를 만들어내지 못한다는 것을 스스로든 외부에서든 정말 좋게 볼 때 "완벽주의자야"라고 불러주기는 하겠지만, 실패한 완벽주의자는 그냥 실패자일 뿐인 것이다.

이런 불완전한 완벽주의자 유형의 수험생들도 대개 공통적인 특징이 있다. 끊임없이 자료를 모으고 수집하고 인풋을 반복한다는 것이다. 실제 성적과 결과는 아웃풋에 있다는 점을 모르지도 않는다. 하지만 완벽하게 인풋을 해야 한다는 잘못된 지적 결벽증 내지 강박증이 더욱 중요한 것들을 놓치게 하는 것이다.

· · ·

사실, 모른 채로 합격하더라

나도 물론 이런 성향을 가지고 있어서, 공부할 때 끊임없이 불안함을 느꼈다. 특히 무언가를 완벽하게 알고 다른 사람에게 설명할 수 있는 정도가 아니라면 대한민국에서 가장 어렵다는 사법시험에 합격하지 못 할 거라고 생각을 했다. 그래서 공부의 목표는 항상 어떠한 것을 구체적으로 알고 정확하게 설명할 수 있는 것이었다.

그런데 이런 생각을 바꾸어준 사건이 하나 있었다. 대학교 다닐 때였는데 검사로 일하다가 학교로 오신 교수님께서 사법시험 2차를 준비하는 사람들을 대상으로 공부법에 대해 이야기를 해주시면서 이런 얘기를 했었다. "나도 사실 형사소송법 잘 모르고 합격했어. 소송 절차 같은 것은 나중에 검사 해보니까 그때서야 진짜 알겠더라고."

당시에는 엄청나게 충격적인 말이었다. 아니 무슨 교수님이 자존심도 없나? 명색이 사법시험에 합격했다는 분이 어떻게 저렇게 말을 할 수가 있지? 이런 생각이 절로 들었다.

그런데 시간이 지나면서 주어진 기간 내에 합격하는 것이 무엇보다도 중요한 제1의 가치이고, 합격을 한 사람에게만 비로소 '공부 잘한다'는 평가가 내려진다고 생각이 바뀐 이후로는 교수님의 저 말씀이 무엇을 의미하는지 알게 되었다. 합격을 하는 것, 제한된 시간에 일단 내용을 모두 머리에 집어넣고 마치 아는 것과 같이 답안을 작성하는 것이, 진정 그 지식을 아는 것보다 더 중요하다는 것이다.

· · ·

지금쯤 보통 무엇이 더 중요한지를 잊는다

여기까지 읽으면 '아니 앞에 했던 말들과 모순이 되지 않는가? 아까는 한마디로 설명할 수 있어야 한다며!'라고 생각할 수도 있겠다. 하지만 그 원칙은 다른 가치들보다 우월하게 중요한 가치인 것은 맞지만, 그와 동등하게 중요한 가치가 나오면 조금씩 양보해서 융통성 있게 적용을 해야 하는 것이다. 법조인에게는 익숙한 용어인데, 이처럼 서로 다른 가치를 저울 위에 올려 놓고 비교하는 것을 '형량(衡量)'이라고 한다. 즉 '내가 아는 것을 한마디로 쉽게 설명할 수 있어야 한다'는 것은 '시간 내에 전체적인 지식을 습득할 수 있어야 한다'는 것도 함께 형량해서 실천되어야 하는 것이다. 그래서 부득이하게 시간 내에 그와 같은 수준에 이르지 못할 때에는 그 정도로는 정리를 못 하더라도 아직 습득하지 못한 지식을 머리에 집어넣는 것에 주력해야 하는 것이다.

이처럼 불완전한 상태에서도 결과를 얻을 수 있고, 때로 그것이 훨씬 바람직하다는 점을 빨리 받아들여야 한다. 공부에 있어서 교활함이란 이런 부분을 말하는 것이 가장 크다고 생각한다. 진정한 내적 성취는 내가 결과를 얻은 후에 추구하더라도 전혀 늦지 않다. 아니, 오히려 훨씬 많은 배움과 공부의 기회가 열린다. 물적으로나 심적으로 그러하다. 아무리 '완벽하게' 해 본들 결과를 내지 못하다면 과감하게 포기하라. 그리고 불완전성을 삶의 일부로 받아들여라. 그렇게 하면 합격이라는 결과를 얻을 것이다.

이것은 일에 있어서도 마찬가지이다. 데드라인이 정해져 있음에도 자꾸 세부적인 내용의 완성도에 집착을 하는 경우가 있다. 그러나 상사가 받기를 원하는 것은 전체적으로 80점짜리일지라도 일단 완성이 된 보고서이다. 한 항목은 완벽하지만 아직 전부 완성되지 못한 보고서를 원하는 것이 아니다. 물론 진짜 문제는 다른 사람이나 경쟁자들은 제한 시간 내에 100점짜리 보고서를 만들어간다는 데 있지만, 지금 남은 시간에 80점이라도 만들 것인지, 미완인 채로 0점짜리 결과물을 가지고 갈 것인지 진지하게 고민해볼 것을 권한다.

chapter
09

×

마지막에
누가 완성도 있는
결과를 만드는가

다시 기본에
집중하는 시간

공부나 일을 완성할 단계쯤이 되면 많은 '불필요한 것들'이 속된 말로 들러붙게 된다. 불필요한 것들이라고 하니 공부나 일을 잘못 한 게 아닌가 하는 생각이 들지도 모르겠지만, 정성을 쏟을수록 결과가 나오지 않을 수 있다는 불안함에 나도 모르게 '불필요한' 행동들을 하게 되는 것이다.

수험 공부에 있어서는 지금까지 시험에 나온 적이 없고 앞으로도 나오지 않을 것들까지 붙잡고 공부하는 것이 이에 해당한다. '아니 시험을 준비하는 사람이 무슨 바보도 아니고 한 번도 나온 적 없고 앞으로도 나오지 않을 것들을 공부할 리 있나요?'라고 생각할 수도 있지만, 놀랍게도 수험생의 대부분은 이 점을 간과해 시험에 떨어진다.

학원과 강사를 전적으로 믿는 게 가장 멍청한 짓

주어진 문제를 잘 푸는 것이 아웃풋 능력의 전부라고 착각을 해서 문제 풀이 능력을 기르는 것에만 초점을 맞출 뿐 출제 영역에 대한 것은 선생님이나 강사님에게 모두 맡기는 것이 일반적이다. 그러나 시험에 빨리 합격하거나 좋은 성적으로 합격하는 사람들에게는 공통점이 있다. 그것은 바로 어느 영역에서 시험이 출제되었고 또 출제될지를 예측하는 능력이 비상하다는 것이다. 반면에 결과가 좋지 못한 경우는 대개 그런 부분에 대한 이해나 예측이 결여되어 있어서 '객관적으로는' 당연히 나올 만하고 누구나 맞히는 문제임에도 '주관적으로는'(혼자서만) 이상한 문제 또는 어려운 문제라고 생각해서 시험을 그르친다.

이러한 능력은 기출 문제를 분석함으로써 얻을 수 있다는 것은 다시 반복해서 말하지 않아도 될 것으로 생각한다. 그렇다면 이 마무리 단계에서는 어떤 식으로 기출 문제를 활용하면 좋을까? 가장 좋은 방법은 기출 문제를 분야별로 모아 놓고 다시 한 번 풀어보고 한 걸음 떨어져서 내가 지금까지 모아둔 공부와 관련된 자료 중에서 불필요한 것들을 걸러내는 식으로 활용하는 것이다.

여기서 한 가지 덧붙이고 싶은 점은, 학생들도 학원을 운영하는 사람들의 심리 내지 속성에 대해서 한번 생각해볼 필요가 있다는 것이다. 학생이 학원을 다녔는데 학원에서 가르쳐 주지 않은 부분에서 시험 문제가 출제되었다고 해보자. 학생은 학원을 불신하게 될 것이다. 반대로 이러한 리스크를 피하기 위해서 학원이 학생들에게 모든 것을 다 가르쳐준다고 해보자. 이렇게 할 경우 학원은 언제나 '내가 다 가르쳐주지 않았느냐'라고 변명을 할 수 있기 때문에 불합격을 학생의 노력 부족이나 운 등 학원의 부담이 아닌 것으로 돌릴 수 있다.

자, 그렇다면 내가 학원의 운영자라면 어떠한 방식으로 학원을 운영할 것 같은가? 대부분의 학원은 양자를 조합하여 커리큘럼을 짠다. 일단 전반적인 것들, 모든 것들을 가르치는 강의를 통상 '기본 강의'로 두고, 점차로 양을 줄여나간다. 그리하여 '파이널 강의'까지 오면 정말 시험에 나올 만한 것들까지 양이 압축된다. '나는 다 가르쳤어. 할 바를 다 했어'라고 말을 할 수도 있으면서, 시험에 꼭 나오는 것들에 공부를 집중시킬 수도 있는 것이다.

그러나 학생의 입장에서는 이러한 점들을 모르거나 또는 알아도 불안하기 때문에 처음 했던 공부의 양을 그대로 유지한다. 그러나 이러한 심리는 내 공부를 돕기 위해 존재하는 학원을 제대로 활용하지 못하는 것을 넘어서, 정말로 중요한 것을 파악하지 못하는 어리석음에 해당한다.

그렇다면 수험생은 대체 뭘 어떡하란 말인가. 답은 간단하다. 전면적으로 학원에서 가르친 것을 검증해봐야 한다. 수험 생활은 인생에서 가장 중요한 일부를 이룬다. 그렇다면 보통 학원이나 강사분들을 지칭할 때 '수험 전문가'라고 부르는데, '인생 전문가'라는 뜻도 된다. 내가 학원을 신뢰하는 것은 나쁘지 않지만, 그곳을 신뢰해도 될지 검증해보지 않는 것은 다른 사람의 손에 내 인생을 통째로 맡기는 것이 된다. 그리하여 결과가 좋지 않은 것을 학원 탓으로 돌린다면 그것은 그냥 내가 내 인생에 책임감이 결여된 것이다.

학원에서 가르치는 것들을 검증하는 방법은 바로 내가 스스로 무엇이 시험에 나왔는지, 무엇이 앞으로 시험에 나올지를 직접 확인해보는 것이다. 학원 강사가 자신이 맡은 부분에 대해 지식이 부족하다면 애초에 그 일을 하고 있지 못할 것이고, 앞서 설명한 학원의 속성 내지 본질로 인해 거의 모든 것을 다 가르치고 있을 테니 말이다. 즉 검증의 포인트는 실력이 아니라 범위이다. 따라서 이러한 측면에서도 마지막에 다시 한 번 기출 문제를 풀고 분석해서 내가 공부한 것들 중 정말 중요한 것들에 에너지를 집중하는 것이 필요한 것이다.

$\bullet \ \bullet \ \bullet$

지금까지 한 것의 완성도를 높여라

마지막으로 다시 한 번 기출 문제를 풀고 분석하면서 한 가지 더 해줘야 할 것이 있다. 내가 공부한 것들 중에 무엇이 시험에 나올지를 '출제자의 시각에서' 예측해보면서, 구체적으로 상상해가면서 읽는 것이다. 객관식이라면 어떤 선지가 나올 것이고 어떠한 것이 답이 될 것인지, 오답으로 나온다면 어떻게 비틀어서 나올지 등을 상상해보아야 하고,

주관식이라면 어떤 부분이 어떤 식의 문제로 나오고 어떤 전개로 답을 쓸지, 분량은 어느 정도로 쓸 것인지까지 상상할 수 있어야 한다.

'에이, 수험 전문가도 아닌데 어떻게 그렇게 하나요?' 앞서 이야기했지만, 공부는 내 인생이다. 내가 내 인생에 전문가가 되지 않으면 결과가 좋을 수가 없고, 점수를 잘 받는 사람들은 모두 자신의 인생, 즉 수험에 있어 누구보다도 전문가이기 때문에 그러한 결과를 얻는 것이다.

이러한 관점에서도 마지막까지 새로운 자료를 추가하면서 공부 양을 늘리는 것은 굉장히 안 좋은, 단지 불안함을 조금 없앨 뿐 집중력을 분산시켜 전체적인 공부 완성도를 떨어뜨리는 마무리 방법이라는 것을 알 수 있을 것이다. 막바지에는 내가 지금까지 공부한 것들만을 다시 한 번 되짚어 보는 것이 공부의 완성도를 높이는 방법이다.

일에 있어서도 마찬가지로 '상대방의 시각'에서 내가 만든 일의 결과를 검토하는 것이 가장 중요하고 마지막까지 챙겨야 하는 기본에 속한다고 할 수 있다. 보고서나 발표 자료, 회의 자료 등에 오탈자가 있다든지, 첨부한 자료가 누락되었다든지, 편집이 잘못 되어 읽기에 매우 불편하다든지 하는 것들은 내가 쏟은 노력, 내용의 완성도에 비하면 매우 조그마한 결점에 해당한다고 생각할 수도 있다. 그러나 그러한 조그마한 실수들이 내 노력의 격을 떨어지게 만든다. 보고를 받거나 발표를 듣는 사람의 입장에서는 상대방의 노력을 오로지 작성된 문서나 발표로만 확인할 수 있기 때문이다.

캘리브레이션
과정을 거쳐라

수험 상담을 하다 보면 이런 말을 굉장히 많이 듣는다. "현장에서 너무 떨어서 시험을 못 쳤어요." 물론 나도 시험을 칠 때면 항상 긴장이 됐기 때문에 그 불안과 무서움을 모르는 것은 아니다. 하지만 시험을 치는 것을 일이라는 관점에서 보면, 이는 다분히 아마추어적인 생각이라고도 볼 수 있다. 현장에 대한 예측을 전혀 하지 않았기 때문이다.

• • •

미리 상황 설정을 하라

공부를 하고 시험을 친다는 것은 일부러 내가 어려운 경쟁 속으로 뛰어들고 눈, 허리, 엉덩이, 팔, 머리 등에 고통을 주는 행동이다. 이런 행동을 피하고자 하는 인간의 본능이 불안함을 만들고 그로부터 도피하게 한다. 따라서 이를 이성의 힘으로 누르고 좋은 결과를 얻을 수 있도록 하는 것도 공부의 일부를 이룬다. 시험장에서 떨릴 것이라는 점은 미리 예측을 할 수 있고 또 해야 한다. 내가 어느 상황에 떠는지, 떠는 경우에는 어떻게 하면 마음이 그나마 안정될 수 있는지를 미리 알고 시험장에 들어가야 한다는 것이다.

시험을 쳐보기 전에는 그것을 알 수 없지 않느냐고 물을 수도 있겠다. 모른다고 준비할 수 없는 것은 아니다. 당연히 시험장에서와 같을 수는 없지만, 그러한 상황을 일부러 조성해서 연습하는 것이 필수적이다. 모의고사 같은 것들은 실은 문제의 질에 있어서는 실제 시험과는 크게 차이가 난다. 그럼에도 그런 모의 연습을 하는 이유는 시험에 대한 적응력을 높이고자 하는 의도도 포함되기 때문이다.

행정고시 최연소 합격자들의 수기에서 굉장히 빈번하게 발견되는 것 중 하나는 모의시험 때 실제 시험장에 입고 갈 옷을 미리 입고 가고 시험장에서 먹을 음식을 똑같이 먹으면서 실전에 대한 적응력을 높인다는 것이다. 그리고 나아가 체력과 집중력이 굉장히 떨어지는 상황에서 풀어야 하는 마지막에 배치된 문제들에 대한 적응력을 높이기 위해 일부러 하루 중 가장 힘들고 지친 시간에 해당 문제들만 모아서 푸는 연습을 하였다는 것도 공통적으로 찾을 수 있는 내용이었다.

모의고사를 칠 수 없는 상황이라면 혼자서도 할 수 있는 좋은 연습 방법이 있다. 일단 시험장에서 쓸 탁상용 시계를 하나 사서 실제 시험 시간과 똑같이 맞추어 둔다. 그리고 문제를 풀기 전에 눈을 감고 '여기는 시험장이야'라는 생각을 1분간 계속해서 해보라. 조금씩 맥박이 빨라지고 긴장이 될 것이다. 그때 문제를 푸는 연습을 하면 된다.

• • •
TR-PR-TR로 현장 적응력을 높일 것

아무런 문제가 없는 모니터나 프린터가 제대로 색을 표현하지 못하는 경우가 있는데, 이를 교정하는 작업을 '캘리브레이션(calibration)'이라고 한다. 수험생이 열심히 공부해 시험 문제를 잘 풀 수 있는 상태가 되었다 하더라도, 자신이 지금껏 공부해온 상황과 시험장의 환경이 다를 수 있다. 즉 아웃풋이 나올 수 있는 정상적인 상태임에도 환경이나 조건이 바뀜에 따라 제대로 된 아웃풋이 나오지 않을 수 있다는 것이다. 따라서 공부에서도 캘리브레이션은 필수이다.

캘리브레이션은 공부에 있어 '트레이닝'과 '프랙티스'를 구별하기 때문에 기억해 두어야 하는 개념이다. 트레이닝(training)이란 실전을 염두에 둔 연습을 의미한다. 시간적 또는 장소적 제약, 기타 분위기나 상황을 최대한 실전과 비슷하게 만든 상태에서 연습을 하는 것이 기본이고, 그보다 더 가혹한 조건 속에서, 과하다 싶을 정도로 반복 연습을 하는 것이 실전 적응력을 높여주는 최적의 연습이 된다. 반면 프랙티스(practice)란 비실전 연습을 의미한다. 대부분의 수험생이 후자에 시간을 많이 쏟는다. 하지만 시험에 임박해 마무리하는 과정에서는 트레이닝의 비중을 높여야 한다.

이때는 트레이닝과 프랙티스의 순서와 비율이 매우 중요한데, 약자를 써서 TR-PR-TR의 순서로 마무리하는 것이 좋다. 먼저 단원별 문제집이나 회차별 문제집을 시간을 재서 풀어본다. 이때는 실전보다 적은 시간으로, 대략 80% 정도의 시간을 잡고 연습하는 것이 좋다(가혹 조건에 의한 트레이닝). 그리고 틀린 문제들을 확인한 후 다시 교과서나 교재 등으로 돌아가 충분한 시간을 가지고 머릿속의 잘못된 문제풀이 프로토콜을 수정하거나 지식을 보완해준다(프랙티스). 이 부분에서 보통 매우 적은 시간을 쓰거나 눈으로 해설만을 흘깃하고 넘어가는 경우가 많은데, 그것이 대부분 패착이 된다. 공부가 보완되었다면 이제 다시 빠르게 실전이라고 생각하고, 금방 공부한 것을 떠올린다기보다 완전히 처음 보는 문제라고 가정하고 다시 문제를 풀어본다(2차 트레이닝). 이때 중요한 점은 내가 새롭게 보충하거나 수정한 문제풀이 프로토콜이 제대로 작동하는지 확인하고 그 방식과 감각을 기억해두는 것이다. 이후에는 공부계획에 맞춰 자투리 시간 등을 포함해 계속해서 머릿속으로 실전 연습을 한다(초과 반복 트레이닝). 실제로 문제를 푸는 것보다 머릿속으로 떠올려 푸는 것이 시간적으로 훨씬 이점이 크다. 수백 번, 수천 번 문제를 푸는 상상을 하며 마무리를 해주는 것이다.

삶의 공부 자극은
계속되어야 한다

· · ·

성취를 깊게 체감하고 즐겨라

이제 어떻게 공부하면 효율적으로 좋은 결과를 얻을 수 있을 것인지에 대해서는 충분히 설명이 되었다는 생각이 든다. 다만 실제 결과를 얻기 위해서는 좋은 방법뿐 아니라 좋은 노력이 뒷받침이 되어야 한다는 말을 꼭 덧붙이고 싶다. 그리고 원하는 결과가 원하는 시기에 나오지 않았다고 하여 실망할 필요가 없다는 말도 꼭 하고 싶다. 내가 할 수 있는 최대치는 좋은 방법을 찾고 또 그것을 바탕으로 좋은 노력을 하는 것이고 결과는 그것에 답하여 주어지는 것이기 때문이다.

이제 다른 사람들의 시각이나 기준에 따라 그 결과의 크기나 가치를 매기는 것은 큰 의미가 없다는 것도 알게 되었을 것이다. 이 부분에서 내가 한 노력이나 성취의 결과를 정당하게 평가하지 못하는 사람들을 굉장히 많이 보게 된다. 특히 CEO나 전문직 종사자, 운동선수 등 다양한 타인과 관련되어 있거나 그 사람들의 관심, 기대 등을 받는 사람들이, 불안함과 초조함에서 벗어나기 위하여 '실은 내가 이룬 성취는 가짜 모습, 즉 가면을 쓴 모습에 불과해'라고 생각하는 증후군을 겪는 경우가 많다. 이를 '가면 증후군(Imposter Syndrome)'이라고 하는데, 자신이 이룬 성과 내지 결과물이 온전히 자신의 노력이나 능력에 의한 것이 아니라 우연한 외부적 원인에 의한 것으로 여기고 자신이 주변 사람들을 속이고 있다고 믿는 불안 심리이다. 특히 완벽주의자거나 자존감이 낮은 사람들이 이러한 증후군을 많이 겪는다고 한다.

그러나 여기서 다시 출발점으로 돌아가 그 성취의 개인사적 의미를 되새겨보라고 말해주고 싶다. 나는 무엇 때문에 이 공부 또는 일을 해왔고 어떤 과정을 거쳐 성취를 얻었으며 그것이 현재의 나에게 어떠한 의미를 갖게 되었는지를 먼저 생각해보자. 그리고 그 결과 그것이 나의 내적인 만족감을 충족시키는 것을 넘어 현재의 나에게, 미래의 나에게 어떠한 가치를 부여하게 되었는지를 생각해보자. 타인과 나의 성취를 비교하는 것은 아무 의미가 없다. 우리가 목표를 설정할 때 그것이 내게 지극히 개인적인 의미여야 한다고 이야기했던 것을 떠올리기 바란다. 그리고 여기서 형식적으로 '무언가를 했다'는 데서 얻는 최소한의 심리적 만족을 넘어, 내가 한 단계 더 성장했고 내가 설정했던 목표를 달성했다는 진정한 만족감과 대견함, 뿌듯함을 느낄 수 있길 바란다. 그것은 과거의 나와의 비교에서 얻어지는 '나의 성취'인 것이다. 그리고 나아가 내가 나를, 나의 성취를 사랑하지 않으면 다른 사람들도 그 사람과 그 사람의 성취를 사랑하지 않는다는 점도 아울러 기억해두면 좋겠다.

• • •

내가 나의 성장을 기억하고 기록해야 한다

결과를 얻은 기쁨을 깊게 즐겼다면, 이제(벌써?) 새로운 공부를 시작할 때이다. '공부'라는 단어가 단순한 수험용 공부에 한정되는 것이 아니라, 좀 더 넓게 나의 내적 발전과 성취를 위한 지식과 정보 획득을 의미하는 것이라는 점을 한 번 더 상기하면서, 한 단계 더 성장하기 위해 새로운 성장 동력을 찾아야 한다.

다만 나는 한 가지 권하고 싶은 게 있는데, 새롭게 공부를 시작하기에 앞서 내가 앞선 성취를 이룬 과정을 간단하게 기록해 두었으면 한다. 인간은 기록을 통해 지식을 축적하고 종전보다 더 비약된 발전을 이룰 수 있었고, 이는 '나'라는 인간에게 있어서도 마찬가지이다. 이제는 나만의 공부 방법, 세상과 지식을 대하는 방법을 기록하고 축적하는 습관을 들여야 한다. 이를 통해 내가 활자로 익힌 공부 방법과 내가 체험으로 얻어 보완한 공부 방법이 결합되고 그것을 새로운 발전의 밑거름으로 삼을 수 있기 때문이다.

그리고 그것을 하기에 최적의 타이밍이 바로 성취를 이룬 '직후'이다. 사람의 기억은 시간이 지날수록 쇠퇴하는데, 내가 거둔 성공의 역사를 가장 생생하게 기억하고 있는 시기가 바로 이때이기 때문이다. 여기서 조금만 시간이 지나도 '에이 그 정도야 뭐 또 할 수 있지 않을까' 하는 생각에 정리를 놓치고 되고, 내가 힘겹게 쌓은 성취의 노하우가 사라지게 된다.

다만 이는 멋들어진 수험생의 합격 수기와 같은 형태가 아니어도 좋다. 내가 알아볼 수 있는 형태로, 나만의 지식 저장소를 만든다는 느낌의 메모 정도면 된다. 내 경우를 예로 들면 나는 이 메모를 간단한 텍스트 파일로 남겨서 하나의 폴더에 모아둔다.

• • •

성취를 새로운 내적 동기로 전환하는 방법

이처럼 성취를 기억하고 기록한 이후에는 내가 종전에 얻은 성취를 새로운 성취를 위한 동기로 전환하는 작업이 필요한데, 먼저 성취감이 굉장히 큰 역할을 할 것임이 분명하다. 그러나 좀 더 방법적으로, 단순히 심적으로 고무된 상태에 머무르는 것에 그치지 않고 새롭게 내적 동기를 고양시키는 방법에 대해서 생각을 해보면 좋겠다.

그것은 바로 나의 '성취의 패턴'을 발견하는 것이다. 내가 종전에 얻었던 성취와 그 과정을 기록한 것도 실은 이 성취의 패턴을 알아내기 위한 것이다. 내가 종전에 성취를 얻을 수 있었던 과정들을 모아서 생각해보면 내가 결과를 만들어나가는 나만의 방식이 있다는 것을 알 수 있을 것이다.

그리고 책의 서두에서 들었던 두 유형의 천재 중 후자의 유형, 어느 일이든 잘하던 그 친구가 실은 자기 자신만의 성취의 패턴을 가지고 있었고 그것에 대한 깊은 확신과 추진력으로 또 다른 성취를 거둔 것은 아니었을지 추측도 할 수 있게 될 것이다. 이를 통해 나도 얼마든 내 개인적 성취를 기록하고 누적함으로써 마찬가지의 성취를 이룰 수 있다는 희망도 가질 수 있을 것이다.

성취의 패턴을 발견하였다면 이제 새로운 도전으로 나아가자. 여전히 두렵고 떨릴지 모른다. 하지만 다시 한번 내 성취의 개인사적 의미를 떠올려보자. 나의 무한한 가능성을 '이해'하고 '신뢰'하자. 그리고 성취와 새로운 동기의 발견이라는 선순환 위에서 펼쳐질 내 삶을 온전히 만끽하자.

실패에 주눅 들지 않고 다시 일어서는 방법

물론 언제나 내가 원한 대로의 결과가 나를 찾아온다면 더 바랄 것이 없겠지만, 공부나 일이 그렇게 쉽지만은 않다. 아무리 내가 스스로 한 일의 값어치를 인정하고 존중한다고 하더라도, 다른 사람들이 그 결과를 경시하고 무시하는 경우에는 회의나 후회가 찾아올 수밖에 없다. 하지만 여기서 다시 앞서 얘기한 넓은 시야에서 실패를 보는 법을 떠올려보면 좋겠다. 그리고 나의 행복을 위해 과감하게 개인주의자가, 이기주의자가 될 것을 권한다.

내가 현재 얻은 결과물이 비록 다른 사람들의 기준이나 시각에서는 실패로 보일 수도 있겠지만, 내가 포기하지 않고 다시 그 일에 도전하기로 마음 먹는다면, 그때부터 이미 그것은 결과가 아닌 과정 중의 일부로 바뀌게 된다. 즉 다시 '일이 꼭 아름답게 진행되는 것은 아님'을 떠올리며, 잠시간의 휴식과 스스로에 대한 위로와 격려의 시간을 가진 후에, 다시 목표를 향해 달려 나가자. 이는 분명 뼈아프고 치명적인 경험일 수 있다. 하지만 그 역시 과정 중 일부에 불과하다. 내 앞에 놓일 빛나는 성취가 그 아픔과 어둠을 결국 모두 거두어줄 것이다.

이 과정에서 특히 시험에 떨어진 분들은 예를 들면 경제적 지원을 해주는 가족의 눈치를 본다거나 하는 등으로 다른 사람들의 시선을 신경 써야 하는 경우도 많을 것이다. 하지만 그것은 목표를 정함에 있어서, 다시 일어섬에 있어서 고려되어야 하는 것은 아니다. 목표는 다시 나를 위해, 내 행복을 위해, 오로지 그 기준에 따라 설정되어야 한다. 그런 시각에서는 앞서의 경제적 문제와 같은 것들은 하나의 장애물에 불과한 것이다. 그 장애물들을 어떻게 현명하게 넘을 것인가를 생각해야지, 처음부터 그 모든 요소들을 저울질할 경우 새롭게 시작할 동력을 얻기가 어려워진다. '당신의 생각과는 달리 그렇게 쉬운 문제가 아닙니다'라고 말할 수도 있겠다. 맞다. 그 어려움을, 그 무게를 모르는 것이 아니다. 하지만 그것을 잘 알기에 이와 같이 말하는 것임을 이해해주면 좋겠다. 장애물은 어떻게 넘을지만을 고민하여야 하는 것이지, 그것이 있다고 하여 목적지까지 갈지 말지를 고민하지 말라는 것이다.

내가 가장 존경하는 분이자, 항상 내 삶에 귀감이 되어주시는 이민영 변호사 님은 초등학교만을 졸업한 후 학비를 벌기 위해 막노동을 하고 월남전에 참전하였다. 그리고 그 어려움 속에서 20여년에 걸친 독학으로 8번의 도전 끝에 9번째에 사법고시에 합격하였다. 그분의 합격 수기 마지막 부분에 나오는 다음의 말로 이 책의 마무리를 갈음하고자 한다.

"무슨 일이든 최선을 다할 수 있는 집념, 소기의 목표에 도전해서 뜻을 이루었다는 성취감 그 자체에 고시의 의미를 부여하고 싶다. 현재의 어려운 처지를 약진의 발판으로 삼아 굳센 전진을 계속할 때 승리는 반드시 당신의 것이 되리라 믿는다. 인간적인 최선 앞에 신인들 외면할 수 있겠는가?"

불안을 확신으로 바꿔줄
공부 유형 테스트
& 맞춤 솔루션

나는 지금 제대로 공부하고 있는 걸까?

공부의 길을 잃고 헤매는 사람들을 위한 점검법

수년간 학생들, 시험 준비를 하는 분들을 지도하고 상담해오면서 공부를 하는 사람들이 일정한 유형으로 나뉜다는 것을 알게 되었습니다. 그래서 공부에서 결정적인 4가지 요소를 기준으로, 몇 년 전부터 지도를 하거나 상담하는 분들의 유형을 나누어 그 유형에 맞게 맞춤 공부법을 지도하고 있습니다. 어떤 분은 공부법은 잘 알지만 멘탈이 매우 약한 경우가 있었고, 어떤 분은 객관적이지 않아 자신의 실력이 부족하다는 사실을 잘 알지 못하면서도 '뚝심 있게' 수년간 수험을 지속하는 경우도 있었습니다. 사람에 따라, 성향과 문제점에 따라 컨설팅 방식이 달라져야 함은 물론이겠죠. 이번에 책을 펴내면서 그동안의 기준을 체계화하고 정리하여 누구든 질문에 대해 답하는 것만으로 자신의 공부 유형을 파악할 수 있도록 구성해보았습니다. 독자 스스로 1단계부터 4단계까지 총 60가지 질문에 답하고 그 답을 조합하면 자신의 공부 유형에 따라 갖고 있는 장점과 단점, 특히 공부법 가운데 보충이 필요한 부분을 알 수 있을 것입니다. 특히 공부 유형만을 알아보는 데서 그치지 않고 공부의 전형적인 문제점들에 대한 자가진단이 가능하도록 구성했기 때문에, 공부 유형을 확인한 후에는 각각의 공부 유형에 따라 전형적으로 보완이 필요한 부분들에 대한 솔루션도 알 수 있게 될 것입니다. 해당 솔루션 부분에는 이 책의 어느 부분을 집중적으로 보아야 할지도 적어두었으므로 짧은 시간에 공부를 효율적으로 하는 데 도움이 되리라 확신합니다.

I

공부 유형 테스트
4단계

질문	매우 그렇지 않다	그렇지 않다	보통	그렇다	매우 그렇다
1 공부 시간을 측정하고 매일 기록하면서 공부를 하는 편이다.					
2 내가 선택한 공부법이 다른 방법들과 비교해 더 좋은 방법이라는 점을 근거를 들어 설명할 수 있다.					
3 주변에서 다들 보는 책이나 자료라면 보지 않더라도 일단 수집한다.					
4 원하는 점수를 얻기 위해 하루 최소 몇 시간, 어느 정도 기간 동안 공부를 해야 하는지 알고 있다.					
5 준비하는 시험에 어떤 강사와 강의가 있는지 빠짐없이 알고 있다.					
6 내가 치는 시험의 합격수기나 후기를 수시로 읽고 이해해 내 것으로 만든다.					
7 어떻게 하면 지금보다 성적을 더 높일 수 있을지 방법을 잘 알고 있다.					
8 책이나 자료 같은 것들을 나만의 기준으로 체계적으로 재분류하고 정리하지 않으면 견디기 어렵다.					
9 어느 정도 강도로 몇 시간 공부를 하면 완전히 지치는지 알고 있다.					

		A	B		C	D
10	슬럼프에 빠졌을 때 어떻게 하면 벗어날 수 있을지 정확히 아는 편이다.					
11	공부에 관한 정보를 얻기 위해 카페, 블로그, 유튜브 등을 수시로 찾아본다.					
12	내 경쟁자들이 평균적으로 어느 정도의 학력이나 지식 수준을 가지고 있는지, 하루 평균 몇 시간 공부를 하는지 잘 알고 있다.					
13	공부에 관한 정보·자료들은 한 번 보고 끝내는 것이 아니라, 반드시 따로 스크랩을 하거나 즐겨찾기를 해둔다.					
14	내가 치는 시험/대학의 작년 합격 점수와 합격률을 정확히 알고 있다(내신 시험의 경우 '보통'을 선택할 것).					
15	공부를 함에 있어 내가 다른 사람보다 어떤 강점이나 약점을 가지고 있는지 정확히 알고 있다.					
개수		A	B		C	D

1) A에 -2를, B에 -1을, D에 +2를 곱하세요.
2) A, B, C, D를 모두 더하세요.
3) 합계가 -30~0점인 경우 O유형, 합계가 1~30점인 경우 S유형

질문	매우 그렇지 않다	그렇지 않다	보통	그렇다	매우 그렇다
1 시험을 칠 때 어떤 문제부터 풀지 순서를 정해두었거나 특별히 시간별로 전략을 가지고 있는 것은 아니다.					
2 누군가 짧은 시간에 점수를 확 올렸다고 해도 많은 사람이 하는 방식이 아니라면 따라 하는 것에 불안함을 느낀다.					
3 강의를 들은 시간도 공부 시간에 포함되어야 한다.					
4 문제집을 열심히 풀었다면 막판에는 다시 교과서나 교재, 인강으로 마무리하는 것이 좋다.					
5 시험이 얼마 안 남았어도 다시 인강을 듣거나 책을 열심히 보는 게 시험 당일에 어떤 컨디션을 유지할지 생각하는 것보다 더 중요하다.					
6 교재를 읽을 때 그 부분에서 어떤 문제가 나왔고 어느 정도 빈도로 나왔는지 강사만큼 잘 설명할 수 있다.					
7 나중에 해야 하는 일들이 무엇인지를 미리 생각하고 대비하는 것보다 현재할 수 있는 것을 확실하게 잘 하는 것이 중요하다.					
8 공부의 목적은 시험에서 점수를 잘 받는 것만은 아니다.					
9 내용을 완벽히 이해하고 외우고 있다면 문제는 당연히 잘 풀릴 것이다.					

		A	B		C	D
10 책에 나오는 내용들을 순서대로 빠짐없이 꼼꼼하게 보는 것이 성적을 높이는 효율적인 방법이다.						
11 교재를 꼼꼼하게 한 번 제대로 보는 것이 빠르게 여러 번 보는 것보다 낫다.						
12 쉬운 문제는 누구나 맞힐 수 있으므로 변별력이 있는 어려운 문제를 잘 맞히는 게 중요하다.						
13 영어 듣기 시험이 30분 남았다면 미리 듣기 연습을 하기보다는 나올 것으로 예상되는 대화를 읽어봐야 한다.						
14 새로운 진도를 나가는 것보다 이전에 공부한 내용을 까먹지 않도록 철저히 복습하는 것이 중요하다.						
15 문제를 틀린 뒤 해설을 보면서 '아, 이거 공부한 건데!'라고 생각할 때가 많다.						
개수		A	B		C	D

1) A에 -2를, B에 -1을, D에 +2를 곱하세요.
2) A, B, C, D를 모두 더하세요.
3) 합계가 -30~-1점인 경우 T유형, 합계가 0~30점인 경우 A유형

질문	매우 그렇지 않다	그렇지 않다	보통	그렇다	매우 그렇다
1 주기적으로 뼈 때리는 영상을 찾아보며 동기부여를 받는다.					
2 공부를 하는데 가족들이 '너는 해도 되기 어렵다'고 한다면 공부에 영향을 많이 받을 것 같다.					
3 무엇인가 잘못된 것 같다고 느끼더라도 분위기상 잘 말하지 못할 때가 있다.					
4 주변에서 공부법이 잘못되었다고 한다면 공부법을 바꾸는 편이 좋다고 생각한다.					
5 공부할 때 친구나 가족 등 주변사람에게 자주 고민을 상담하고 힘을 얻는다.					
6 강의 없이 혼자 공부하는 것은 상상할 수 없다.					
7 절친이나 연인이라면 공부하는 데 방해가 되더라도 끊어내기까지는 어려울 것 같다.					
8 좋은 대학에 가거나 시험에 합격해서 주변 사람들을 기쁘게 해주거나, 좋은 인간관계를 만들거나 유지하는 것이 인생의 목표 중 하나이다.					
9 시험을 앞두고 친한 친구의 아버지께서 돌아가셨다면 꼭 장례식장에 가볼 것이다.					

		A	B		C	D
10 내가 공부를 잘 못하는 이유는 아무래도 내가 가장 잘 안다고 생각한다.						
11 혼자 공부를 하는 것보다 스터디를 하거나 아는 사람과 같이 공부하는 것을 선호한다.						
12 가족이나 친구와 문제가 있을 때 공부에 영향을 많이 받는다.						
13 사람들과 시간을 보내고 함께하는 것이 혼자 지내는 것보다 즐겁고 편하다.						
14 강사나 선생님이 중요하다고 강조하는 부분이라면 그 말을 믿고 반드시 공부해야 한다고 생각한다.						
15 친구들과 공부 스트레스를 풀기 위해 놀다가 공부에 영향을 받은 적이 종종 있다.						
개수		A	B		C	D

1) A에 -2를, B에 -1을, D에 +2를 곱하세요.
2) A, B, C, D를 모두 더하세요.
3) 합계가 -30~-1점인 경우 C유형, 합계가 0~30점인 경우 D유형

4단계

질문	매우 그렇지 않다	그렇지 않다	보통	그렇다	매우 그렇다
1 결국엔 다 잘될 거라고 낙천적으로 생각하는 것이 공부에 현실적인 도움이 되는 것은 아니다.					
2 공부하는 내용에 변화가 있다고 하더라도 바뀐 내용을 찾아보고 새롭게 공부하는 것에 익숙하지 않다.					
3 공부가 계획대로 안 될 때까지 대비해서 예비 계획을 세워두는 것은 좀 과하다.					
4 대부분의 사람들이 다니는 학원 커리큘럼대로 공부하는 것이 안전한 방법이라고 생각한다.					
5 처음 짠 공부 계획을 그대로 지키지 못하면 스트레스를 받고 공부에도 영향을 받는 편이다.					
6 공부하다가 심하게 감기몸살이 와서 며칠 공부를 못한다면 크게 불안할 것 같다.					
7 시험이 닥쳤는데 공부가 제대로 되지 않았다면 철저히 준비해서 다시 다음 기회를 노려야 한다.					
8 그때그때 상황에 맞춰서 방법을 바꾸는 것보다 처음의 계획을 그대로 지키는 편이 좋다.					
9 이전에 배운 것을 확실하게 복습하느라 새로운 부분의 공부가 밀리는 경향이 있다.					

		A	B		C	D
10	큰 시험이나 작은 시험을 가리지 않고 공부 계획을 구체적으로 세우는 편이다.					
11	모의고사나 쪽지 시험을 잘 못 치면 크게 좌절하고 공부하기가 싫어진다.					
12	공부장소나 환경이 바뀌면 공부하는 데 큰 지장이 있다.					
13	시험을 치다가 너무 긴장을 해서 망치기도 한다.					
14	내게 닥친 좋지 않은 상황을 있는 그대로 받아들이고 새롭게 나아가는 것에는 아주 큰 용기가 필요하다.					
15	큰직하게 계획을 세우고 공부를 하면서 세부적인 계획을 세우고 조정하는 것이 아니라, 처음부터 세부적으로 계획을 세우는 편이다.					
	개수					

1) A에 -2를, B에 -1을, D에 +2를 곱하세요.
2) A, B, C, D를 모두 더하세요.
3) 합계가 -30~-1점인 경우 E유형, 합계가 0~30점인 경우 P유형

테스트 단계별 유형 특징

1단계 | 메타인지에서의 주관성과 객관성

S유형 주관적 판단 성향(SUBJECTIVENESS)

S유형은 계획과 실행의 수행 정도(실력)를 평가함에 있어 객관적인 기준이 아니라 주관적인 기준에 따르는 경향이 있습니다. 주관적인 기준에 따라 실행의 정도나 실력을 평가하기 때문에 실제 자신의 수준에 비해 스스로를 더 낮게 보거나 높게 보는 등 정확한 평가와 피드백이 이루어지지 않을 수 있습니다.

O유형 객관적 판단 성향(OBJECTIVENESS)

O유형은 합격 수기를 읽고 자신의 상황을 가늠하고, 공부 시간을 측정·기록하고, 모의고사를 응시하여 실력을 확인하는 등, 계획과 실행의 수행 정도(실력)를 평가함에 있어 주관적인 기준이 아니라 객관적인 기준에 따르는 경향이 강합니다. O유형은 스스로에 대한 평가와 피드백은 정확하지만, 자신의 실력이 상대방이 요구하는 것보다 부족하다는 것도 쉽게 알게 될 수 있어 멘탈 관리에 어려움을 겪을 수 있습니다.

2단계 | 행동 중시 유형과 전략 중시 유형

A유형 행동 중시형(ACTION)

A유형은 책을 읽거나 강의를 듣는 것을 좋아하는 등 지식 습득에서 아웃풋보다는 인풋을 선호하는 유형입니다. 현재 할 수 있고 해야 하는 일을 잘 하는 것이 점수를 올리는 좋은 방법이라고 생각하는 경향이 있습니다. 또한 공부에 있어서 정성을 들이고 내용을 정확하게 익히는 것이 중요하다고 생각하는 경향도 있어서 주로 교수, 연구자로서의 진로가 어울리는 경우가 많습니다. 수험생의 경우에는 객관적인 정보가 부족할 경우 이러한 유형에 속하게 될 수 있습니다.

T유형 전략 중시형(TACTICS)

T유형은 책이나 강의보다는 문제를 풀거나 결과물을 만드는 것을 좋아하는 경향이 있습니다. 시험을 놓고 보면, 해당 분야나 지식에 대한 깊은 이해나 연구보다는 어떻게 하면 점수를 더 쉽게 얻을 수 있는지에 더 관심이 많습니다. 현재 해야 할 일을 충실하게 하는 것보다 앞으로 해야 할 일들을 어떻게 미리 배치하고 처리하는지에 대해 관심이 더 많습니다. 정성과 노력보다 성과를 잘 내는 것이 더 중요하다고 생각하는 사람이 이 유형에 속하는 경우가 많습니다.

외부 의존성과 영향성

D유형 **타인 의존 · 영향형**(DEPENDENCY)

D유형은 계획, 실행, 점검의 면에서 자기 자신이 아니라 타인에게 의존하는 경향이 있습니다. 공부 계획을 세우거나 실행하고 점검할 때 '팔랑귀'인 경우가 많습니다. 그리고 스터디를 선호하거나 이성 친구 등 마음을 기댈 수 있는 사람이 필요합니다. 이 유형에 속하는 사람 중에는 수험 생활의 러닝메이트로 누구를 만나는가에 따라 수험 기간이나 결과가 크게 달라지는 경우가 있습니다.

C유형 **자기 확신 · 타인 비영향형**(CONFIDENCE)

C유형은 계획, 실행, 점검을 타인에게 의존하지 않고 스스로 하는 경향을 가집니다. 자기 확신을 가지고 목표를 향해 전력 질주를 하는 사람들이 이 유형에 속합니다. 한편 C유형은 자기 확신이 생기기 전까지는 본격적인 공부를 하지 못할 수 있고, 잘못된 확신으로 수험 기간이 장기화되거나 실패할 우려도 있습니다. 달리 말하자면, 좋은 조언도 거르는 것은 단점이 될 수 있지만, 잘못된 지적이나 조언에도 크게 영향을 받지 않는 것은 장점이 될 수 있습니다.

원칙형과 융통형

P유형 **원칙형**(PRINCIPLE)

P유형은 가급적 계획을 세워서 그대로 행동을 하려는 경향이 강합니다. 그것이 공부를 효율적으로 할 수 있는 방법이라고 믿기 때문입니다. P유형은 계획대로 공부가 될 경우 예상한 대로 결과를 거두고, 계획의 범주 내에서는 큰 어려움이나 슬럼프를 겪지 않습니다. 하지만 계획이나 예상 밖의 상황이 발생했을 경우 E유형에 비해 멘탈이 더 흔들리는 경향이 있습니다.

E유형 **융통형**(ELASTICITY)

E유형은 계획을 세우더라도 변화하는 상황에 맞추어 계획과 행동을 수정하려는 경향이 강합니다. 주어진 상황을 있는 그대로 받아들이고 무엇이 더 결과를 효율적으로 도출하는 방법인지 저울질하는 것에 장점이 있습니다. 다만 이러한 성향이 너무 강할 경우 위험에 대처하고 계획을 수정하는 방법으로 위험 자체에서 벗어나는 길을 택할 수도 있습니다. 바로 공부라는 어려움에서 벗어나는 선택입니다.

Ⅱ

나의 공부 유형
16가지

※ '1단계'부터 '4단계'까지의 결과를 순서대로 쓴 후 다음에서 자신에게 맞는 유형을
찾으세요.

예) STCP

❶ 고집 있는 성과주의자(STCP)

전략적 수험생

바로 공부에 돌입하기보다는 어떤 계획으로 합격할지 미리 계획을 세워두고 그대로 실행에 옮기는 스타일입니다. 공부를 함에 있어 시간이나 에너지를 가급적 낭비하지 않습니다. 합격과 미래, 성과에 대한 생각을 많이 하고, 그것을 이루고자 하는 욕심이 있습니다. 다만 공부에 관한 정보를 수집하고 취사하는 범위가 좁습니다. 자신의 기준에 따를 때 믿을 만한 사람이나 정보를 신뢰하는 스타일인데, 자신이 원하여 그러한 선택을 하는 경우도 있지만, 공부를 하는 장소나 환경 등 외부적인 요소로 인하여 정보가 부족해 그러한 결과로 이어지는 경우도 있습니다.

계획은 완수되어야 한다

공부법과 계획에 대한 욕심이 큽니다. 공부 방법에 있어 다른 사람에 비해 자신의 기준에 비추어 우월함을 느끼는 경우가 많습니다. 내가 취사한 정보와 수립한 계획의 가치를 높게 평가한다는 의미입니다. 다른 사람에게 자신의 공부법, 계획, 지식들을 알려주고 싶어 하기도 합니다. 때로 내가 이만큼 알고 있다는 사실을 자랑하고 싶다는 느낌을 받을 때도 있습니다. 그리고 공부에 있어 다른 사람들이 말하는 방식보다는 내가 흥미를 느끼는 방식에 몰두하는 경향이 있습니다.

공부에 있어 지식을 많이 습득하는 것보다 시험 문제를 잘 풀고 빠르게 목표를 달성하는 게 더 중요하다고 생각합니다. 올바른 공부법과 차근히 계획을 완수하는 꾸준함만 있으면 목표를 달성할 수 있다고 생각을 합니다. 다른 친구들이나 수험생들이 이런 부분이 부족하여 성적이 오르지 않는다고 평가하는 경향도 있습니다.

스스로 생각하고 판단한 것이 중요

스스로 수립한 계획에 대한 신뢰가 매우 높고, 그로부터 비롯한 자신감이 큽니다. 다른 사람의 공부에 대한 분석력과 해결책을 제시하는 능력, 논리적인 근거 제시에서 두드러진 장점을 가집니다. 전체적인 플랜을 수시로 점검하면서 때로 전면적으로 재

수립할 때도 있습니다. 자신과 다른 방식으로 공부하는 사람들을 높이 평가하지는 않기에, 친하지 않거나 모르는 사람들과 스터디를 하는 경우도 좀처럼 없습니다.

다른 사람들에게 영향을 받기보다는 자신의 주관과 논리에 따라 판단하는 경향이 강하고, 그 사고의 초점은 모두 시험 점수와 성적, 꿈의 실현에 맞추어져 있습니다. 이 밖에 벗어나는 것들에 큰 매력을 느끼지 못합니다. 예를 들어 시험과 관련 없이 무의미하게 교재만을 읽거나 기본 강의만을 듣는 경우가 적습니다. 그런 전형적인 방식의 공부에 익숙한 사람들이 볼 때에는 이런 유형의 사람이 하는 공부 방식은 어딘지 모르게 위험해 보이거나 무모해 보일 수 있지만, 거꾸로 이런 유형에 속하는 사람에게는 시험이나 성적과 관련이 없는 공부를 하는 것이 이상하게 느껴질 수 있습니다.

혼공이 편하다

자기만의 논리, 방향성은 뚜렷하지만 혼자서 공부를 하는 성향이 종종 발견됩니다. 스터디 카페나 독서실 또는 집공, 혼공에 적합하고 스터디를 하는 경우는 적습니다. 스터디를 하는 것이 시간낭비라고 생각하는 경우도 있습니다. 이런 유형에 속하는 사람이 스터디를 하면서 다른 사람들의 기분을 맞춰주거나 신경을 쓰기 시작하면 멘탈이 흔들리고 공부에 영향을 끼칠 수도 있습니다. 다만 혼공을 하더라도 합격하거나 꿈을 이룬 후 다른 사람들에게 자신의 공부법을 공유하는 등으로 긍정적인 영향을 주는 경우도 많습니다. 공부는 모두 계획을 수행하는 과정이고, 그 과정에서 예상 밖의 상황을 만드는 것을 즐기지 않습니다. 그런데 재미있는 점은 이처럼 '철저하게 계획한 방법'이 오히려 다른 사람들의 시각에서는 독특한 방식으로 느껴지는 경우도 있다는 것입니다.

❷ 영리한 현실주의자(STCE)

유니크한 방법으로 성과를 내는 스타일

일반적인 방식으로 공부를 하는 것보다, 자신이 처한 상황에 맞게 아이디어를 내고 공부 계획 또는 전략을 수정하는 데 장점을 가진 유형입니다. 처음 세운 계획이 밀려도 적절히 수정해서 점수를 받을 뿐 아니라, 문제를 푸는 방식이 독창적인 경우가 많습니다. 수험 카페나 정보 등을 일부러 찾아보는 경우가 많지 않고, 그러한 정보에 대해서도 크게 민감하지 않습니다. 이런 성향은 새로운 정보에 대한 두려움 또는 다른 사람과의 비교를 싫어하는 감정에서 비롯되기도 하고, 과거에 자신이 성과를 냈었다는 개인적 경험에 의한 자신감에서 비롯되기도 합니다.

공부는 점수를 잘 받기 위해 하는 것이다

이 유형에 속하는 사람들은 단순히 답이 무엇인가가 아니라, 해답까지 이르는 과정에 궁금함을 많이 느낍니다. 멘탈이 약한 경우에는 이런 궁금함을 해소하지 못하면서 진도를 쫓아가다가 공부가 망가지는 경우도 있습니다. 반면 멘탈이 강한 경우라면 굉장히 깊이 있는 공부를 하면서 자신만의 공부법, 문제풀이 방식, 직관을 구축하기도 합니다. 이런 유형에 속하는 사람들은 수업이나 강의에서 선생님이나 강사님이 잘못된 설명을 하는 것에 굉장히 민감합니다. 공부를 함에 있어 처음에 수립한 계획을 그대로 완수하는 것보다는 그때그때 상황에 맞게 융통성 있게 수정을 잘 합니다. 그리고 그와 같이 수정한 계획에 따라 어떤 성과가 나올 것인지를 잘 예측합니다. 다만 이런 경우에 객관적인 정보나 근거가 부족하다면 자기만족적인 공부에 그칠 가능성도 있습니다. 이런 유형에 속하는 사람들은 자신이 그와 같이 수정하고 보완한 계획이나 방법론들을 다른 사람들에게 이야기하는 것을 좋아하지만, 그것이 다른 사람도 공부를 잘하고 성과를 내기를 바라는 마음에서 비롯되기보다는 자신의 사고와 논리의 결과를 제3자를 통해 확인하고 싶어 하는 마음에서 비롯된 경우가 많습니다.

자신의 방법이 어디까지 통할지 확인해보고픈 욕심

다른 수험생들은 열심히 교재를 읽거나 강의를 들으며 진도를 쫓아가고 있을 때, 이런 유형의 사람들은 공부에 대한 자신만의 시각과 아이디어가 어떤 결과로 이어질 것인지에 관심을 더 쏟습니다. 예를 들어 어제 책 또는 강의에서 얻은 정리 방법과 달리 나만의 정리 방법에 따라 공부를 하면 성적이 얼마나 오를지 이런 상상들에 빠지는 것입니다. 이런 유형은 수험 정보나 동영상 같은 것들을 볼 때보다는, 자신의 가설이나 수립한 계획에 맞는 믿을 수 있는 정보를 찾았을 때 더 큰 기쁨을 느낍니다. 이들이 쓴 합격 수기엔 다른 사람들이 쉽게 생각할 수 없는 창의적인 공부법들이 실려 있는 경우가 많지만, 그 근거를 언제나 객관적인 자료를 들어 명확하게 제시하진 않아 다른 사람들이 쉽게 그 공부법을 따라 하지 못하는 경우도 많습니다.

만약 내가 공부가 잘 되지 않고 슬럼프에 빠졌을 때 이 유형에게 조언을 구한다면, 감정적인 공감보다는 해결책을 제시받을 가능성이 높습니다. 물론 그 자체도 도움이 되기는 하겠지만, 때로 비인간적이고 감정이 메마른 것처럼 느껴질 수도 있습니다. 그러나 그것은 이 유형에 속하는 사람들이 친구를 위해 나름대로 고민을 해서 한 최선의 조언이라는 점을 기억해두면 좋겠습니다.

완벽주의적 성향이 가장 큰 적

이 유형에게 가장 큰 적은 바로 완벽주의적 성향입니다. 이는 계획을 완벽하게 실행한다는 의미에서의 완벽주의가 아니라, 내가 세운 논리나 공부법, 계획, 문제 풀이법 등이 모든 상황에 다 통용되어야 한다는 계획 수립 내지 문제 해결의 기준에 대한 완벽주의를 의미합니다. 이러한 부분에서 강박에 빠지는 경우 수험 기간이 매우 길어질 수 있습니다. 그리고 이 유형은 다른 사람의 조언이나 비판을 받아들이는 면에 있어서 미숙한 점도 있어 그런 성향을 스스로 해결하려고 생각하는 경우 악순환이 이어질 수 있습니다.

❸ 오류 없는 마더 컴퓨터(OTCP)

어떻게 모르는 게 없지?

주변을 보면 어떤 문제집이 좋은지, 어떤 강사나 강의가 좋은지, 어느 학교는 어느 정도로 준비를 해야 들어갈 수 있는지, 이 시험의 합격률은 어느 정도인지 등등 굉장히 다양한 수험 정보를 섭렵하고 있는 친구들이 간혹 있을 것입니다. '오류 없는 마더 컴퓨터' 형은 단순히 그런 정보를 많이만 알고 있는 것이 아니라, 어떤 정보가 어떤 의미를 갖는지, 자신이나 다른 사람의 공부에 어떤 방식으로 적용할 수 있고 또 도움이 될지를 잘 아는 유형입니다.

목표를 달성하고자 하는 동기가 가장 큰 원동력

이 유형은 어떻게 하면 점수를 올릴 수 있고 목표를 달성할 수 있는지를 잘 알고 있기 때문에, 올바른 방향성과 이를 뒷받침하는 노력, 그리고 성과를 내기까지 충분한 시간이라는 세 가지가 합쳐진다면 결과를 낼 수 있다고 생각합니다. 이러한 생각을 다른 사람과 공유하고 전파하는 것을 즐기는 유형은 아니지만, 친한 사람들과 스터디를 함께하거나 이성친구와 함께 공부를 하는 경우에는 굉장히 훌륭한 멘토 역할을 할 수가 있습니다. 공부 전략이 뛰어난 것은 물론, 목표에 이르는 과정 동안 발생할 방해와 위험을 어떤 식으로 컨트롤해야 하는지에 대해서도 해박하기 때문입니다. 나아가 그 사람들의 장점, 특히 공부에 있어 어떤 자원을 가지고 있고 그것을 어떻게 쓰는 것이 효율적인지를 정확하게 판단할 수 있습니다. 그렇기에 일반적으로는 방법을 알지 못하거나 노력이 부족해서 포기할 만한 상황에서도 쉽게 포기하지 않는 것이 이 유형의 특징입니다.

끊임없는 정보 수집과 자신의 이성에 따른 체계적인 재분류가 이 모든 것을 할 수 있게 만드는 힘이라고 할 수 있는데, 그 과정에서 새로운 공부법이나 지식을 얻는 경우에도 크게 당황하는 법이 없습니다. 오히려 그 새로운 정보를 자신의 지식과 체계로 편입시키는 데 즐거움을 느낍니다. 물론 그 과정에서 목표 달성에 도움이 되지 않는 정보나 사람들에 대해서는 박한 평가를 내리거나 베타적인 느낌을 주기도 하지만, 이런 유형에 속하는 사람들은 목표 달성과 꿈을 이루는 것이 더 가치가 있는 일이라고 믿기에 그런 행동을 함에 주저함을 크게 느끼지 않습니다.

효율을 추구하다 보니 오해가 생길 수 있다

'오류 없는 마더 컴퓨터' 형은 비효율적인 방법이나 사람에 대해서는 때로 지나치게 이성적이어서 잔인하다는 느낌을 주기도 합니다. 이 때문에 오해가 생기는 경우도 종종 있습니다. 그래서 이 유형에 속하는 사람들은 비판이나 조언을 오해 없이 받아들일 수 있는 사람들과 더욱 친밀함을 느낍니다. 상대방의 입장에서는 '왜 이런 말을 하는 걸까? 굉장히 자존심 상하네'라고 느끼는 경우도 있을 수 있습니다. 하지만 이 유형에 속하는 사람들은 거꾸로 '이걸 고치면 훨씬 좋아질 텐데 왜 기분 나빠 하는 거지?'라며 상대방의 기분을 전혀 이해하지 못하는 경우도 더러 있습니다. 스터디원이나 이성 친구와 함께 공부를 하는 경우라면 이런 점에 대한 이해가 바탕이 되어야만 불필요한 감정 소모를 막을 수 있습니다.

체력을 넘어서 무리하기 쉬운 스타일

이 유형의 사람들은 체력이 약해서 공부를 많이 할 수 없는 상황에서도 무리해서 공부를 하는 경향이 있습니다. 어떤 방향으로 어느 정도의 노력을 할 경우 목표를 이룰 수 있는지를 누구보다도 정확히 알고 있어서, 그러한 '정보의 풍부함'으로부터 비롯된 이성적인 판단이 '쉬고 싶다'는 본능적인 감정을 누르는 경우들이 많기 때문입니다. 이는 만약 체력적인 부분이 뒷받침이 된다면, 굉장히 우수한 성적을 받을 가능성이 높다는 말이기도 합니다.

❹ 순발력 있는 실용주의자(OTCE)

의심하고 비판하되, 내 것으로 만든다

주변을 보면 이른바 '공부 머리'가 있는 사람들이 있습니다. 크게 공부를 많이 하는 것 같지 않은데도 성적을 잘 받고, 그 시험이 무엇이든 간에 준수한 성적을 거두는 사람들입니다. 이러한 사람들은 정말로 특출나게 뛰어난 머리를 가진 경우도 있겠지만, 일반적인 경우는 다양한 공부법 중에서 자신에게 맞는 효율적인 공부법을 짧은 시간에 파악해서 큰 시행착오 없이 실행에 옮기고, 또 그 과정에서 발생하는 문제점들을 유연하게 해결할 줄 아는 습관이나 시각을 가져서 그렇습니다. 단순하게 정보를 수집하고 그중에 자신에게 맞는 것을 취사하는 것에 그치는 것이 아니라, 그리고 성적을 잘 받았거나 합격한 사람들이 사용한 공부법을 그대로 자신에게 적용하는 것이 아니라, 자신이 처한 상황에 맞게 적절하게 변용할 줄 아는 것이 이 유형의 사람들이 가진 가장 큰 장점입니다. 무비판적인 수용이나 취사가 아니라 합리적인 비판을 통해 자기 것으로 만드는 것입니다. 합격 수기나 인터뷰에서는 단 한두 마디의 문장만이 실려 있을 뿐인데, 어떠한 이유에서 그러한 행동이나 공부법을 택했는지 그 이유를 다른 사람들보다 빠르게 꿰뚫어 볼 수 있기 때문에 자신에게 맞추어 바꿔 적용하는 것에 큰 어려움을 느끼지 않습니다. 그 결과 다른 사람들의 방식과 자신에게 맞게 변형한 방식에 어떤 차이가 있는지를 명확하게 알고 있습니다. 이러한 유형에 속하는 사람들은 끊임없이 자신에게 맞는 방법이 무엇인지를 고민하고 새로운 정보를 탐색하는 것을 멈추지 않습니다.

모로 가도 서울로만 가면 된다

이 유형의 가장 큰 특징은 무엇보다도 '남들이 하는 방식', '이렇게 하면 된다고 말하는 방식'들과는 미묘하게 다른 공부법을 쓰면서도 반드시 그러한 변용에는 객관적이고 합리적인 근거가 있다는 점입니다. 창의적이고 독창적인 방법, 누구도 생각하지 못한 방법이 아니라, 한번쯤 들어본 것인데 나라면 좀처럼 시도하지 않을 방법들을 뚝심있게 밀어붙이고, 또 그러한 뚝심에는 정교한 이유가 있다는 것입니다. 이런 방식의 공부는 때로 '꼼수' 내지 '편법'이라는 이름으로 비하되기도 하지만, 적어도 이런 유형에 속하는 사람들에게는 결과를 잘 낼 수 있는 최고의 방법입니다.

물론 이런 방식으로 어릴 적부터 공부를 잘 해왔고 성과를 거둬온 사람들에게는 이와 같은 방식이 익숙할 수도 있겠습니다. 하지만 이 유형에 속하는 사람들은 대부분 어릴 적부터 이런 방식으로 공부를 해온 경우보다는, 오히려 전형적이고 정석적인 방식으로 공부를 해왔고 또 성과를 내왔는데, 그런 방법을 쓰기 어려운 상황, 예를 들어 교통사고를 당해 병원에 입원하여 공부 기간을 매우 적게 확보할 수 밖에 없었다든지 하는 문제가 개입하여 이러한 유형으로 바뀐 경우들이 많습니다. 이 유형에 속하는 사람들이 겪는 가장 큰 문제점이 '불안감'이므로 장기적인 호흡에서 지속적으로 이 방식을 사용하기보다는, 특수한 상황에서 성과를 내기 위한 고육지책으로 이러한 방식을 택하는 경우가 많기 때문입니다.

누구보다 쉽게 무너질 수도

이 같은 자신의 방식으로 성과를 낸 경험이 있는 사람들, 그리고 고집이나 주관이 굉장히 강한 사람들은 다른 사람들의 방식에 대해 전혀 이해를 하지 못하거나 효율적이지 않다며 경시하는 경향을 보이기도 합니다. 심한 경우에는 때로는 다른 사람의 의견이나 지적을 전혀 허용하지 않기도 합니다. 그 결과 자신의 방식을 이해하고 수용하거나 존중하는 사람들에게 좀 더 큰 친밀함을 느끼는 경우가 많습니다. 자신이 호감을 느끼는 사람들에게는 말하자면 공부 코디네이터와 같은 느낌으로 굉장히 좋은 영향을 줄 수가 있습니다. 하지만 이러한 장점만이 존재하는 것은 아니고, 자신의 방법에 대한 확고한 신념이 결과로 이어지지 않거나, 월등히 뛰어난 경쟁자를 만나 좌절을 하는 경우에는 누구보다도 쉽게 무너질 수 있다는 점이 굉장히 큰 단점 내지는 주의해야 할 점이라고 할 수 있습니다.

❺ 세심한 학생위원(STDP)

성적을 잘 받는 것 또는 합격은 중간관문에 불과

'세심한 학생위원' 형은 목표와 꿈의 가치를 가장 중요하게 생각하는 유형입니다. 자신이 세운 공부 계획이나 방법을 수행함에 있어 타협이 없고, 주저하지 않습니다. 이 유형에 속하는 사람들에게 성적을 잘 받는 것 또는 원하는 대학이나 시험에 합격하는 것은 중간 목표에 지나지 않습니다. 진정한 목표 내지 꿈이 그 뒤에 따로 있습니다. 이 유형은 자신을 믿고 지지해주는 사람들 또는 자신이 소중하게 생각하는 사람들을 생각하며 힘든 순간을 이겨내고 목표로 나아갑니다. 뭔가 거창하게 말한 것 같지만, 힘들 때면 가족사진이나 여자 친구 사진을 보면서 힘을 내는 유형들이 바로 여기에 속합니다. 내가 점수를 잘 받고, 목표를 이룸으로써 내가 소중하게 생각하는 사람들의 행복한 모습을 보겠다는 생각, 내가 소중하게 생각하는 가치들을 실현하겠다는 생각이 이 유형의 사람들을 끌어주는 힘이 됩니다.

공부보다 인간관계에 지나치게 영향을 받을 수 있다

이 유형에 속하는 사람들의 큰 특징 중 하나는 자신이 택한 방법에 대해 강한 신념을 가지고 있다는 것입니다. 다만 그와 같이 방법을 수립함에 있어 다양한 정보를 취사하고 객관적으로 자신의 위치가 어디에 있는지를 중요하게 생각하는 것은 아닙니다. 더욱 중요한 것은 내가 진정으로 믿고 따를 만한 멘토나 강사를 찾는 것입니다. 그런 사람들이 그와 같은 신념을 만들어줬을 수도 있고 강화시켜줬을 수도 있습니다. 이처럼 '세심한 학생위원' 형은 내가 믿고 신뢰하는 사람이라면 그로부터 영향을 받는 것도, 내가 그러한 사람이 되어 영향을 주는 것도 좋아합니다.

이 유형은 혼자 공부하기보다는 스터디를 하거나 이성 친구, 친한 친구와 함께 공부를 하는 경우가 많습니다. 최종적인 목표 속에 그들과의 원만한 인간관계나 그들의 행복이 포함되어 있는 경우가 많기 때문에 세심하게 그 사람들의 기분을 살핍니다. 그래서 스스로 수립한 공부 계획이 잘 수행되지 않거나 생각보다 성과가 나오지 않은 경우보다도, 스터디나 공부를 함께 하는 상대방이 마음이 상했거나 내게 기분 나쁜 말, 신경 쓰이는 말을 한 경우에 더욱 공부에 큰 영향을 받습니다. 그 결과, 때로 이러한 유형에 속하는 사람들에게 가장 큰 고민은 공부 방법이나 공부 그 자체가 아니라, 자신을 둘러싼 인간관계가 되는 경우가 많습니다. 이러한 스트레스가 장기적으로 지속되어 멘탈이 매우 안 좋아진 경우에는 공부를 하기가 매우 어려워질 수 있습니다. 그럴 때는 잠시 인간관계에 대한 욕심은 미뤄두고, 시간을 가지면서 신뢰할 수 있는 멘토 한 명과 지속적이고 안정적인 관계를 맺으며 방향성에 대해 조언을 받고 원만한 인관관계에 대한 최소한의 욕구를 충족받는 것이 좋습니다.

자신이 지치는 것을 간과하지 말 것

이 유형에 속하는 사람들은 자기도 모르게 자신보다 다른 사람, 그리고 다른 사람과의 관계를 더 중요하게 생각하다 보니, 스스로 상처받고 지쳐가는 것을 모르는 경우도 많습니다. 공부가 잘 되지 않고 슬럼프에 빠지게 된 이유가 실은 자신도 모르는 마음의 상처가 쌓였거나 지쳤기 때문인데 그 이유를 잘못 분석하여 공부법을 다듬다가 더욱 마음의 에너지를 소모하기도 합니다. 내가 믿는 원칙이나 신념을 너무 높게, 크게 잡다 보니 융통성 있게 상황에 대처하지 못하는 것입니다. 심한 경우에는 공부 자체를 못 하게 되는 경우도 있으니 항상 내가 혹시 다른 사람들을 위한다는 꿈 때문에 더 중요한 자기 자신을 혹사시키고 있는 것은 아닌지 반드시 되돌아볼 필요가 있습니다. 내가 나를 먼저 안아주고 다독여줄 수 있을 때에만 다른 사람에게도 그와 같은 마음을 전달할 수 있고, 또 그러한 정신적인 바탕이 없이는 아무리 좋은 공부 방법도 빛을 볼 수가 없기 때문입니다.

❻ 늦게 시동 걸리는 긍정주의자(STDE)

상황이 안 좋다고 쉽게 좌절하지 않는다

이 유형은 공부를 하다가 어려운 상황이 찾아오거나 슬럼프에 빠지더라도 긍정적인 시각으로 잘 극복해내려 합니다. 공부법을 두루 섭렵하고 있거나 수험 정보를 빠삭하게 알고 있는 것은 아니지만, 좋은 멘토나 선생님의 도움을 받을 경우 누구보다도 발전 가능성이 큰 유형입니다. 더 많이 알고 스스로 발전하고자 하는 욕구가 외부로 쉽게 드러나는 것은 아니지만, 내게 맞는 공부법을 알게 되는 것만으로도 누구보다도 성적을 빠르게 올릴 수 있습니다.

'늦게 시동 걸리는 긍정주의자' 형은 무엇보다도 성적과 공부의 효율성이 중요하다는 생각보다는, 나를 공부에 더 몰입하게 만들어주는, 동기 부여를 크게 해주는 기제나 가치들이 더욱 중요하다는 생각을 갖는 경우가 많습니다. 도전과 성취 그 자체를 즐기는 면이 있어 내가 택한 공부법이 성과를 거두지 못한 경우에도 자신의 가치관과 꿈을 포기하지 않으며 끊임없이 도전합니다. 만학도(晚學徒)로 공부에 관심을 가지는 경우가 이 유형에 속하는 일이 많습니다.

공부 상상력을 현실로 옮기는 것이 핵심

이 유형은 앞서 말한 것처럼 좋은 멘토를 만나기 전, 좋은 공부법을 접하기 전까지는 공부에 있어 성과를 보이지 못할 수도 있지만, 누구보다도 큰 '공부 상상력'을 가지고 있습니다. '이런 식으로 책을 보면 어떻게 될까?', '이 강의를 들은 후에 저걸 들으면 잘할 수 있지 않을까?', '이건 왜 이런 식으로 푸는 걸까? 다른 방식으로 풀면 안 될까?'와 같은 생각들입니다. 때로 공부를 잘하는 친구들이 그런 상상력을 무시할 수도 있고, 그로 인해 때 이른 좌절을 맛보는 경우도 있지만, 이러한 '공부 상상력'이야 말로 이 유형이 가지는 가장 큰 잠재력의 원천이라고 할 수 있습니다.

스터디가 큰 의미를 갖는 유형

이 유형에 속하는 사람들은 스터디를 하거나 친구와 함께 공부를 하는 경우가 많습니다. 스터디를 이끄는 친구가 좋은 선생님의 역할을 해주는 경우가 많다면, '늦게 시동 걸리는 긍정주의자' 형은 개인 수업에서의 학생처럼 조용히 스터디에 참여하는 경우가 많습니다. 그러나 스터디원들끼리 다툼이 일어났거나 어려움에 부딪쳤을 때 그 상황을 조율하고 해결하는 역할은 바로 이 유형의 몫입니다. 이처럼 이 유형에 있어서 스터디란, 인간관계를 중요하게 생각하고 사람들 사이에서 친화적인 역할을 할 수 있다는 본인의 장점과 좋은 멘토의 필요성이라는 두 요소가 조합되는 지점이기도 합니다.

잘 넘어지지 않지만, 한번 넘어지면 일어나기 힘들다

본인의 공부 상상력이 좋은 멘토와의 만남을 통해 현실로 옮겨져 결과로 이어지기 전이라면, 이 유형은 자신이 알고 있는 좁은 범위의 정보 속에서 공부법을 수립합니다. 이 유형의 사람들이 긍정적이고 어려움에 쉽게 굴복하지 않는 성향을 가지고 있기는 하지만, 자신이 택한 방법이 효율적이지 않고 결과로 연결되지 않는다는 좌절감을 연거푸 맛보게 될 경우, 그리하여 자신감이 모두 소진될 경우 굉장히 큰 슬럼프에 빠질 수도 있습니다. 그 경우에 단순히 공부를 하지 않는 것뿐 아니라, 스터디에서 탈퇴를 하는 등으로 친구들과의 기본적인 교류도 끊을 수 있습니다. 그리하여 공부에서 크게 멀어지기도 합니다. 이런 상황에 빠진 경우에는 주변 친구들이나 멘토의 큰 노력과 시간 투자 없이는 다시 공부를 시작하기 어려울 수도 있습니다.

❼ 아낌 없이 주는 공부 블로거(OTDP)

지식을 나누는 것이 즐겁다

'아낌 없이 주는 공부 블로거' 형은 다른 사람들에게 자신의 공부법과 성과들을 알려주고 다른 사람들도 좋은 결과를 얻을 수 있도록 유도하고자 하는 성향이 있습니다. 온라인 블로그에 각종 시험 지식이나 공부 방법을 정리해 올려주는 사람들이나 유튜브상에서 공부법 콘텐츠를 만드는 사람들이 바로 이에 속합니다. 물론 공부를 하는 수험생의 신분으로는 이처럼 외부적인 활동을 할 수는 없고, 열심히 필기한 노트나 정리한 자료들을 공유하는 친구들이 바로 이 유형에 속한다고 생각하면 됩니다. 이 유형은 자신이 좋은 성적을 받고 좋은 대학에 가거나 시험에 합격하는 것도 물론 중요하지만, 그 과정에서 얻은 지식과 경험을 다른 사람과 공유하는 것에도 큰 관심이 있습니다. 어떤 측면에서는 이 유형의 사람들에게 공부의 진정한 목적은 다른 사람들에게 그 경험과 지식을 전달하는 것에 있다고도 할 수 있습니다. 그것을 통해 많은 사람들이 행복해하는 모습을 상상하고 또 현실적으로 보는 것이 이 유형의 꿈 또는 목표이기 때문입니다.

따뜻한 마음, 그러나 넘치면 독

공부에 있어 공공연한 비밀 중 하나는, 심혈을 기울여 깨끗하고 예쁘게 노트 필기를 한 친구보다, 그 노트를 보고 공부한 친구가 훨씬 쉽게 성적을 잘 받는 경우가 많다는 것입니다. 달리 말하자면, 이 유형의 사람들이 정리한 노트 그 자체가 공부에 있어 완벽한 효율성을 가진다거나 그것만으로 공부가 끝나는 완결성을 가지는 것은 아닐 수도 있다는 말입니다. 하지만 일반적으로 이러한 유형의 친구가 베푸는 호의는 쉽게 거절할 수 없는 매력을 가지고 있습니다. 그리고 때로는 우리 스터디 그룹 전체에 이 친구의 노트가 돌기도 해서 그것을 보지 않는 사람은 소외감 아닌 소외감을 느끼게 되기도 합니다. 이러한 정리 노트 또는 암기장의 진정한 가치는 어떻게 보면 타인을 위한 따뜻한 마음씨에 있다고도 볼 수 있습니다.

그런데 이런 따뜻한 마음이 때로 독이 되기도 합니다. 단순히 필기 노트를 공유해주면서 공부는 친구가 알아서 하게끔 두는 경우도 있지만, '그렇게 하면 안 돼', '이 책 봐야 해', '그 강사 별로야. 이 강의 들어'라는 식으로 너무 심하게 친구에게 훈수를 두는 경우도 있고, 그 친구가 자존심이 강한 경우에는 서로의 마음을 오해한 채 불필요한 불편함이 조성되기도 합니다. '분명 나는 그 친구를 위한다고 한 것인데 왜 나한테 화를 내는 것일까?' 이러한 생각을 하는 사람은 아무리 좋은 목적도 세련된 방법이 뒷받침되지 않으면 그 의도가 잘못 전달될 수 있고, 상대방에게 불편함을 줄 수 있다는 점을 알아두면 좋겠고, 그 마음을 받는 사람은 가급적이면 그 친구의 마음을 헤아려주는 지혜가 필요하다는 생각이 듭니다.

배려가 희생이 되지 않도록

이 유형이 때로 마주하는 문제점 중 하나는, 호의와 친절이 어느 순간 부담과 압박으로 다가올 수 있고, 그것이 공부에의 흥미를 떨어뜨릴 수 있다는 점입니다. 처음에는 노트를 정리하고 공유하는 것이 너무 즐겁고, 칭찬을 받고 친구들이 돌려보는 것에 행복함을 느끼다가도, 어느 순간 그것을 당연하게 느끼고 요구하는 친구들 때문에 상처받거나 스스로 회의감이 들어 공부와 멀어지는 경우도 종종 있습니다. 내가 어떤 가치를 중시하고 어떤 것에 행복을 느끼는지도 물론 중요하지만, 공부를 포함한 모든 경우를 통틀어서 나 자신이 무엇보다도 중요하다는 점을 꼭 기억해두면 좋겠습니다.

❽ 오지랖 넓은 학생 회장(OTDE)

나보다 친구들이 더 걱정된다

중·고등학교에서도 드물게 보이긴 하지만, 특히 대학에서 학생 회장으로 활동하면서 교우들이 공부를 함에 있어 불편하게 느끼는 점은 무엇인지, 그걸 어떻게 하면 개선할 수 있을지, 방학 중 특강으로 어떤 강사를 초빙하는 게 좋을지 등등을 쉴 새 없이 고민하는 그런 친구들이 있습니다(물론 그런 친구들은 때로는 자기 공부는 대체 어떻게 하는 것인지 궁금증을 자아내기도 합니다). '오지랖 넓은 학생 회장' 형에 속하는 사람들이 바로 그렇습니다. 이 유형의 가장 큰 특징은 둥글둥글하다고 표현할 수 있는 '친화력'입니다. 공부나 성적도 물론 중요하지만, 이 친화력을 바탕으로 친구나 교우들과 대화하고 소통하며 교감하는 것에 더 큰 가치를 둡니다.

시험 문제는 시시하다. 더 큰 문제에 관심이 있다

공부를 하는 사람들은 종종 시야가 좁다는 이야기를 듣습니다. 요즘은 이런 것을 '메타인지능력'이 떨어진다고 얘기하기도 합니다. 그런데 '오지랖 넓은 학생 회장' 형의 사람들은 굉장히 거시적인, 넓은 시각에서의 메타인지능력이 뛰어납니다. 단순히 어떤 공부법이 어떤 성과로 이어질지에 관심을 두거나 자신이 그러한 공부법을 사용할 경우 어떤 효과가 있을지에 관심을 두는 것에 그치지 않고, 교육 시스템이나 커리큘럼 구성과 같이 좀 더 넓은 시야에 관심을 두는 경우가 많습니다. 수험 정보나 공부법에 있어서도 해박한 지식을 가지고 있지만, 그러한 지식을 다른 사람들에게 영향을 미치는 방향으로 사용하는 것입니다. 친구나 교우들이 공부를 하면서 어려워하는 부분들을 대신 해결하고 해결책을 제시해주는 것에 큰 보람을 느낍니다. 다만 그 과정에서 객관적인 근거들을 드는 대신, 직관성과 감정을 전면에 내세우는 것이 특징입니다. 이런 유형의 사람들은 친구 또는 교우들의관심과 칭찬을 먹고 자랍니다.

그런데 본인 공부도 신경 써야지!

이 유형의 사람들이 꼭 기억해두어야 할 점이 있습니다. 내가 느끼는 만족감과 객관적인 성과가 언제나 일치하지 않을 수 있다는 점입니다. 이런 유형의 사람들이 다른 사람들의 문제를 해결하는 등 좀 더 크고 높은 목표를 실현하려는 과정에서 본인의 공부도 소홀히 하지 않는 경우에는 주관적으로 느끼는 만족감과 성적이라는 객관적 성과가 일치를 하게 됩니다. 그러나 본말이 전도되어 나의 성적, 성취, 꿈과 목표라는 가치는 등한시하고, 다른 사람들을 돕는 데 공부의 초점이 잘못 맞추어질 경우에는, 나의 친구들과 교우들은 모두 꿈과 목표에 도달했는데 나만 그 대열에서 이탈을 하게 될 수 있습니다. 그리고 이런 결과를 받아들이면서 자존감이 낮은 사람의 경우 깊은 회의감에 빠져 그동안의 자신의 노력과 성취, 가치관을 통째로 부정하는 일이 발생할 수도 있습니다. 그 결과 공부로부터, 꿈으로부터 멀어지게 되는, 다른 사람의 꿈은 이루어지도록 도왔지만 정작 자신의 꿈은 이루지 못하게 되는 역설적인 상황에 빠질 수 있습니다.

자존감이 높은 사람이라고 하더라도 꿈을 향해 달려가기에는 많은 난관들이 존재한다는 것을 미리 알아두면 좋겠습니다. 먼저 내가 친구, 교우들의 그룹에서 이탈했다는 소외감, 그리고 그간의 노력이 당장의 결과로 이어지지 않았다는 허탈감. 순식간에 벌어진 객관적인 격차에서 오는 자신감 하락, 이 모든 것들을 극복해내야 비로소 본래 속도라면 벌써 도달했을 목표에 도달 가능할 것이기 때문입니다. 이런 최악의 상황이 발생하는 것을 막기 위해서는 무엇보다도 자신의 공부와 꿈에 소홀하지 않는 균형감이 중요합니다.

❾ 천천히, 그러나 확실한 원칙주의자(SACP)

전형적인 방식이 가장 안전하지 않을까?

공부를 할 때 가장 일반적인 방법은 과거에는 표준적인 교과서나 교재를 꼼꼼하게 읽는 것이었고, 요즘은 인터넷 강의, 줄여서 '인강'을 순서대로 듣는 것이라고 할 수 있겠습니다. 이러한 공부법들은 먼저 머릿속에 지식을 입력하고(인풋), 이후에 문제집을 풀면서 출력해보고(아웃풋), 틀린 부분을 점검하는(피드백) 순서로 이루어집니다. '천천히, 그러나 확실한 원칙주의자' 형은 공부가 이런 순서로 이루어지는 것이 바람직하다고 생각하는 유형입니다. 이런 유형의 사람들은 공부에서 큰 모험을 즐기지 않고, 많은 사람들이 하고 또 오래전부터 써온 공부법을 택하는 것을 편하게 느낍니다. 그 결과, 단기간에 획기적으로 점수를 끌어올린 새로운 방법이 있다고 하더라도 그것이 내게도 맞는 방법인지 의심하며 쉽게 그 방식을 따르지 못합니다.

그리고 이 유형은 성적을 올리거나 합격을 하는 최종 목표까지 가는 계획을 다듬는데 시간을 쓰기보다는, 좀 더 일반적인 방법으로 바로 공부를 시작하고 한 걸음이라도 더 부지런히 목표를 향해 나아가고자 합니다. 좋은 공부법을 우연히 알게 된 경우 외면하지는 않겠지만, 평소 적극적으로 공부법에 대해 알아보거나 합격 수기를 읽는 것보다는, 그 시간에 책을 한 장 더 보거나 강의를 하나 더 듣는 것을 선호합니다. 또한 이 유형에 속하는 사람들은 문제집을 여러 번 풀 시간에 이미 봤던 책을 한 번 더 보면서 지식을 확실히 내 것으로 만드는 것이 낫고, 새로운 것을 배우는 것보다 기존에 배운 것을 까먹지 않도록 복습을 확실하게 하는 것이 중요하다고 생각합니다.

책임감과 성실함이 가장 큰 무기

공부에서 가장 중요한 덕목 중 하나는 책임감이라고 할 수 있습니다. '천천히, 그러나 확실한 원칙주의자' 형 중에는 책임감이 강한 사람이 많습니다. 처음 공부를 하기로 했던 마음가짐, 결의를 항상 기억해두고 그 말에 책임을 지려고 노력합니다. 하루하루 강의를 충실하게 들으면서 진도를 잘 따라가는 것, 성실함과 꾸준함이 바로 책임감을 보여주는 핵심적인 징표라고 생각합니다. 그렇기에 이 유형에 속하는 사람들은 스터디를 하거나 다른 사람과 공부를 하는 것을 크게 선호하지 않고, 하더라도 오래 가지 못하는 경우가 많습니다. 내가 게으름 피우지 않고 뚜벅뚜벅 목표를 향해 걸어 갈 수만 있다면 언젠가는 반드시 꿈에, 목표에 도달할 수 있으며, 내가 선택한 강사나 멘토의 도움 외에는, 굳이 그 과정에서 다른 사람의 도움은 필요하지 않다고 믿기 때문입니다.

이러한 비의존적인 성향으로 인해 조언이나 충고를 잘 받아들이지 못하는 것은 단점이라고 할 수 있습니다. 스스로 사고하고 행동하고 그에 대한 책임을 지는 것은 바람직한 일이지만, 자신의 상황에 대한 객관적인 인식과 분석 없이는 공부가 잘못된 방향으로 나아갈 수도 있다는 점을 인지해야 합니다. 무엇보다도 객관적인, 전문적인 제3자로부터의 피드백이 반드시 필요한 유형이라고 할 수 있는데, 적절한 시기에 이런 도움이 주어지지 않는다면 수험 기간이 굉장히 길어질 위험을 안고 있습니다.

도움을 받는 것은 부끄러워할 일이 아니다

이 유형의 경우 자신이 수립한 공부 계획에서 벗어나는 상황이 발생하면 크게 휘청거리거나 슬럼프에 빠질 수 있습니다. 학원 진도를 따라가지 못하거나, 다른 사람들의 경우에 비추어 수험 기간을 지나치게 짧게 잡고서 시간이 너무 적게 남았다고 생각되면 특히 큰 절망감을 느낄 수 있습니다. 이런 경우 스스로 어려움을 극복하고 슬럼프에서 벗어나는 것이 그렇게 쉽지 않습니다. 객관적이고 전문적인 제3자를 통해 피드백을 받는 것이 가장 효율적이고 가장 빠른 길이라는 점을 명심해야 합니다.

❿ 잠재력 있는 원칙주의자(SADP)

드러나지 않지만 모난 곳도 없다

'잠재력 있는 원칙주의자' 형에 속하는 사람들의 특징은 어느 경우에나 큰 어려움이나 의외의 상황에 맞닥뜨리는 일 없이 무난하게 자신의 꿈이나 목표를 달성할 수 있다는 점입니다. 공부에 방해가 되는 친구들을 가차 없이 내치기도 하지만, 때로는 공부나 성적을 포기하고 교우 관계에 집중을 하기도 합니다. 자신의 의견을 드러내어 충돌을 일으키지 않으면서 원만하게 교우 관계를 만들고 그 속에서 공부에 필요한 도움을 얻기도 합니다. 눈에 띄는 역할이나 지위를 맡는 것을 달가워하지는 않지만, 의외로 그런 역할이나 지위가 주어졌을 때 꼼꼼하고 성실하게 일을 잘 처리하는 유형이기도 합니다. 모난 곳이 없으면서 튀지 않고, 특별히 문제가 있는 부분이 없습니다.

자신감은 우연한 결과로 좌우될 수 있다

이 유형에 속하는 사람들은 다시 크게 두 유형으로 나뉩니다. 자신이 택한 공부법이 많은 사람들이 쓰는 방식이라거나 엄청나게 효율성이 좋은 방법이라는 생각이 들지 않더라도 꾸준히 자기가 할 것을 해왔고, 또 그 과정에서 어느 정도 성과를 거둔 경우에는 공부에 있어 큰 자신감을 얻게 됩니다. 그리하여 새로운 공부법에 눈을 뜨고 어려움이나 변화에 적응하는 방법만 익힌다면 굉장히 크게 성과를 거둘 수 있게 됩니다.

반면 자신의 노력이 결과로 이어지지 않았거나 크게 의식하지 않고 공부를 해서 스스로 느끼기에 운 좋게 결과를 얻었다는 생각이 드는 경우에는 자신감이 되려 하락하는 경우도 있습니다. 나는 제자리에 멈춘 것처럼 느끼는데 경쟁자들은 점점 더 잘하고 효율적으로 공부를 하는 모습들을 보이는 경우 특히 그렇습니다. 이런 경우에는 무엇보다도 '내가 나를 믿지 않으면 남도 나를 믿지 않는다(自信者人亦信之)'라는 말처럼, 내가 먼저 나의 노력의 가치를 인정해야 합니다. 심지어 다른 사람들이 나의 노력의 가치를 저평가하는 경우도 생길 수 있으므로 더욱 그렇습니다. 공부는 내가 나의 멘탈을 지키는 것으로부터 출발하기 때문입니다.

기회를 놓치지 않는 방법

어느 경우에나 큰 어려움이나 의외의 상황에 맞닥뜨릴 수 있습니다. 그러나 내 머리위로 기회가 지나갈 때 힘껏 뛰어 그 기회를 움켜잡을 수 있도록, 평소에 힘을 비축해두어야 합니다. 내가 나의 잠재력을 믿는 것은 기본이고, 기회를 놓치지 않는 것이 진정한 실력입니다. 그러기 위해서는 무엇보다도 친구들, 교우들이 두루 쓰는, 주변에서 많이 쓰는 공부 방법에서 벗어나 정말로 효율적이고 내게 맞는 공부법을 찾는 노력이 필요합니다. 계획을 세우고 성실함을 바탕으로 그것을 완수하는 것도 좋고, 교우 관계를 원만하게 가져가는 것도 좋지만, 때가 온다면, 그것들을 희생해서라도 기회를 잡아야 합니다. 친구와 교우들의 시선을 너무 의식하지 말고, 변화를 두려워하지 말고 새로운 방법에 적극적으로 눈을 돌리기를 권합니다. 그러면 정말 내게도 꿈을 이룰 수 있는 기회가 머리 위를 지나가게 될 겁니다. 그때를 기다렸다가 힘껏 뛰어 그 기회를 움켜잡을 수 있도록, 지금 준비해두어야 합니다.

⑪ 안전제일, 무사고주의자(OACP)

모르는 것이 아니라 하지 않는 것

이 유형은 지식의 입력과 출력, 피드백이라는 가장 전형적인 스타일의 공부법을 지향하는 유형이라고 할 수 있습니다. 그리고 그 이유가 내가 아는 공부법이 그것 하나밖에 없어서가 아니라, 여러 공부법 중에 전형적인 방식이 가장 안정성이 높고 효율적이라는 논리적 귀결 때문입니다. 단기 합격을 위한 공부법들이 유행을 선도하고 있는 것을 모르는 것이 아닙니다. 즉 공부법을 비롯한 수험 지식의 측면에 있어서 정보가 부족하지 않습니다. 단지 내가 아는 많은 방법 중 변수가 적은 방식을 선호하는 것 뿐입니다. 이러한 유형의 사람들이 묵묵하게 공부하는 모습을 보면서, 주변의 친구들이나 교우들 역시 안정감을 느끼게 되기도 합니다.

알고는 있다. 하지만 혁신보다는 안정

'안전제일, 무사고주의자' 형은 객관적인 사실과 통계를 중시합니다. 어떤 사람이 단기간의 준비로 시험에 합격했고, 그 방식이 효율적이라고 말한다고 하더라도, 그 사실을 증명할 수 있는 객관적인 증거는 실상 없는 것이 아닌지 생각을 하기도 합니다. 그리고 그와 같은 '혁신적인' 방식으로 공부한 사람이 '아직까지는' 굉장히 소수에 그친다는 점을 들어, 그보다 혁신적이지는 않을 수 있지만 훨씬 다수의 사람들이 선택하고 또 결과로 증명한 '안전한' 공부법을 택하는 것입니다. 이 유형에 속하는 사람들은 자신의 공부법이 올바르다는 점을 말이 아닌 행동으로 증명하고자 합니다. 특출난 결과를 얻는 것으로써가 아니라, '꿈과 목표를 달성한 사람들'이라는 집단에 속한다는 좀 더 평범한 결과를 얻는 것으로써 자신의 방법이 옳았다는 점을 증명하고자 합니다.

고집이 아니라 이타심

이처럼 '안전제일, 무사고주의자' 형의 가장 큰 장점은 무엇보다도 '곧은 심지'라고 할 수 있습니다. 이 유형에 속하는 사람들이 교우 관계를 매우 중요하게 생각하는 것은 아니지만, 나와 가까운 사람들, 깊은 관계를 맺는 사람들에게는 자신의 방법, 즉 안정적인 방법을 따르는 것이 좋다는 조언을 아끼지 않습니다. 이는 단순히 내가 가는 길에 동지를 늘리고 싶고, 그럼으로써 불안함을 줄이고 싶다는 이기심 때문이 아니고, 진정으로 그 방법이 그 사람에게 좋은 결과를 가져다 줄 것이라 믿는 이타심 때문입니다. 이 유형에 속하는 사람들이 빈번하게 받는 오해 중 하나는 고집이 세고 그것을 다른 사람에게 관철시키려는 욕심이 크다는 것이지만, 실은 그것은 고집이 아닌 경우가 많습니다.

다른 시각을 인정할 줄 아는 용기도 필요

물론 다수의 사람들이 선택하는 방법이 통계적으로, 결과적으로 가장 안전한 방법이 될 수는 있습니다. 하지만 새로운 시각과 가능성에 대해 열린 귀로 경청하고 그중에서 진정으로 내게 도움이 될 수 있는 점들을 취사하려는 노력, 다른 사람의 시각을 인정하고 내게 부족한 부분을 확인하여 채우려는 노력이 더해진다면, 좀 더 짧은 기간 내에 성적을 올리고 원하는 결과를 더욱 손쉽게 얻을 수 있을 겁니다. 자존심이 센 사람들은 자신의 불완정성을 인정하는 것이 바람직하지 않다고 생각할 수 있습니다. 그러나 오히려 다른 사람과의 격차를 인정하고 그 불완정성을 메우기 위해 필요한 방법과 노력을 정확하게 측정하는 것이 진정한 실력이고 용기라는 점을, 좀 더 손쉽게 꿈과 목표를 향해 다가갈 수 있는 방법이라는 점을 꼭 기억해두면 좋겠습니다.

⑫ 공부 잘하는 체육 부장(OADP)

친구들이 있는 곳이라면

'공부 잘하는 체육 부장' 형은 언뜻 공부보다 교우 관계를 더 중시하는 것처럼 보입니다. 이 유형에 속하는 사람들은 스터디뿐 아니라 친구, 교우들이 모여 있는 곳이라면 어디에나 있기 때문입니다. 스터디원 중에 항상 분위기를 주도하고, 너무 공부만 하는 삭막한(물론 그것이 스터디의 취지에는 더욱 맞지만) 분위기가 되지 않도록 분위기를 바꾸려고 노력하는 그런 친구가 바로 이 유형에 속합니다. 이 유형은 공부도 물론 중요하지만 교우 관계에서 굉장히 많은 에너지를 얻기에 이 역시 공부 못지않게 중요한 가치로 생각을 합니다.

그런데 은근히 공부도 잘하네?

이렇게 얘기를 하고 보면 이 유형에 속하는 사람들이 공부를 잘 못할 것 같지만, 반드시 그럴지만도 않습니다. 어떤 방법으로 공부를 하면 성적이 오르는지 알고 있고, 수험 정보도 잘 아는 편입니다. 스스로 그러한 정보에 관심을 두고 찾은 결과라기보다는, 스터디나 교우 관계에서 오는 정보들이 쌓이기 때문입니다. 이러한 정보들을 바탕으로 이 유형의 사람이 '나도 한다는 것을 보여주겠어'라고 마음을 먹으면 주변을 깜짝 놀라게 할 만한 성과를 거두기도 합니다. 이 유형에 속하는 사람들은 스스로 공부법을 개발하거나 아무도 하지 않는 방법을 시도하기보다는, 자연스레 친구, 교우 집단에서 알게 된 공부법들을 시도하는데, 충실하게 책을 읽거나 강의를 듣고 문제집을 풀고 틀린 부분을 체크하는 전형적인 방식으로 공부를 하는 경우가 많습니다.

한 단계 더 발전하기 위해서는

'공부 잘하는 체육 부장' 형의 사람들이 공부를 잘하는 방법으로는 두 가지가 있습니다. 첫째는 내가 더 중요하게 생각하는 가치를 친구, 교우 관계가 아니라 나의 발전으로 바꾸는 것입니다. 잘해야 하는 시기가 왔을 때 두 마리 토끼를 모두 잡으려 하기보다는, 내가 좋은 사람이 되어서 좋은 관계를 지속시킬 수 있도록 해야겠다는 우선순위 설정이 무엇보다도 중요합니다. 잔인하게 들릴 수 있지만, 내가 좋은 사람이 되지 못하면 내 주변에 좋은 사람들도 남지 않기 때문입니다.

둘째는 내가 공부에 관한 정보를 얻는 집단을 주변에 있는 사람들로 한정하지 말고 좀 더 전문적이고 큰 곳으로 눈을 돌리라는 것입니다. 이 유형 사람들의 공부는 그 사람이 속한 집단에서 가장 공부를 잘하는 사람의 방법을 따라가는 경우가 많은데, 그것은 눈대중으로 보고 배운 것이라 정말 자신을 위한 효율적인 방법까지는 되지 못하는 경우가 많기 때문입니다.

친구는 자산이자 한계

이처럼 '공부 잘하는 체육 부장' 형의 사람들에게 교우 관계는 굉장히 큰 자산입니다. 하지만 동시에 한계가 되기도 합니다. 주변 교우 관계 속에서 웬만한 문제들이 다 해결된다면 상관없지만, 공부를 하며 찾아올 수 있는 어려움이 이러한 가까운 관계를 벗어난 곳에서 발생하는 경우에 큰 어려움에 빠질 수가 있기 때문입니다. 친구나 교우 관계에 문제가 생겼을 경우 누구보다도 쉽게 그 문제들을 해결할 수 있지만, 그 밖의 영역, 예를 들어 친구들이 전혀 준비하지 않는 시험을 준비하면서 발생하는 문제점 같은 것들을 해결하는 것은 곤란할 수밖에 없습니다. 이러한 점에서 '공부 잘하는 체육 부장' 형은 홀로서기가 가장 필요한 유형이라고 할 수 있습니다.

⑬ 기발한 연구자(SACE)

아니 저 강의를 듣는다고?

아무리 열심히 공부해도 잘 이해가 되지 않는 것이 있을 때 보통 누구에게 물어보시나요? 선생님께 여쭤보면 잘 해결될 것 같긴 한데 용기가 잘 나지 않고, 친구들은 생각보다 잘 모르거나 친절하지 않은 경우가 많죠. 하지만 '기발한 연구자' 형의 사람이 친구라면 내 궁금한 점을 의외의 방법으로 해소해줄 수 있을지도 모릅니다. 이 유형은 자신의 논리와 방식으로 문제를 해결하는 것을 즐깁니다. 이 유형에 속하는 사람들은 교재를 읽고 강의를 듣는 것을 즐기는 경향이 있습니다. 정확히는 문제를 풀고 점수를 잘 받는 것보다 어떠한 지식을 새롭게 알아가고 자신만의 기준에 따라 정리하는 것에서 더욱 큰 즐거움을 느낍니다. 때로 다른 사람들이 보지 않는 책이나 강사의 강의를 들어서 사람들이 놀라는 경우도 있지만, 이 유형에게는 그리 놀라운 일이 아닙니다. 모두가 선택하는 방법보다 내가 더 끌리는 방법에 훨씬 큰 매력을 느끼기 때문입니다.

이 유형의 사람들은 공부를 함에 있어 자신에게 맞는 책이나 강의를 손수 찾는 수고를 마다하지 않습니다. 아무리 다른 사람이 좋다고 해도 그것이 정말로 내게 맞는 것인지 확인을 해봐야 직성이 풀립니다. 그리고 그 과정에서 친한 친구나 친밀함을 느끼는 사람들에게 자신의 방식을 소개해주기도 합니다. 다만 강권하는 것은 아니고, 이런 좋은 방법도 있다는 점을 알려주는 것에 그치는 경우가 많습니다.

잘 보이지 않지만 실은 다양한 관심사

'기발한 연구자' 형의 사람들은 두루 넓은 대인 관계를 지향하지는 않습니다. 공부에 있어 나의 기준이 매우 중요한 위치를 차지하듯, 대인 관계에 있어서도 뚜렷한 기준을 가진 경우가 많습니다. 그렇기에 이러한 유형의 사람들은 자신의 기준에 맞는 사람들과는 깊은 관계를 맺지만 그렇지 않은 사람들과는 피상적인 관계를 맺는 경우가 많고, 그 사람들의 시각에서는 쉽게 이해되지 않기도 합니다. 그러나 그러한 모습과는 달리 마음 속에는 항상 지적인 욕구가 자리 잡고 있고, 다양한 분야에 대해 관심사를 가지고 있습니다. 아무도 보지 않는 책을 보던 그가, 어느 날 갑자기 또 다른 사람이 쓴 책을(그것 역시 대부분 교재로 삼지 않는) 교재 삼아 공부하는 모습도, 아무도 듣지 않는 또 다른 마이너한 강의를 듣는 모습도, 이러한 성향을 이해한다면 크게 낯설지 않을 것입니다. 굉장히 보수적이고 전형적인 공부법을 지향할 것처럼 보이는 것은 오해입니다. 자신의 기준에 따른 융통성, 그것이 '기발한 연구자' 형의 지적 호기심의 근원입니다.

반드시 자기객관화가 뒷받침되어야

일반적으로는 아무도 보지 않는 책을 보거나 아무도 듣지 않는 강의를 수강하는 경우에는 굉장히 큰 불안감에 빠지게 됩니다. 책이나 강의는 말하자면 무기와 같은 것이어서 너무도 중요한데 다른 사람들이 전혀 쓰지 않는 무기를 들고 전쟁에 나간다면 과연 내가 온전히 살아 돌아올 수 있을지 걱정하는 게 일반적인 사람들의 생각이라고 할 것입니다. 하지만 '기발한 연구자' 형의 사람들은 그런 점에 별다른 불안을 느끼지 않습니다. 아니, 오히려 자신의 기준에 맞는 책이나 강의를 선택한 것에 대해 편안함을 넘어 즐거움을 느낍니다.

이러한 자기만의 기준에 따른 융통성은 굉장히 큰 장점이기도 하지만, 적절한 자기객관화가 뒷받침되지 않는다면 그야말로 독특하기만 한, 주변에서 보기에는 위험함을 넘어 웃음거리밖에 되지 않을 수 있는 단점이 있습니다. 이런 점에서, 이 유형에게 무엇보다도 필요한 것은 자신이 선택한 책이나 강의가 실제 성적을 올리거나 결과를 내는 데 효용성이 있는 것인지를 객관적인 통계 등을 통하여 확인하는 것입니다.

⑭ 뭐든 아는 선배(SADE)

모르는 것이 없는 선배

중 · 고등학교 시절에도 이런 특출나 보이는 친구들이 하나씩 있지만, 특히 대학 생활이나 직장 생활을 하다 보면 우리가 모르는 부분들을 기가 막히게 잘 긁어주고 묻는 것마다 모르는 것 없이 척척 대답을 하는 선배가 한 명은 있게 마련입니다. 분명 나도 그 부분을 교재에서 읽었고 강의에서 들었는데, 이걸 이렇게 설명하면 쉽게 이해가 된다니! 때로는 이런 선배가 학원 강사 대신 강의를 해야 하는 게 아닌가 하는 생각이 들 때도 있습니다. 50분을 넘나드는 지루하고 일반적인 강의보다 단 5분의 대화에서 더 얻는 것이 많다는 느낌을 받을 때면, 그 선배에 대한 존경심이 이루 말할 수 없이 커집니다. 이런 사람들에게는 자연스레 동기나 후배들이 모이게 됩니다. 이러한 사람들을 '뭐든 아는 선배' 형이라고 할 수 있습니다.

독특함과 뚜렷한 인관관계성

이 유형은 또 다른 공통점이 있습니다. 실력을 쌓은 방법이 예사롭지 않다는 것입니다. 이런 사람들과 얘기를 하다 보면, 다른 사람들이 모두 본 책이나 강의를 들은 경우도 있지만, 그것을 바탕으로 새롭게 체화한 지식이 한층 더 있다는 느낌을 받게 됩니다. 물론 때로는 아무도 듣지 않는 강의나 책을 통해 정말 처음 듣는 지식들을 섭렵한 경우들도 있습니다. 이러한 점에 비추어 볼 때 이 유형에 속하는 사람들의 공통점은, 익숙한 전형적인 방식과는 다른, 독특한 자신만의 지식 습득 체계가 있다는 점일 것입니다.

그런데 이러한 독특함이 비단 공부 영역에서의 발휘로 한정되는 것은 아닙니다. 친구나 교우 관계에 있어서도 일반적인 사람과는 다른 독특함을 드러내기도 합니다. 그 결과, '뭐든 아는 선배' 형의 사람들이 자기 주변 사람들의 기분이나 감정 등을 굉장히 세세하게 신경을 쓰는 경향을 가지고 있음에도 불구하고, 좋아하는 사람은 확실하게 그를 좋아하고, 싫어하는 사람은 확실하게 그를 멀리하는, 생각보다 광범하지 않은 인간관계를 갖는 특징을 보이기도 합니다.

시험에서는 문제를 잘 푸는 사람이 진짜 지식인

이 유형은 지식의 습득과 앎을 중시하는 성향을 보입니다. 그리하여 독특한 강의나 책을 비롯하여 다양한 종류의 지식을 머릿속에 넣고 있는 것으로 보이지만, 생각보다 그 지식을 사용하여 문제를 풀고 점수를 얻는 것에는 취약한 경우들도 있습니다. '분명 저 사람이라면 이번에 시험을 잘 치를 거라고 생각을 했는데 생각보다 결과가 좋지 않네' 하는 경우들이 이에 해당합니다. 따라서 이러한 유형의 사람들은 단지 지식을 습득하는 것에 만족하지 말고, 그 지식을 출력하고 사용하는 연습을 하는 것이 필수적입니다.

만약 좋은 성적을 받고 문제를 잘 푸는 것에 큰 관심이 없는 경우, '뭐든 아는 선배' 형의 사람들에게 주어지는 선택지는 크게 두 가지입니다. 하나는 대학 등 연구 시설로 진로를 정해 좀 더 깊이 있는 공부를 하면서 자신의 유니크함을 뽐내는 것이고, 다른 하나는 매우 오랜 시간 동안 수험 공부를 하는 것입니다. 어느 부분을 중시하는 가치관을 가졌는가에 따라 다른 문제라고 할 수도 있지만, 적어도 시험을 전제로 하는 공부에 있어서는 문제를 푸는 데 필요한 지식만이 유일한 의미와 가치를 갖는다고도 할 수 있습니다. 그런데 그와 같은 '무용한' 지식들을 습득하고 다른 사람들에게 뽐내는 것에 너무 심취한다면, 적어도 시험에서 좋은 점수를 얻는다는 결과는 늦게 찾아올 수밖에 없고, 심한 경우에는 자신을 추월한 동기나 후배들을 오히려 부러워해야 하는 상황이 올 수도 있습니다.

⓯ 빠삭한 자료수집가(OACE)

없는 자료가 없네!

친구들 중에 한둘씩 보이는 유형으로 정말 시중에 나와 있는 거의 모든 자료를 다 가진 친구가 있습니다. 단순하게 그런 자료들을 모으는 것에 그치는 것이 아니라, 자신만의 분류 체계가 있어 그에 따라 체계적으로 정리까지 되어 있습니다. 언제 그 학원에 가서 강의를 듣고 자료를 모았는지 신기할 때도 있고, 때로는 그냥 학원만 끊어두고 자료만 받아온 게 아닌가 하는 생각이 들 때도 있습니다. 이런 유형의 사람들을 '빠삭한 자료수집가' 형이라고 할 수 있습니다.

이 유형의 사람들은 이처럼 공부에 관련된 다양한 정보를 수집하고 정리하는 것에 큰 관심을 가지고 있습니다. 그리고 전형적이고 틀에 박힌 사고방식이 아니라, 다른 시각에서 접근하는 '새로운' 유행이나 정보에도 민감합니다. 이 유형이 친구나 교우 관계에 있어 폭넓고 사교적인 모습을 보이는 것은 아니지만, 앞의 이유로 그 주변에 친구들이 모이는 경우가 많습니다.

학교 수업, 교과서는 지루해

다양한 경로를 통해 공부와 관련된 자료와 정보를 수집하는 통에, 전형적인 학교수업에는 큰 흥미를 느끼지 못할 수 있습니다. 학교 밖으로 눈을 돌리면 획기적인 공부법이나 자료들이 즐비하니까요. 이러한 성향은 종전에 알려지지 않았던 새롭고 기발한 공부법이나 자료를 얻는 데는 큰 장점으로 작용하기도 하지만, 한편으로는 공부에 있어 기초가 부실하게 될 우려도 있다는 단점으로 작용하기도 합니다. 하지만 학교 외에서의 공부에만 전적으로 의존한다면 결코 좋은 성적을 받거나 좋은 성과를 낼 수 없습니다. 학교를 다니지 않는 수험생의 경우에는 전형적이고 표준적인 교재에는 관심이 없고 유행을 좇는 혁신적인 교재에만 몰두하는 경우가 이와 마찬가지라고 할 수 있습니다. 어느 경우나 기본적인 것들은 대부분 지루하게 느껴질 수밖에 없지만 탄탄한 기초는 이런 '전형적인' 방식의 공부를 통해 다질 수 있습니다. 학원이나 인강이 전면적으로 보급된 요즘, 특히 성인 공부에 있어 아무런 기초 지식이나 그것을 쌓기 위한 노력 없이 곧바로 강의나 얇은 요약서에만 의존하여 공부를 하는 것은 겉으로만 빨라 보이는 길일 뿐, 실상은 수험 기간을 한없이 연장시키는 위험한 행동이라는 점을 아셔야 합니다. 이 점을 빨리 인식하면 인식할수록 합격과 꿈의 성취가 당겨질 것입니다.

공부 평론가가 목표는 아닐 텐데

이 유형의 또 다른 특징은 다양한 공부법 또는 공부 자료들의 미세한 차이를 정확하게 인식하고 장단점을 꼼꼼하게 분석해내는 능력 또는 취향을 가지고 있다는 것입니다. 그리하여 어떤 강사의 강의가 좋은지, 어떤 책이 좋은지, 어떤 사람들은 무슨 책을 많이 보고 무슨 강의를 많이 듣는지 굉장히 해박한 지식을 가진 경우가 많습니다. 하지만 공부라는 것은 말하자면 내가 직접 선수가 되어서 임해야 하는 경기입니다. 단순히 평론가가 되거나 감독이 되는 것이 목표가 아닙니다. 그러한 점은 선생님이나 강사가 되고자 하는 사람들의 목표가 될 수 있을 뿐입니다.

다양한 자료와 지식들을 수집하는 즐거움에서 멈추지 말고 그렇게 모으고 정리한 것들을 내 공부에 도움이 되는 방향으로 적절히 활용하고 또한 그 효용성을 직접적으로 점검하는 습관이 무엇보다도 중요합니다. '빠삭한 자료수집가' 형은 분석력이 좋은 편이어서 문제를 풀고 점수를 따는 것에 관심을 가지기 시작한다면, 누구보다도 효율적이고 빠르게 시험에 합격하고 꿈을 이룰 수 있을 것입니다.

⓰ 똑똑한 스타 강사(OADE)

떨리지도 않나?

긴장되는 수업 시간, 선생님이 앞으로 나와서 문제를 풀어보라고 합니다. 토론 시간, 말을 잘 못하는 것보다도 사람들 앞에서 주목받는 것이 두렵습니다. 학점이 걸린 PPT 발표 시간, 오늘이 제발 무사히 지나가기만을 바랍니다. 그런데 이런 순간들에 전혀 주눅 들지 않고 씩씩하게 할 일을 해내는 사람이 있습니다. 많은 사람이 그 사람에게 주목합니다. 언뜻 이런 시선을 즐긴다는 느낌도 듭니다. 자신의 지식을 다른 사람들에게 보여주고 그것에 즐거움을 느끼는 사람, 일반적인 사람들보다 훨씬 광범한 지식을 가지고 있으면서도 독특한 발상이 더해진 사람, 그런 사람이 바로 '똑똑한 스타 강사' 형에 속하는 사람입니다.

이 유형의 사람들은 자신의 지식을 통해 다른 사람들에게 영향을 주고, 또한 자신도 그런 사람들로부터 에너지를 받는 것을 중요하게 생각합니다. 앞서 많은 사람들 앞에서 발표를 하거나 토론을 하는 예를 들었지만, 꼭 다수의 사람들 앞이 아니어도 부모님이나 친구들, 친한 사람들 앞에서 내가 아는 것들을 보여주는 데 주저하지 않는 사람들이 모두 이 유형에 속합니다. 이 유형의 주변에는 항상 사람들이 많고, 그 역시도 이를 즐깁니다.

단점을 장점으로 바꾸는 공부의 기술

많은 사람에게 자신의 해박함을 인정받고 또 그것에서 즐거움을 느끼는 것은 쉬운 일이 아닙니다. 뚜렷한 주관과 고집에 따라 한 길을 파는 사람은 학자는 될 수 있지만 스타 강사가 될 수는 없습니다. 해박한 지식과 분석력을 가지고 있더라도 사람들 앞에 나서는 것에 두려움을 느끼는 사람은 공부 전문가는 될 수 있어도 스타 강사가 될 수는 없습니다. 이처럼 '똑똑한 스타 강사' 형의 사람은 치우치지 않는 지식 습득과 체계적인 정리, 그것을 전달하는 능력까지를 모두 갖춰야만 합니다.

이런 유형의 사람들에게도 부족한 점이 있습니다. 바로 목표가 자신의 발전과 성취가 아니라 자신의 지식을 다른 사람들에게 보여주는 것에 맞춰져 있는 경우가 많기에, 자신이 시험을 잘 치고 객관적인 성과를 내는 것보다, 다른 사람들에게 '마치 잘 아는 것처럼' 보여줄 수 있는 정도의 지식을 습득하는 단계에서 공부가 멈추는 경우가 많다는 것입니다. 이는 본말이 전도된 것이라고 할 수 있습니다. 직업적으로 다른 사람을 가르치는 것이 목표가 아닌 이상, 발표를 비롯해 다른 사람 앞에서 내 지식을 보여주는 것은 공부의 과정일 뿐 목표가 되어서는 안 되기 때문입니다.

그러나 이런 점이 단점으로만 작용하는 것은 아닙니다. 이 유형의 사람들은 이러한 자신의 특징을 이용해 다른 사람들보다 훨씬 효율적으로 시험에 필요한 유용한 지식들을 습득할 수 있습니다. 공부에 있어 가장 효율적인 출력 방식은 자기 지도 방식(Self Lecture)입니다. 내가 선생님이 되었다고 생각하고 나를 스스로 가르쳐보는 방식입니다. 물론 다른 사람들이 나를 지켜보고 있는 것은 아니지만, 다른 사람들 앞에서 발표를 하거나 가르친다는 상상을 하며 자기 자신을 가르쳐보세요. 정말 많은 것을 얻을 수 있을 겁니다.

멘탈 관리가 무엇보다도 중요

이처럼 공부 방법에서 조금의 변화만 있다면 굉장히 효율적으로 지식을 습득할 수 있는 유형이 바로 '똑똑한 스타 강사' 형의 사람들입니다. 그런데 이 유형이 특히 주의해야 할 점이 있습니다. 바로 멘탈 관리입니다. 의외로 이 유형에 속하는 사람들이 다른 사람들의 감정이나 기분에 주의를 기울이고 또 문제가 생겼을 때 적극적으로 해결하려 하는 것과는 대조적으로, 자신에게 문제가 생겼을 때는 아예 이를 인식하지 못하거나, 인식하였더라도 적극적으로 해결하기보다는 회피하는 경우가 많기 때문입니다.

Ⅲ

전형적인
공부 문제점과 솔루션

※ 다음에서는 공부법상 전형적으로 나타나는 문제점과 솔루션에 대해서 정리를 해두
었습니다. 질문지에 체크한 답을 보면서 자신에게 해당하는 부분을 찾아서 읽어보
면 크게 도움이 될 것입니다.

[질문 1-1]에 대해
'그렇지 않다',
'매우 그렇지 않다'
고 대답한 경우

공부 시간을 측정하며 공부하세요.
공부 시간을 측정하지 않는다는 것은, 운동선수가 출전 시간을 비롯한 경기 기록을 전혀 하지 않는다는 것과 같습니다. 객관적인 평가의 기초는 기록이고, 공부에 있어 모든 것이 함축되어 있는 요소는 바로 공부 시간입니다. 이것조차 제대로 기록하지 않는다면 메타인지 내지 자기객관화는 사실상 불가능하다고 할 수 있습니다.
⑦ 참조: 184쪽 집중력에 등급을 매겨라

[질문 1-2]에 대해
'그렇지 않다',
'매우 그렇지 않다'
고 대답한 경우

공부법은 전쟁에 나가는 장수의 무기입니다.
공부법은 말하자면 전쟁에 나가는 장수에게 무기와 같습니다. 아무리 좋은 무기를 갖고 있더라도 그것을 사용하는 방법을 모르거나 다른 무기와 비교해 어떤 장점이나 단점이 있는지를 정확하게 알지 못한다면 결과는 불을 보듯 뻔할 것입니다. 전쟁과 공부의 차이점은 전쟁에서는 목숨을 잃지만, 공부에서는 돈과 시간을 잃는다는 것 정도겠네요. 공부법 책을 열심히 봐야 하는 이유를 이제 잘 아셨겠지요.
⑦ 참조: 82쪽 적게 공부해도 성과는 좋은 공부 프로세스

[질문 1-4]에 대해
'그렇지 않다',
'매우 그렇지 않다'
고 대답한 경우

'밑 빠진 독에 물 붓기'는 그만 하세요.
내가 어느 정도 노력해야 하는지도 모른 채 '밑 빠진 독에 물 붓기'를 하듯이 그저 열심히만 하는 것은 너무 낡은 방식입니다. 공부는 뇌로 하는 운동과 같아서 내가 얼마나 시간과 노력을 투자하면 어느 정도 효율이 나오는지 정확하게 알고 있어야 합니다. 준비하는 시험의 합격 점수와 경쟁자들의 평균 수준, 평균 공부 시간을 알면 내가 합격점을 얻기까지 필요한 시간과 노력을 계산할 수 있습니다.
⑦ 참조: 54쪽 차이를 아는 것도 실력이다. 65쪽 합격 수기부터 봐야 하는 이유

합격 수기 탐독은 선택이 아닌 필수입니다.
외국에 여행 갈 때 여행 책자나 온라인 포스팅을 먼저 찾아보면서 정

[질문 1-6]에 대해 **'그렇지 않다',** **'매우 그렇지 않다'** 고 대답한 경우	보를 수집하듯이, 공부를 할 때도 바로 실행에 돌입하는 것보다 앞서 공부를 잘한 사람들이 어떤 방법을 썼는지 미리 확인하고 면밀하게 분석하는 것이 필수입니다. 이런 과정이 없이는 공부를 하며 '맨땅에 헤딩'을 하게 되거나 시행착오를 겪게 되고 필연적으로 수험 기간이 길어질 수밖에 없습니다. 기회가 여러 번 있는 성인 시험의 경우에는 덜 치명적일 수 있으나, 수능과 같이 비교적 기회가 제한적인 경우에는 이런 준비를 미리 해두지 않으면 결과에 매우 중대한 차이를 가져옵니다. ⏎ 참조: 65쪽 합격 수기부터 봐야 하는 이유, 68쪽 최고의 것들 중 장점만 모으기
[질문 1-7]에 대해 **'그렇지 않다',** **'매우 그렇지 않다'** 고 대답한 경우	**내게 맞는 공부법으로 '제대로' 공부하세요.** 모의시험부터 항상 만점을 받는 학생이 아니라면 반드시 보완점이 존재합니다. 그리고 그 보완점을 집중 공략해 성적을 올리는 것이 쉽지 않다는 점과 별개로, 적어도 방법적 면에서 명확한 기준이 존재해야 합니다. 아무리 열심히 공부를 해도 성적이 오르지 않는 학생의 경우, '열심히' 하지 않은 것이 아니라, '제대로' 하지 않은 것입니다. 방법을 모른 채 열심히 달려가 보아야 절대로 목적지는 나오지 않습니다. 공부법은 한 번 공부하고 끝내는 것이 아니라, 두고두고 공부하면서 뇌에 각인을 시켜야 합니다. 공부법 책을 가까이 두고 수시로 읽으세요. 만약 적합한 것이 없다고 느껴지거나 정말로 마스터했다고 느낀다면 좋아하는 합격자의 수기를 계속 읽기를 권해드립니다. ⏎ 참조: 63쪽 창조 대신 모방부터 하라
[질문 1-9]에 대해 **'그렇지 않다',** **'매우 그렇지 않다'** 고 대답한 경우	**제3자의 시각으로 내 공부 체력을 판단하세요.** 공부라는 것은 말하자면 내가 축구 감독이자 축구 선수인 것과 같다고 할 수 있습니다. 감독이 선수를 너무 혹사시키면 부상을 얻어 기량이 쇠퇴하고 최악의 경우 빨리 선수 생활을 그만두게 될 수도 있습니다. 이처럼 공부에 있어서도 내가 어느 정도 강도와 집중력으로 몇 시간 공부를 하면 완전히 진이 빠지는 상태가 되는지를 '제3자의 시각'에서 알지 못한다면, 무리를 하게 될 수밖에 없고, 수험이라는 긴 마라톤에서 패배라는 결과로 이어질 수밖에 없습니다. ⏎ 참조: 54쪽 차이를 아는 것도 실력이다, 184쪽 집중력에 등급을 매겨라

[질문 1-10]에 대해 **'그렇지 않다'**, **'매우 그렇지 않다'** 고 대답한 경우	**나만의 슬럼프 극복 방법을 아는 게 시작입니다.** 슬럼프는 내 신체와 정신, 아니면 공부 방법 둘 중 하나에 문제가 있어 결과가 나오지 않는 상태를 말합니다. 슬럼프를 잘 극복하는 방법을 알고 있다는 것은, 그대로 실행해서 슬럼프에서 벗어나는 것이 쉽지 않다는 점과는 별개로(집을 설계하는 것과 집을 직접 짓는 것은 다른 문제죠?), 내가 나를 잘 관리하고 있다는 방증입니다. 공부에 있어 내가 나를 잘 관리하는 것이 중요함은 최근 '메타인지'라는 용어로도 설명되고 있는 만큼, 중요성을 더 언급할 필요가 없을 것입니다. ↗ 참조: 54쪽 차이를 아는 것도 실력이다, 279쪽 바꿀 수 있는 것에 집중하라
[질문 1-12 or 14]에 대해 **'그렇지 않다'**, **'매우 그렇지 않다'** 고 대답한 경우	**내가 칠 시험의 특성부터 꼭 파악하세요.** '지피지기면 백전백승'이라는 말이 있듯이, 내가 치는 시험의 평균 합격 점수와 합격률, 그리고 경쟁자들이 어느 정도의 평균적인 지식을 갖고 있는지를 아는 것은 너무 중요합니다. 내가 어느 정도로 공부를 해야 하는지를 알기 위해서는 어느 정도의 노력으로 어느 정도의 기간 동안 공부를 해야 하는지를 먼저 안 후에, 몇 문제를 맞히고 틀리면 되는지를 계산하면 되는데, 그것을 알기 위해 가장 좋은 자료가 최근 4~5년간의 시험 통계 자료이기 때문입니다. 물론 수능 만점이나 수석을 목표로 하는 경우는 모든 문제를 다 맞혀야 하지만, 그 경우에도 중요한 부분부터 먼저 점수를 쌓기 위해서는 평균적인 난이도를 아는 것이 필수입니다. ↗ 참조: 65쪽 합격 수기부터 봐야 하는 이유
[질문 1-15]에 대해 **'그렇지 않다'**, **'매우 그렇지 않다'** 고 대답한 경우	**나만의 공부 장단점 파악이 중요합니다.** 공부를 추상적으로 생각하면 사람들이 하나의 목표를 향해 달려가는 것 같지만, 사람마다 모두 다른 습관과 지식의 정도를 가지고 있는 만큼, 저마다 다른 방식으로 공부를 할 수밖에 없습니다. 그리고 공부법이 목적지까지 가는 트랙을 깔아주는 것이라면, 그 위를 달리는 것은 바로 나입니다. 축구를 11명의 골키퍼가 할 수 없듯, 공부에 있어서도 사람마다 다른 장단점이 있다는 점을 알고 내가 잘할 수 있는 점에 집중하고 단점을 보완해야 합니다. 이 점을 모

른다면 수험 기간은 길어질 수밖에 없습니다. 내 장점을 알기 위해 가장 좋은 방법은 '시간 가는 줄 모르고 기분 좋아지는 일'을 할 때의 나의 태도나 행동을 유심히 관찰하고 떠올려 보는 것입니다.

↗ 참조: 21쪽 무엇이 나를 움직이게 하는가, 54쪽 차이를 아는 것도 실력이다. 165쪽 좋아하는 일로 바꾼다, 267쪽 정말 그것이 단점인지 생각하라

2단계

[질문 2-1]에 대해
'그렇다',
'매우 그렇다'
고 대답한 경우

큰 틀의 시간 전략을 꼭 세우세요.

뭔가를 아는 것과 그것을 이용해서 문제를 푸는 것은 전혀 다른 단계입니다. 뭔가를 아는 것을 입력(INPUT)이라고 하고, 그 지식을 이용해서 문제를 푸는 것을 출력(OUTPUT)이라고 하는데요. 입력 단계에서는 세세하게 계획을 세우면서 출력 단계에서는 계획을 세우지 않는 것은 이상하지요? 그리고 시험은 지식과의 싸움이 아니라 시간과의 싸움이고, 득점할 가능성이 높은 문제부터 풀면서 머리를 워밍업해야 합니다. 그래야 점수를 잘 받을 확률이 높아집니다. 따라서 반드시 시험문제를 풀 때 어떤 식으로 풀지 분 단위로 큼직하게 계획을 세워두는 것은 필수입니다.

↗ 참조: 211쪽 지식의 변비에 걸린 우리

[질문 2-3]에 대해
'그렇다',
'매우 그렇다'
고 대답한 경우

강의는 거들 뿐, 공부는 직접 해야 합니다.

단적으로 강의를 듣는 것은 공부를 하는 것이 아닙니다. 강의는 내 공부를 도와주는 것에 불과합니다. 강의를 듣고 공부를 했다고 느끼는 것은 올림픽을 준비하면서 유튜브 영상만 시청하고 훈련을 끝냈다고 하는 것과 같습니다. 아무리 좋은 코칭도 내가 직접 해보면서 소화하지 않으면 소용이 없습니다. 강의를 들은 후에는 반드시 1~2배 정도의 시간을 잡고 내 것으로 만드는 시간을 가져야 합니다. 그런데 문제가 있지요. 시중의 학원들이 그렇지가 않으니까요. 하지만 그것은 학원이 잘못된 방식으로 가르치고 있는 것입니다. 오래 오래 공부만 하고 싶다면 강의만 열심히 들어도 됩니다.

↗ 참조: 226쪽 '필기=정리'는 큰 착각

[질문 2-5]에 대해 '그렇다', '매우 그렇다' 고 대답한 경우	**시험이 코앞이라면, 당일 컨디션 준비에 힘쓰세요.** 인강을 듣거나 책을 보는 것도 물론 중요합니다. 지식이 있는 만큼 문제를 풀 수 있을 테니까요. 하지만 지식이 머리에 들어온 상태라면, '내가 아는 만큼' 문제를 풀 수 있는 환경을 조성하는 것이 너무도 중요합니다. 실제 공부를 꽤 잘해온 사람 중에서 시험 당일 긴장을 하거나 돌발 상황에 대응하지 못해 무너지는 경우가 굉장히 많습니다. 그것은 내가 시험장에서 무엇을 할지 미리 예측하고 대비하지 않았기 때문입니다. 내일 축구 경기를 하는데 비가 오는지 안 오는지, 잔디구장인지 흙밭인지를 알지 못하면 어떻게 미리 축구화를 준비하고 이미지 트레이닝을 할 수 있을까요? 내 머릿속에 얼마만큼 들었느냐만큼 중요한 것이 바로 현장에서 실력을 낼 수 있는 상황을 미리 상상하고 대비하는 것입니다. ㉮ 참조: 294쪽 캘리브레이션 과정을 거쳐라
[질문 2-6 or 15]에 대해 '그렇다', '매우 그렇다' 고 대답한 경우	**기출문제를 풀고, 관련 교재 내용과 연결하세요.** 평소 공부를 할 때 교재를 읽어도 그 부분과 관련된 문제가 무엇인지, 어느 정도 빈도로 나왔는지 같은 것이 떠오르지 않는다면 실제 시험장에서 분명히 본 적이 있고 아는 문제인데도 틀릴 가능성이 높습니다. 이것은 입력과 출력이 연결되지 않아서 그렇습니다. 이럴 땐 먼저 기출문제를 분석하면서 '무엇이 출제되는지'부터 정확하게 파악해야 합니다. 그리고 그렇게 파악된 내용을 바탕으로 교재를 읽으면서 시험에 나오는 부분을 추리고, 출제자가 되었다고 상상하며 책을 읽고 내가 읽은 부분을 이용해 가상의 문제를 출제하는 연습을 자꾸 해줘야 합니다. ㉮ 참조: 83쪽 숲이나 나무가 아니라 땅을 본다
[질문 2-8]에 대해 '그렇다', '매우 그렇다' 고 대답한 경우	**공부의 목적은 시험점수를 잘 받는 것입니다.** 애초에 학문 탐구의 목적으로 공부를 하는 것이라면, 또는 내가 돈과 시간을 무한대로 사용할 수 있다면 이 솔루션 부분은 넘어가셔도 좋습니다. 하지만 그런 상황이 아니라면 공부의 목적은 단적으로 점수를 잘 받는 것이라는 생각을 해야 합니다. 대부분 집중력을 잃는 것은 목표가 뚜렷하지 않기 때문입니다. 목표가 불분명하면 목적지까지 갈 수단을 선택하고 조정함에 있어 우왕좌왕할 수밖에

없습니다. 훌륭한 지식을 갖춘 괜찮은 사람이 되는 것은 일단 내가 원하는 대학을 가거나 합격을 한 후에 얼마든지 할 수 있습니다. 다만 제 조언을 오해하지 않기를 바랍니다. 시험문제를 '제대로' 다룰 수 있게 되면 당연히 그 대학이나 직업이 원하는 능력을 대부분 갖게 됩니다. 안타깝게도 정확한 목표 설정 없이 이것저것 모두 공부하면서 시간과 에너지를 낭비하는 경우가 많아 말씀드렸습니다.

ⓐ 참조: 162쪽 목표가 분명하고 단순해야 한다

| [질문 2-9]에 대해 '그렇다', '매우 그렇다' 고 대답한 경우 | **연습 없이 문제는 잘 안 풀립니다.** |

연습 없이 문제는 잘 안 풀립니다.

내용을 아무리 잘 알더라도 그것을 이용해서 문제를 푸는 연습을 하지 않으면 아무 소용이 없습니다. 자동차 운전에 관한 책을 백날 읽어본들, 실제 기능시험과 도로주행을 연습하지 않는다면 평생 운전을 할 수 없듯이요. 지식을 완벽하게 머릿속에 집어 넣고 싶어하는 사람들은 역설적이게도 '흠 없는 시체'를 지향하는 것과 같습니다. 굉장히 그럴싸해 보이지만 전혀 쓸모가 없다는 의미입니다. 시험이라는 것은 결국 문제를 푸는 능력을 체크하기 위함이고, 시험 대비 공부는 문제 풀이 연습이 관건입니다. 입력과 출력의 비율을 최소 1:3 정도로 가져가시고, 틀린 문제를 재점검하는 과정에서 지식의 재입력이 이루어질 수 있도록 공부 계획을 재설계하세요.

ⓐ 참조: 272쪽 부분 피드백의 기술

[질문 2-10]에 대해 '그렇다', '매우 그렇다' 고 대답한 경우

자주 출제되는 부분부터 공부해야 합니다.

지금 보고 있는 일반적인 학원교재가 어떤 원리 또는 이유로 만들어지는지 한번 생각해보면 좋겠습니다. 내가 학원강사가 되어 책을 만들고 그걸 바탕으로 강의를 했는데, 그 책에 나오지 않은 부분이 시험에 나왔고, 그걸 틀려서 떨어진 학생이 있다고 가정해 보겠습니다. 물론 그 학생이 시험에 떨어진 이유는 정말 그 부분을 틀려서가 아니라, 다른 기초적인 문제들도 틀리고 '그 문제까지' 틀려서일 것입니다. 그럼에도 학생은 강사를 탓하겠지요? 이를 방어하기 위해 학원에서는 '모든 내용'을 교재에 다 집어 넣습니다. 그리고 그 내용 중에 하나가 시험에 나왔음에도 틀리는 학생이 있을 경우 '그건 내 잘못이 아닌 너의 잘못이야'라고 쉽게 얘기할 수 있게 됩니다. 어떤가요? 그래서 시험에서 점수를 쉽게 얻는 방법은

자주 출제되고 누구나 맞히는 문제부터 확실하게 공부하는 것입니다.

ⓐ 참조: 85쪽 귀납으로 시작해 연역으로 끝내기

[질문 2-12]에 대해
'그렇다',
'매우 그렇다'
고 대답한 경우

출제 빈도가 높은 건 그만큼 중요하다는 뜻입니다.

대부분의 공부를 잘하지 못하는 사람들이 하는 실수가 바로 자주 출제되고 쉽게 나오는 문제를 등한시한다는 것입니다. 특히 공부할 양이 많은 시험에서 그렇습니다. 중고등학교 내신 같은 시험은 시험범위가 굉장히 적은 편입니다. 그렇기에 크게 경중을 가리지 않고 샅샅이 공부하는 편이 점수를 받기에 좋지요. 그렇지만 수능이나 성인 시험 같이 한 번에 방대한 양을 출제 범위로 삼는 경우에는 그런 식으로 공부를 하면 효율적이지 않습니다. 시험범위가 넓을수록 중요한 것만 나옵니다. 이것은 통계로 모두 입증되어 있습니다. 시중에 나와 있는 기출문제집을 열심히 풀어봐도 좋고, 국가기관이 운영하는 사이트에 들어가서 최소 5년치 정도의 기출문제를 뽑아봐도 좋습니다. 그러면 내가 어느 부분부터 공부를 해야 점수를 따기 쉬운지 바로 알 수 있을 겁니다. 이렇게 자주 나오고 쉽게 나오는 문제부터 100% 맞힐 수 있게 되었을 때, 자주 나오지 않는 문제와 어려운 문제까지 정복하는 것입니다.

ⓐ 참조: 83쪽 숲이나 나무가 아니라 땅을 본다

[질문 2-13]에 대해
'그렇다',
'매우 그렇다'
고 대답한 경우

시험 직전에는 '칼리브레이션' 하세요.

시험 직전에는 기존의 지식 '입력'에 관한 자료들을 보는 것은 아무런 의미가 없습니다. 아, 유일한 의미는 내 마음이 편해진다는 것이겠네요. 그러나 실제 시험장에서는 시험에 바로 투입되어도 무리 없도록 몸 상태를 끌어올려두는 것이 훨씬 이점이 많습니다. 질문의 영어 듣기 시험 같은 것은 하나의 상징적인 예에 불과합니다. 시험장에서는 반드시 전년도나 그 전년도 기출을 눈으로 풀어보면서(불안감을 줄이기 위해 답을 체크해두고) 실전에 맞게 몸 상태를 끌어올려야 합니다. 듣기 시험은 당연히 듣기 연습을 미리 하면 좋겠지요. 이와 같이 몸 상태를 실전에 맞게 조정하는 것을 '칼리브레이션'이라고 합니다.

ⓐ 참조: 294쪽 캘리브레이션 과정을 거쳐라

[질문 3-1]에 대해
'그렇다',
'매우 그렇다'
고 대답한 경우

뼈 맞기보다 긍정적인 상상으로 동기부여하세요.

뼈 때리는 영상. 저도 아주 가끔은 보면서 동기부여를 받습니다. 하지만 그것을 자주 보는 것은 좋지 않습니다. 공부라는 것은 어찌 보면 하나의 '고통'이라고 할 수 있습니다. 내가 그 고통을 감내할 수 있도록, 말하자면 정신적인 맷집과 인내력을 기르는 것이 장기적으로는 훨씬 바람직합니다. 몸이 허약하다고 계속 약만 사먹는다면 영원히 그 약을 달고 살아야 할 겁니다. 하지만 운동을 통해서 기초체력과 저항력을 높이는 것은 당장은 힘이 들 수 있지만 훨씬 장기적인 대응책이죠. 뼈 때리는 영상도 마찬가지입니다. 외부에서 내 공부 동기를 찾기보다는, 내가 왜 이 공부를 해야 하는지를 진지하게 고민하고, 공부를 통해서 얻을 수 있는 나의 꿈과 미래에 대해 더욱 자주 상상하는 것이 좋습니다. 조금 쉽게 하는 방법은 '원하는 대학/시험 합격 후 얻을 수 있는 것 중 가장 사소한 것'을 사진으로 출력해서 책상 앞에 붙여두는 것입니다.

⊘ 참조: 31쪽 '훌륭한 수험생'이 되려는 생각부터 버려라, 44쪽 개인마다 동력이 다르다

[질문 3-2]에 대해
'그렇다',
'매우 그렇다'
고 대답한 경우

필요하다면 관계를 적절히 차단하는 게 좋습니다.

가까운 사람이 나의 능력이나 자질을 낮게 평가하는 것처럼 슬픈 일은 없죠. 하지만 냉정하게 말하면, 그것은 내가 그동안 나라는 사람을 제대로 증명한 적이 없기 때문입니다. 그렇다면 어떻게 증명하면 될까요? 현명한 방법은 먼저 내게 부정적인 영향을 주는 소음들을 차단하는 것입니다. 그것이 가족이나 가까운 사람이라고 하더라도 마찬가지입니다. 다만 오해를 하면 안 되는 것은, 관계를 아예 끊으라는 의미가 아닙니다. '긍정적인' 수단으로 차단하는 방법은 여럿 있습니다. 부모님이 잔소리하실 때는 '아 내가 그동안 보여드린 것이 없기에 내 미래를 진심으로 걱정해주시는 것이구나. 조만간 바뀐 모습, 바뀐 결과를 보여드려서 저런 말씀을 하지 못하게 해야겠다'라는 식으로 생각을 하는 것이죠. 물론 생각으로 컨트롤이 안 되는 상황도 올 수 있는데, 그럴 때는 정말 의도적으로 부모님이나 친구와 마주치는 시간 자체를 줄여야 합니다. 잠시 불효하거나 멀어지는 것처럼 느껴지더라도, 장기적인 관점에서 더

좋은 사람이 되어 만회할 기회는 내가 얼마든 만들 수 있습니다.

ⓐ 참조: 170쪽 방해 요소를 제거하라, 198쪽 불안을 불러일으키는 외부 요소를 차단하는 법, 265쪽 제3자를 통한 피드백: 신호와 소음의 구별

[질문 3-4]에 대해 '그렇다', '매우 그렇다' 고 대답한 경우

타인의 훈수는 늘 비판적으로 받아들여야 합니다.

수험생들이 가장 크게 저지르는 잘못 중 하나가 단지 가까이 있고 자주 본다는 이유만으로, 그 사람이 나를 진심으로 위하는 마음이 있다는 이유만으로 그 사람의 조언을 무비판적으로 받아들이는 것입니다. 하지만 목적과 수단은 구별되어야 합니다. 그 사람의 목적이 '나를 위한' 것이라고 하더라도, 수단이 정말로 세련되고 합리적인 것인지는 반드시 점검을 해보아야 합니다. 대부분 공부를 실패하는 이유 중 하나가 바로 가까이 있는 사람들의 말에 휘둘리면서 공부법을 수시로 바꾸기 때문입니다. 전문가의 진단과 처방 없이 함부로 '민간 요법'을 믿으면 극히 드물게 효과를 보는 경우도 있지만, 큰 사고가 날 수도 있습니다. 내 인생을 걸고 하는 공부를 그런 식으로 하면 안 되겠지요?

ⓐ 참조: 265쪽 제3자를 통한 피드백: 신호와 소음의 구별, 267쪽 정말 그것이 단점인지 생각하라, 275쪽 귀가 얇은 수험생들이 겪는 비극

[질문 3-6]에 대해 '그렇다', '매우 그렇다' 고 대답한 경우

인강도 본인에게 맞는 방식으로 활용하세요.

저는 아주 과거부터 공부를 해온 분들부터 요즘 공부를 시작한 분들까지 모두 봐오고 있는데, 요즘에는 정말 '대인강시대'라고 해도 좋을 만큼 인강 없이 공부하기가 어렵다고들 느끼는 것 같습니다. 하지만 일단 과거에는 인강이라는 것 자체가 없었어도 다들 공부를 잘했습니다. 그리고 요즘도 공부를 잘하는 사람들 중에 인강을 잘 듣지 않는 사람들이 있습니다. 맞습니다. 이는 취향의 문제 또는 방법의 문제일 수도 있습니다. 하지만 내가 칼과 총 중에서 칼을 선택하는 것과, 칼 밖에 없는 줄 알고 그것에 의지하는 것은 완전히 다른 문제입니다. 인강을 비롯한 강의는 어디까지나 나의 공부를 돕는 방법입니다. 공부는 내 주도 하에 모두 컨트롤 되어야 합니다. 따라서 처음부터 모든 것을 인강에 맡기고 전적으로 의지하는 것은 바람직하지 않습니다. 일단 시험에 필요한 점수부터 확실하게 계산하고, 어떤 부분을 어떻게 공부해야 하는지 확인한 후

에, 그 공부에 인강이 필요한지 생각해보기 바랍니다.

㉮ 참조: 83쪽 숲이나 나무가 아니라 땅을 본다. 175쪽 뇌는 아웃풋을 할 때 더욱 활발해진다. 211쪽 지식의 변비에 걸린 우리, 226쪽 '필기=정리'는 큰 착각, 236쪽 남이 정리한 것은 절대 내 것이 되지 않는다, 258쪽 혹시 훌륭한 불합격생이 되는 게 목표는 아닌가?, 265쪽 제3자를 통한 피드백 신호와 소음의 구별, 290쪽 학원과 강사를 전적으로 믿는 게 가장 멍청한 짓

[질문 3-7]에 대해
'그렇다',
'매우 그렇다'
고 대답한 경우

공부 중 절친/연인과의 관계는 장기적 시각에서 보세요.

수험생일 때는 참 시야가 좁아집니다. 지금 내 옆에, 내 주변에 있는 사람들이 영원히 갈 것 같은 착각에 빠지죠. 물론 실제 그런 경우들도 있지만, 그것은 그렇게 하기로 마음을 먹어서가 아니라, 상대방이 현명하게 나의 잠재력을 이해하고 끌어낼 수 있도록 도와줘서입니다. 나의 꿈과 미래를 위해 투자하는 시간과 노력을 제대로 알아주지 못하는 사람을 내 곁에 계속 둘 가치가 있는지, 내가 지금 내 미래에 투자하는 대신 그 사람들과의 시간에 투자를 하는 것이 더 바람직한지 반드시 저울에 올려놓고 고민을 해보아야 합니다. 잔인하게 들릴 수도 있겠지만, 그 결론이 나의 꿈과 미래에 도움이 된다면 그렇게 해야 합니다. 두 마리의 토끼를 모두 쫓으려 하지 마세요. 그것이 실패를 하는 가장 빠른 방법입니다.

㉮ 참조: 198쪽 불안을 불러일으키는 외부 요소를 차단하는 법, 280쪽 바꿀 수 없는 것은 즉시, 쿨하게 포기한다, 282쪽 덜어내고 또 덜어내라

[질문 3-9]에 대해
'그렇다',
'매우 그렇다'
고 대답한 경우

'지금' 잘해주는 것보다, '나중에' 더 잘해주는 걸 선택하세요.

시험 직전에 내게 가장 중요한 것은 무엇일까요? 내가 소중하게 생각하는 친구의 기분일까요? 최소한의 인간적인 도리를 지켜야 한다는 윤리의식일까요? 공부를 잘하기 위해 인간성을 버리라고는 말할 수 없고, 그렇게 해서도 안 될 겁니다. 하지만 지금 드린 질문은 그런 차원의 문제가 아닙니다. 내가 친구에게 '지금' 소소하게 잘해주고자 나의 꿈에 방해되는 행동을 한다면, '나중에' 더 잘해줄 수 있는 길을 포기하는 것입니다. 지금은 잘해주지 못하더라도 나중에 충분히 사과하고 만회할 기회가 주어집니다. 이는 내가 실제 중요하지 않지만 중요하다고 착각하는 것들을 과감하게 내려 놓으면서부터 시작됩니다. 일단 웬만하면 경조사에 참석하지 않는 것을

원칙으로 삼으세요. 상황에 따라 일부 예외가 생길 수 있다고 해도, 출발점 자체를 착각하는 것은 큰 문제입니다.

⤳ 참조: 134쪽 할 일의 우선순위를 정하는 법

[질문 3-10]에 대해
'그렇다',
'매우 그렇다'
고 대답한 경우

내 인생, 내 공부의 문제점은 내가 가장 잘 알아야 합니다.

왜 그렇게 자신이 없으신가요. 물론 이는 자신감의 문제만은 아닙니다. 내 삶을 걸고 하는 공부에 있어 내가 나를 믿지 못할 정도로 나의 인식 기준과 판단 체계가 흐릿하다는 의미입니다. 타인에 대한 의존은 일단 내 중심이 바로 선 이후에 해야 합니다. 공부를 하는 기간은 어쩌면 내 인생에서 가장 중요한 기간일 겁니다. 그렇다면 달리 말해 공부라는 것은 바로 내 인생의 일부, 그 자체이겠네요. 그런데 내 인생의 문제를 내가 제대로 인식할 수 없다고 한다면, 그럴 마음가짐이나 노력이 없다고 한다면 그것이야말로 정말 큰 문제입니다. 제대로 된 해결책을 찾기 어려운 것은 물론 전문가에게 맡겨야 합니다. 하지만 일단은 내가 감기인지 편두통인지부터 점검하고 자체적으로 판단하는 습관을 들여야 합니다. 내 공부 상황의 모든 것이 암과 같이 위험하지는 않습니다.

⤳ 참조: 275쪽 귀가 얇은 수험생들이 겪는 비극

[질문 3-12]에 대해
'그렇다',
'매우 그렇다'
고 대답한 경우

소중한 사람일수록 더 많이 영향받을 수 있으니 주의하세요.

특히 부모님과 함께 살면서 공부를 하는 중고등학교 수험생 또는 부모님으로부터 경제적인 지원을 받는 성인 수험생들이 많이 겪는 문제입니다. 내가 왜 그 사람들로부터 영향을 많이 받는지, 왜 그 영향을 신경 쓰는 내 자신이 문제라고 생각하는지부터 생각해본다면, 해결책이 간단해집니다. 첫째, 내가 그 사람들로부터 영향을 받는 이유는 내가 그 사람들을 소중하게 생각하기 때문입니다. 그러면 내 공부에 지장을 받아가며 단기적으로 그 사람들을 기쁘게 해주는 길보다는, 좀 더 장기적으로 그들에게 기쁨을 주는 것이 서로를 위해 더 낫습니다. 둘째, 내가 영향을 받는 것이 문제라고 생각하는 것은, 그 영향들이 공부에 부정적이라는 것을 알면서도 심정적으로 인정하지 않는 것으로, 즉 인식과 판단이 불일치하기 때문입니다. 이때는 둘 중 하나를 어느 한쪽으로 통일시켜주면 됩니다. 어떻게 하는지는 위에서 이미 적어 두었죠? 부정적인 인식에는 부정적인 판단을 하면 됩니다. 그런 영향에서 벗어나는 것이 가장 바람직합니다. 가족이나 친구와 문제가 생기지 않도록 설득, 경고, 잠시간의 이별을 택하는 방법도 좋습니다.

⏱ 참조: 170쪽 방해 요소를 제거하라, 198쪽 불안을 불러일으키는 외부 요소를 차단하는 법, 265쪽 제3자를 통한 피드백: 신호와 소음의 구별

[질문 3-14]에 대해
'그렇다',
'매우 그렇다'
고 대답한 경우

강사나 선생님의 말도 기출문제 분석으로 직접 판단하세요.

강사나 선생님이 중요하다고 해서 그것이 시험에 정말로 나올 확률은 얼마나 될까요? 실제 그 말이 사실이라고 하더라도, 내 인식 체계가 그런 식으로 작동해서는 공부를 잘하기 어렵습니다. 공부를 잘하기 위해서는 기본적으로 의심이 많아야 합니다. 강사나 선생님이 어떤 면에서 내게 지식을 전달할 수 있는 이유는 그런 지위를 가지고 있거나 나이가 많기 때문일 뿐인 경우도 있습니다. 내가 그 지위 내지 권위에 무비판적으로 복종을 하고 있을 수도 있습니다. 하지만 공부는 철저히 내가 모든 것을 계획하고 수행하고 점검해야 합니다. 강사나 선생님은 단지 조력자에 불과합니다. 그 조력자가 하는 말들이 정말로 객관적인 근거를 가진 것인지는 내가 직접 찾아보고 판단해야 하는 일입니다. 어떻게 하면 되냐구요? 간단합니다. 기출문제 5~10년치를 다운 받아서 비슷하게 출제된 것들만 같은 색깔 형광펜으로 칠해보세요. 그러면 정말로 그 선생님 또는 강사님이 한 말이 맞는지 금방 확인할 수 있을 겁니다.

⏱ 참조: 83쪽 숲이나 나무가 아니라 땅을 본다, 289쪽 다시 기본에 집중하는 시간

[질문 3-15]에 대해
'그렇다',
'매우 그렇다'
고 대답한 경우

스트레스 풀기도 내가 컨트롤할 수 없다면 독입니다.

공부를 할 때 스트레스를 푸는 것은 정말 중요합니다. 하지만 그것은 어디까지나 평소의 공부 루틴에 지장을 주지 않는 선에서입니다. 내가 정말로 컨트롤을 잘하는 사람이라면, 2주간 열심히 공부하고 주말 동안은 친구를 만나거나 술을 마시는 등, 스트레스를 풀 수도 있습니다. 그것이 공부에 부정적인 영향을 주지 않고 스트레스를 한 방에 날릴 수 있다면 말이죠. 실제로 이 방법으로 판사가 된 분도 있습니다. 그러나 내가 유혹을 컨트롤하는 법에 익숙하지 않고 오히려 그것으로 더 부정적인 영향을 많이 받는다면 애초 그런 방식의 스트레스 해소법을 취하지 않는 것이 좋습니다. 질문은

하나의 예시입니다. 내가 쉽게 빠질 수 있는 유혹들, 컨트롤하기 어려운 것들은 모두 이 범주에 넣어 생각할 수 있습니다. 항상 목적과 수단이 전도되어서는 안 된다는 점을 명심하세요.

⊘ 참조: 129쪽 템포는 빠르게, 타이밍은 적절하게, 144쪽 시간 계획 단위, 170쪽 방해 요소를 제거하라

4단계

[질문 4-2]에 대해
'그렇다',
'매우 그렇다'
고 대답한 경우

내용이 바뀔 경우 포인트만 추려 공부하도록 주의하세요.
사실 중고등학교 공부에서는 갑자기 입시제도가 바뀌는 경우를 제외하면 공부할 내용 자체가 바뀌는 경우는 자주 있는 일은 아닙니다. 반면 성인 공부에서는 관련된 제도나 법이 개정되면서 공부할 내용 자체가 완전히 바뀌는 일이 종종 있습니다. 이 경우에는 반드시 새로운 내용을 공부해주어야 하는데, 다만 기준이 있습니다. 바뀌는 모든 것을 공부하는 것이 아니라, 시험에 나오는 부분을 먼저 추린 후에, 그 부분 중에서도 어떤 포인트에서(틀리거나 맞게 나오는 구체적인 부분) 출제가 이루어지는지 추리고, 두 가지 체를 통해 걸러낸 내용에 대해서만 새롭게 바뀐 것을 공부해야 한다는 것입니다. 그렇지 않고 바뀌는 내용 전체를 공부하게 되면 본말이 전도되어 공부양이 엄청나게 늘어나게 됩니다.

⊘ 참조: 83쪽 숲이나 나무가 아니라 땅을 본다, 104쪽 한 분야를 깊게 파서 직관을 얻는다, 116쪽 구체적인 것에서 추상적인 것으로

[질문 4-3]에 대해
'그렇다',
'매우 그렇다'
고 대답한 경우

'플랜B'를 꼭 세워두세요.
'뭐 그렇게까지 구체적으로 계획을 세워두어야 할까' 하고 생각할 수도 있습니다. 하지만 완전한 자유는 완벽한 계획 속에서만 주어진다는 점을 명심하세요. 공부를 할 때 일반적으로는 최고의 컨디션과 이상적인 상황을 가정해서 계획을 세우고, 그것을 그대로 완수하지 못하면 스트레스를 받습니다. 그러나 항상 그렇게 풀컨디션으로 공부를 할 수는 없습니다. 사람은 기계가 아니고 유혹에 약하기 때문입니다. 그렇기에 반드시 공부가 최악으로 안 될 수 있는 상황까지 모두 미리 계획 속에 넣어 대비해야 합니다. 이것을 '플랜

B'라고 합니다. 일반적으로는 최고로 공부가 잘 될 때를 가정해서 짧게 과목별 공부가 끝나는 계획 하나를 세우고, 다른 하나는 최악으로 공부가 안 될 때를 가정해서 최대로 길게 과목별 공부 계획을 세워야 합니다. 물론 이렇게 할 경우 마무리 정리 같은 것들은 줄여야 하겠지만, 애초에 계획 자체가 없어서 패닉에 빠지고 공부 자체를 놓게 되는 것보다는 훨씬 효율적이고 바람직합니다.

⑦ 참조: 65쪽 합격 수기부터 봐야 하는 이유, 134쪽 할 일의 우선순위를 정하는 법, 144쪽 시간 계획 단위, 150쪽 직장인의 적립식 시간 사용

[질문 4-5 or 9 or 15]에 대해
'그렇다',
'매우 그렇다'
고 대답한 경우

계획이란 원래 완벽할 수 없으니 부담갖지 말고 조정하세요.
우리는 초등학교 여름방학과 겨울방학을 12번 거치면서 계획을 짜는 것에는 거의 도가 트게 됩니다. 그러면서 자연스럽게 '공부 시작 = 계획 세우기'라는 심리적인 위안 장치를 하나씩 갖게 되고, 정말로 공부를 해야 할 때 이것을 남용하는 경향이 있습니다. 계획이라는 것은 수시로 수정하고 내게 맞출 때에만 의미가 있다고 할 수 있습니다. 지키지 못하는 계획은 의미가 없기 때문입니다. 뒤집어서 말하면, 애초부터 예측하기 어려운 상황들에 대해 완벽히 계획을 세우기보다는 애초부터 그것이 불가능하다는 것을 받아들이고 수시로 계획을 수정해나갈 수 있도록 큰 틀만 가지는 것이 좋습니다. 처음 짠 공부 계획이 완벽할 가능성은 0에 가깝기 때문입니다.

⑦ 참조: 271쪽 정밀하게, 세부적으로 수정하라

[질문 4-6]에 대해
'그렇다',
'매우 그렇다'
고 대답한 경우

계획이 틀어지면 불안해하기보단, 앞으로 어떻게 할지에 집중하세요.
감기 몸살로 공부를 며칠 쉬게 될 경우 먼저 긍정적으로 생각하는 습관부터 길러야 합니다. '이만큼 쉬었으니 앞으로 풀파워로 공부할 수 있겠지?' '지금 감기에 걸리면 시험 직전에는 안 걸리겠구나' '올해 액땜은 이걸로 끝이야!' 같은 생각입니다. 이에 대해 '저는 그렇게 긍정적이지 않습니다'라고 말한다면, 그것은 내게 주어진 부정적인 상황을 부정적으로 인식하고 부정적인 영향을 받겠다는 말과 같습니다. 저는 지금 '긍정적인 사람이 되라'는 추상적인 조언을 건내는 것이 아닙니다. 나의 정신적 자원을 효율적으로 사용하는 방법을 권하는 것입니다. 그리고 이렇게 한 후에는 계획을 융통성 있게 수정하는 것이 좋습니다. 이미 지나간, 바꿀 수 없

는 것을 탓하는 것이 시간과 에너지를 가장 비효율적으로 쓰는 방식입니다. 내가 바꿀 수 있는 것은 남은 시간과 노력입니다. 이를 어떻게 최적으로 쓸지는 나의 융통성과 상황 적응력에 달려 있습니다.

⑦ 참조: 267쪽 정말 그것이 단점인지 생각하라, 279쪽 바꿀 수 있는 것에 집중하라

[질문 4-7]에 대해
'그렇다',
'매우 그렇다'
고 대답한 경우

마지막까지 포기하지 않고 싸운 경험이 중요합니다.

혹시 만화 〈슬램덩크〉를 보신 적 있나요? 거기서 굉장히 인상적인 말이 나옵니다. 전국대회에서 우승한 팀의 진정한 강점은 개개인이 뛰어난 능력치를 가지고 있다는 게 아니라, 작년에 전국대회를 우승한 경험이 있다는 것이라는 말입니다. 한 번 도망친 경험은 다음에도 또 도망을 치게 만듭니다. 그것은 공부든 다른 영역에서든 마찬가지입니다. 내가 올해 최선을 다해 마지막까지 싸운 경험을 하지 않는다면, 내년에도 상황은 달라지지 않을 겁니다. 그리고 아직 내게 남은 자원의 가치와 효용을 객관적으로 파악해보지 않고 포기하는 것은 '나'라는 사람을 관리하는 관리자로서 실격입니다. 내가 가진 자원의 가치를 확인해보는 유일한 방법은 바로 마지막까지 가능한 한도에서 계획을 수정해가며 부딪치는 것뿐입니다.

⑦ 참조: 203쪽 정체기? 축하할 일

[질문 4-10]에 대해
'그렇다',
'매우 그렇다'
고 대답한 경우

계획 세우기도 많은 에너지를 소모한다는 점 기억하세요.

계획을 세우는 습관 자체는 매우 바람직합니다. 하지만 계획을 세우는 자체도 굉장한 정신과 시간이라는 자원을 소모한다는 점을 알아 두어야 합니다. 어느 정도 익숙함이 있는 사람이라면 손쉬운 시험에까지 엄청나게 자세한 계획을 세울 필요는 없을 겁니다. 오히려 이 지점에서는 내가 혹시 계획을 세우는 것만으로 만족감을 느끼는 상황은 아닌지 확인해보고, 실행과 점검의 측면에 더 에너지를 쏟아야 하는 것은 아닌지 자기 점검과 반성이 필요하다는 점을 인식하는 것이 중요합니다.

⑦ 참조: 65쪽 합격 수기부터 봐야 하는 이유, 90쪽 불필요한 중간 단계는 건너뛴다, 134쪽 할 일의 우선순위를 정하는 방법, 153쪽 시간 관리의 본질은 아웃풋에 있다, 257쪽 자체 피드백: 평가자의 시각에서 생각하라

[질문 4-12]에 대해
'그렇다',
'매우 그렇다'
고 대답한 경우

진정한 프로는 상황을 탓하지 않습니다.

요 몇 년 수험생들은 정말로 힘든 시기를 보냈습니다. 코로나라는 위기가 수험 환경을 완전히 바꾸어 버렸기 때문입니다. 그 고통과 어려움에는 십분 공감을 합니다. 하지만 장인은 연장을 탓하지 않습니다. 아니, 코로나가 어떻게 '연장'이냐고 물을 수도 있겠습니다. 하지만 코로나는 하나의 결과, 현상입니다. 그로 인해 바뀌는 내 주변의 상황, 조건들은 모두 내가 컨트롤할 수 있는 영역 안에 있습니다. 공부 환경이 바뀌었다고 힘들어하는 것은 그냥 핑계에 불과합니다. 진짜 프로는 어떤 상황에서든 결과를 만듭니다. '저는 아직 프로가 아니라 어려울 것 같습니다'라고 혹시 생각을 한다면, 영원히 아마추어로 살아야 합니다. 실제로 결과가 바뀌는 것은 시간이 걸릴지 모르지만, 생각회로를 바꾸는 것은 1초면 됩니다.

⚐ 참조: 163쪽 물이 아니라 물통을 컨트롤하라, 172쪽 피자를 앞에 두고 다이어트를 하는 꼴, 203쪽 정체기? 축하할 일

[질문 4-13]에 대해
'그렇다',
'매우 그렇다'
고 대답한 경우

징크스도 긴장감도 미리 준비하면 이길 수 있어요.

저는 시험 1교시에는 항상 배가 아픈 징크스를 가지고 있습니다. 그래서 아직까지도 시험을 치는 것이 두렵고 무섭습니다. 실제로 많은 시험을 망치기도 했습니다. 그런데 어떻게 사법시험에서는 배가 아프지 않았을까요? 실제로 배가 아프지 않았던 것은 아닙니다. 다만 저는 제가 배가 아파도 참고 시험을 치는 것에 문제가 없다는 것을 제 무의식에 각인시키려고 훈련하고 노력했습니다. 진정한 적은 배가 아픈 것이 아니라, 배가 아프기 때문에 시험을 망칠지 모르는 불안감이라고 진단했기 때문입니다. 그래서 저는 모의고사를 상한 우유를 마시고 배가 아픈 상태에서 여러 번 쳤습니다. 왜 그렇게까지 했냐고 물을 수도 있겠네요. 하지만 시험 칠 때 긴장을 해 집중을 하지 못하는 것은 단지 내가 그 부분을 예측하지 못했거나 대비하지 않았기 때문이라는 점을 얘기하고 싶습니다.

⚐ 참조: 294쪽 캘리브레이션 과정을 거쳐라

반드시 합격하는 데 필요한

공부법 셀프
체크 리스트

1 원하는 목표를 이룬 사람, 시험에 합격한 사람들이 몇 페이지 분량의 어떤 책을 몇 번 정도 봤는지 알고 있는가?

2 나는 그 책을 몇 번 정도 봐야 목표를 이루거나 시험에 합격할지 알고 있는가?

3 목표 달성을 위해 하루하루 해야 할 일들이 무엇인지 구체적으로 아는가? 그것을 수량으로 나타낼 수 있는가?

4 공부를 하면서 가장 좋은 부분은 무엇인가? 그 부분이 공부가 아니어도 재미가 있다고 느낄 것 같은가?

5 다른 수험생과 다른 공부법이나 생활습관을 가지고 있다고 해서 불안함을 느끼지는 않는가? 그와 같은 생각에 합리적인 이유가 있는가?

6 수험생활 중에 가장 어려운 순간이 찾아온다면 어떻게 행동할 것인가?

7 다른 사람들의 수기, 인터뷰 등을 봤을 때 그런 순간이 언제 얼마나 찾아왔고 어떻게 이겨냈는지 확인했는가?

8 눈을 감고 이루었다고 상상하면 가슴이 뛰고 행복해지는 그런 꿈이 있는가?

9 나보다 잘하는 다른 사람 때문에 스트레스를 받고 있다면 제목, 날짜, 원인, 감정, 사고를 나누어 적어보자. '사고' 부분에는 그 상황에 대해 필요한 이성적인 대응이나 합리적인 사고를 적으면 된다.

10 원인을 분석해서 나에 대한 것이 아니거나 내가 노력해서 바꿀 수 없는 것이라면 받아들이는 연습을 하자.

1 사람들이 많이 사용하는 공부법과 자신의 공부법의 차이를 설명할 수 있는가?

2 이유를 설명할 수 있다면, 그것이 자신에게 맞는 방법이라고 확신할 수 있는가?

3 확신할 수 없다면, 내가 내 인생에서 가장 중요한 일부를 살아감에 있어 정확한 방향성을 확인해보지 않고 무작정 앞만 보고 걸어가고 있다고 생각해볼 필요도 있지 않을까?

4 만약 다른 사람과 똑같은 공부법을 사용하고 있다면 이유는 무엇인가?

5 특별한 이유가 없다면 나는 과연 어떤 차이로 인해 다른 사람보다 좋은 성적을 거둘 수 있을지 생각해보자.

6 방향성을 잃었을 때 언제든 꺼내어 볼 수 있는 지침이나 매뉴얼이 있는가?

7 그 지침이나 매뉴얼에 쓰여 있는 결과물들이 어떤 이유로 그렇게 된 것인지 알고 있는가?

8 성공한 사람 3명을 떠올려보자. 분야는 관계없다. 그 사람들 가운데 기존의 것을 아예 배우지 않고 완전히 자신만의 힘으로 그런 결과를 만든 사람이 있는가?

9 내가 지금까지 잘해온 일 중에 나 스스로 그 방법을 창조해서 처리한 일이 있는가?

10 내가 선택한 공부법 중에 다른 사람의 것을 따라 한 것이 있는가? 그렇다면 왜 그런지 다른 사람들도 납득할 수 있게 이유를 설명할 수 있는가?

1   현재 보고 있는 책이 총 몇 개의 큰 챕터로 이루어져 있는지 말할 수 있는가? 또는 전체 줄거리를 한 문장으로 말할 수 있는가?

2   문제를 풀 때 문제의 해답만을 아는 것을 넘어 앞으로 어떤 부분에서 어떤 내용으로 출제가 될 것인지 판단할 수 있는가?

3   시험 점수를 잘 받기 위해 필요한 것은 무엇일까? 단적으로 해답을 많이 알면 된다는 생각에 혹시 거부감을 가지고 있는 것은 아닌가?

4   해답을 많이 알기 위해서는 다른 부분을 건너뛰고 바로 해답으로 공부를 하면 되는데, 지금 너무 많은 양의 불필요한 공부들을 하고 있는 것은 아닌가?

5   책을 꼼꼼하게 모두 다 읽거나 강의를 완벽하게 다 듣는 것이 중요하다고 생각하는가?

6   비문학이나 수학, 물리, PSAT, LEET 같은 것을 공부하는 경우라면, 그저 문제만을 많이 풀고 있는 것은 아닌가? 문제를 풀면서 나만의 유형별 접근법을 만들고 있는가?

7   하루에 여러 과목을 똑같은 비중으로 공부하고 있는 것은 아닌가? (중학교 1~2학년 전까지는 '지식기억'이 강해 한 번에 여러 과목을 공부해도 큰 무리가 없지만, 2~3학년 이후부터는 '경험기억'이 발달해 우선순위에 따라 한 번에 한 과목만을 공부하는 게 좋다.)

8   책을 읽을 때 대뜸 한 자 한 자 뜯어보며 정독하고 있진 않은가?

9   책을 꼭 순서대로 읽어야 한다는 강박관념 때문에 흥미가 있고 더 잘할 수 있는 부분의 공부를 뒤로 미루어 두고 있지는 않은가?

10 시간이 지나면 기억이 잘 안 난다고 생각되는가? 혹시 애초에 별다른 이해 없이 머릿속에 집어넣은 탓에 기억을 떠올릴 대상이 없었던 것은 아닌가?

1 (중고등학생 포함) 현재부터 시험일까지 계획을 대략적으로라도 세우고 있는가?

2 공부하다 너무 어려운 챕터가 나온 경우 자존심을 부리면서 그 부분을 이해하기 위해 실상 다른 부분을 공부하고도 남았을 에너지를 다 쏟은 것은 아닌가?

3 인생에 있어 우선순위가 확실히 있는가?

4 공부를 하다가 놀고 싶다는 등 잡생각이 떠오를 때, 혹시 그 잡생각이 공부보다 우선순위가 낮다는 것을 망각한 것은 아닐까?

5 수험생이라면 반드시 아침 일찍 일어나야 한다는 강박관념에 빠져 있는 것은 아닌가?

6 "집중이 잘 되어야 공부가 잘 된다"라는 말과 "집중이 잘 되는 상태를 만들어야만 공부를 할 수 있다"라는 말이 같을까?

7 만약 같은 말이라고 생각한다면 "집중이 되든 안 되든 공부는 할 수 있고, 집중이 잘 되면 공부효율이 더 좋아질 뿐이다"라는 말에 대해서는 어떻게 생각하는가?

8 혹시 분량이 아니라 시간으로 공부 계획을 정해놓고 그 시간만 되면 곧장 그 부분 공부를 끝내는 식으로 공부에서 도망치고 있지는 않은가?

9 (중고등학교 내신 시험이 아닌 경우) 문제를 풀 때 1번부터 순서대로 푸는 편인가?

10 시험장에서 5분 또는 10분 단위로 어떤 문제를 어떤 순서로 풀지 계획을 가지고 있는가?

1 공부 속에서 내가 좋아하고 재미있어 하는 부분을 찾으려고 노력한 적이 있는가?

2 공부하려고 자리에 앉았을 때 10~20분 단위로 무엇을 해야 할지 계획을 가지고 있는가?

3 너무 하고 싶은 게 있고 금방 해치울 수 있는 일인데 억지로 참으면서 공부하려고 노력하는 것은 아닌가?

4 인강을 들어야 한다는 등의 핑계로 스마트폰이나 노트, 탭을 옆에 두고 공부하는 것은 아닌가? 실은 아무 제약 없이 언제든 유튜브나 뉴스를 들여다보는 건 아닌가?

5 인강을 듣는 중에도 SNS나 메신저의 알림창을 띄워놓고 공부하고 있는 것은 아닌가?

6 집중이 안 될 때조차 문제를 풀면서 뇌를 자극하지 않고 책만 읽고 있거나 인강만 듣고 있는 것은 아닌가?

7 학습일지를 쓰면서 어느 과목을 어느 정도 성취도로 공부했는지, 개선할 점과 칭찬할 점은 무엇인지 등을 기록하고 있는가?

8 시험을 잘 치고 나면 또는 합격하고 나면 어떤 좋은 일이 일어날지 구체적으로 얘기할 수 있는가? 집중력이 떨어지는 순간에 그것을 떠올리며 버티는 훈련이 되어 있는가?

9 공부에 방해되는 약속이나 친구와의 만남 등을 적절하게 컨트롤하고 있는가?

10 무언가 집중력을 흐트러뜨리는 생각이 들 때 그 생각을 잠재울 만한 행동으로 생각해 둔 것이 있는가?

1 나 자신이 부족하다는 마음을 받아들이고 긍정적으로 극복하는 법을 알고 있는가?

2 "도전하라. 마치 한 번도 실패하지 않은 것처럼"이라는 말은 어떤 의미일까?

3 시험을 망친 경험, 일을 못 해낸 경험이 있는가? 그렇다면 그것이 내 인생에 결정적인 분기점이 되었는가? 괜히 그러한 결과로 인해 과하게 위축되어 다른 일에도 영향을 미친 것은 아닌가?

4 불에 손을 가까이 하면 뜨거울까 뜨겁지 않을까? 뜨거워도 손을 댔다가 찬물에 바로 집어넣는 사람과 아예 아무 시도도 하지 않는 사람은 어떤 차이가 있을까? 이것을 공부에 적용하면 어떨까? 시험준비를 하면 불안할까 불안하지 않을까?

5 같은 길을 먼저 걸어간 다른 사람들은 어느 정도로 불안함을 느꼈는지 알고 있는가? 어느 정도로 불안해하는 것이 일반적인지 알고 있는가?

6 공부에 방해되는 가족, 연인, 친구와의 시간을 그대로 방치해두고 있는 것은 아닌가?

7 내가 바꿀 수 없음에도 그 사람들을 바꾸려고 노력하며 헛심을 쓰고 있지는 않은가?

8 공부를 열심히 하지 않는 사람에게도 특별히 어느 기간 동안에만 슬럼프가 찾아올까?

9 슬럼프를 헤쳐 나가는 나만의 방법을 알고 있는가? 그것을 기록하여 매뉴얼화 해둔 것이 있는가?

10 불안하다는 이유로 시험과는 직접적 관계가 없는 자료를 수집하거나 다음 차수 시험을 미리 준비하거나 중요하지 않은 과목에 시간을 쏟는 등으로 해야 할 일에서 도망치고 있지는 않은가?

1 공부한 것을 정리해서 머리에 집어 넣지 않았음에도 필요할 때 빨리 기억나지 않는다고 생각하고 있는 것은 아닌가?

2 시험장에서 한 문제당 몇 분의 시간을 들여 풀어야 하는지 알고 있는가?

3 알고 있다면 시험에 임박했을 때 그 한정된 시간 내에 답을 찾을 수 있도록 시간을 줄여가며 아웃풋하는 훈련을 하고 있는가?

4 내가 공부하는 부분에서 어떤 문제가 출제되었고 출제자가 어떤 이유로 그 부분에서 출제했는지 설명할 수 있는가?

5 일단 책을 다 읽고, 또는 강의를 다 듣고 나서 다시 '복습'을 하며 내용을 정리하겠다고 잘못 생각하고 있는 것은 아닌가? 그렇게 하고 있다면, 복습에 많은 시간이 소모됨에 반해 정작 머리에 남는 것은 적다고 느낀 적이 많지는 않은가?

6 공부한 부분의 세부 목차 또는 소제목을 보면 그 답이 바로 떠오르는가?

7 필기가 아니라 강의·수업 내용의 녹취록을 작성하고 있는 것은 아닌가?

8 내가 공부하거나 읽은 글의 문단간 관계를 그림이나 상하 구성으로 나타낼 수 있는가?

9 직접 정리하는 것이 아니라 다른 사람이 정리해둔 책으로 정리했다는 가짜 만족감을 느끼고 있는 것은 아닌가?

10 특정 단어를 보거나 들으면 바로 관련된 지식이 튀어나올 수 있도록 정리하고 있는가?

1   실제 점수와 연결되지 않는데도 다른 사람들이 다 하는 행동이라는 이유만으로 무비판
    적으로 따라 하고 있는 것은 없는가?

2   같은 문제를 여러 번 풀었을 때, 어떤 때는 맞고 어떤 때는 틀리는 경우가 있는가? 그
    렇다면 혹시 해당 문제 유형에 대한 나만의 접근법이 없는 것은 아닐까?

3   내가 완전히 이해했다고 생각하는 부분이 있다면, 그것을 우리 할머니도 이해할 수 있
    을 정도로 쉬운 단어로 바꿔 설명할 수 있는가?

4   친한 사람의 조언이라고 아무 비판 없이 따랐던 적이 있지는 않은가?

5   반대로 듣기 싫은 핀잔으로 치부하며 정말 도움이 되었을 조언을 무시한 적이 있지는
    않은가?

6   나는 장점을 극대화시키는 사람인가? 단점을 보완하는 사람인가?

7   애초에 내가 생각하는 단점은 누가 그것을 단점이라고 정의한 것인가?

8   점수를 높이기 위해 어떤 단원 또는 어떤 유형의 문제를 어떤 식으로 공부해야 하는지
    알고 있는가? 그 방식을 알고 있음에도 그에 집중하지 않고 이미 아는 것, 잘 이해되는
    것을 포함한 전 범위를 복습하는 등으로 시간과 노력을 낭비한 적은 없는가?

9   고민이나 불안이 있을 때 종이에 써보고 바꿀 수 있는 원인에 의한 것인지 확인해보고
    있는가?

10 완벽주의와 완료주의 중 어떤 쪽에 가까운가? 원하는 결과를 만들기 위해서는 어느 쪽
    이 더 바람직한 방향이라고 생각하는가?

1 학원강사가 "시험에 나온다/나오지 않는다"라고 말하는 부분이 '참'일 가능성은 몇 퍼센트라고 생각하는가?

2 만약 그 말이 틀렸을 경우 그것은 강사의 탓일까 아니면 강사를 무비판적으로 믿은 나의 탓일까?

3 시험까지 기간이 얼마 남지 않았을 때 아직 못 본 새로운 것을 보고 다 소화하지 못한 채 시험장에 가는 것과 지금까지 아는 것을 놓치지 않도록 한 번 더 보고 확실하게 득점할 수 있는 것을 더 많이 만드는 것 중 무엇이 더 득점 확률을 높이는 것일까?

4 이번에 내가 치는 시험은 내년이 되면 전년도 기출문제가 된다는 점을 알고 있는가? 그렇다면 올해 내가 칠 시험에 적응력을 기르는 가장 좋은 방법은 무엇일까?

5 평소 공부할 때와 시험장에서 임할 때의 긴장 정도, 마음가짐이 다른 편인가?

6 다른 편이라면 어떤 방법으로 두 상황을 일치시킬 수 있을지 고민해본 적이 있는가?

7 주관식 시험을 준비 중이라면 어느 정도의 책상 높이와 답안지 각도, 어느 정도의 높이와 펜의 감촉에서 답안이 가장 잘 써지는지 알고 있는가?

8 모의고사 등을 연습 때마다 각기 다른 환경에서 별다른 기준 없이 연습하고 있는 것은 아닌가? 그것이 실전에서 얼마만큼 도움이 될 것이라 생각하는지 점수로 표현해보자.

9 실전에서 일어날 돌발상황이나 변수 등에 대해 상상해본 적이 있는가? 그렇다면 그에 대한 대비책을 기록해둔 것이 있는가?

10 시험 전날부터 시험 당일 답안을 제출할 때까지의 과정을 미리 말로 설명할 수 있는가?